# 47都道府県・
# 伝統調味料百科

成瀬 宇平 著

丸善出版

# はじめに

　日本の調味料は江戸時代に和歌山県湯浅で醤油が作られるようになってから、全国に普及するようになったとの説がある。それ以前は、梅干しを作ったときに残る梅酢が調味料であったといわれている。ちょうどよい味付けを「塩梅がいい」といい、今では味付けだけでなく湯の温度のように、求めている大きさ、長さ、温度などがちょうどよいときにも「塩梅」を使うことが多い。調味に関しては、塩味や甘味、酸味などを心地よく感じたときに「塩梅がいい」と言うことが多い。

　近年、「食べる調味料」や「万能調味料」というネーミングの調味料が、食品会社によって研究開発され、料理研究家や有名料理人のブランドで流通している。しかし、伝統的な調味料といえば古くから伝わっている醤油、味噌、食酢、みりんなどの発酵調味料である。とくに、醤油、味噌は「麹を使った発酵による」発酵調味料である。日本独自の「味付け文化」に貢献していると思う。

　47都道府県の醤油・味噌を調べると、その地域で古くから栽培、生産されている米、麦、大豆を利用し、河川に繋がる伏流水を用いて地域特有の醤油や味噌を作っている。地産地消の先端を歩んでいたといえる。一方で大手食品会社が、それぞれの地域性に合った調味料を研究し、全国展開されている発酵調味料も多い。

　酸味料、砂糖、食用油は、限られた地域でしか生産されない植物を利用しており、全国どこでも作られるものではないので、地域性の強い調味料である。食塩についても、塩の専売法が消えてから、綺麗な海を擁している地域では、本来の塩の味を求めて製塩し、販売しているので、地域性がみられる。

　代表的な調味料である醤油・味噌については、江戸時代から受け

継いだ手法で作っている会社が、各都道府県に複数存在していることがわかった。IT産業をはじめとする先端科学技術が注視されている現代で、古くからの伝統を守りつつ日本の食産業に貢献している会社があることを認識すべきと思う。

　本書は著者が食品関係企業や協同組合、アンテナショップ、都内のデパート、スーパー、そして友人・知人を訪ねて、資料・口コミなどで得た情報でまとめたものであるが、各地には本書では紹介しなかった調味料が流通していることと思う。読者の皆様から本書で記載していない調味料の情報をいただければ幸いである。

　本書の編集に当たり、ご協力いただいた丸善出版株式会社企画・編集部の小林秀一郎氏・松平彩子氏に感謝申し上げます。

　2013年7月

成　瀬　宇　平

# 目　　次

## 第Ⅰ部　概　説

はじめに…………………………………………………………… 2

醤油の歴史と食文化的役割……………………………………… 3

味噌の歴史と食文化的役割……………………………………… 10

食塩の歴史と食文化的役割……………………………………… 18

食酢の歴史と食文化的役割……………………………………… 22

砂糖の歴史と食文化的役割……………………………………… 26

だしの歴史と食文化的役割……………………………………… 30

つゆ・たれの歴史と食文化的役割……………………………… 39

食用油の歴史と種類……………………………………………… 43

香辛料の歴史と食文化的役割…………………………………… 47

麹系調味料………………………………………………………… 52

万能調味料………………………………………………………… 53

調理用酒類………………………………………………………… 55

食べる調味料……………………………………………………… 57

ソース類・ケチャップ類・(万能)たれ………………………… 57

v

# 第Ⅱ部　都道府県別 伝統調味料

北海道　62 /【東北地方】青森県　69 / 岩手県　74 / 宮城県　78 / 秋田県　82 / 山形県　86 / 福島県　90 /【関東地方】茨城県　94 / 栃木県　98 / 群馬県　101 / 埼玉県　105 / 千葉県　109 / 東京都　114 / 神奈川県　120 /【北陸地方】新潟県　124 / 富山県　130 / 石川県　135 / 福井県　139 /【甲信地方】山梨県　143 / 長野県　146 /【東海地方】岐阜県　150 / 静岡県　155 / 愛知県　160 /【近畿地方】三重県　166 / 滋賀県　171 / 京都府　175 / 大阪府　180 / 兵庫県　185 / 奈良県　191 / 和歌山県　195 /【中国地方】島根県　200 / 鳥取県　205 / 岡山県　210 / 広島県　214 / 山口県　218 /【四国地方】徳島県　223 / 香川県　228 / 愛媛県　233 / 高知県　238 /【九州/沖縄】福岡県　243 / 佐賀県　248 / 長崎県　252 / 熊本県　256 / 大分県　260 / 宮崎県　264 / 鹿児島県　268 / 沖縄県　273

**付録1**　調味料を利用した加工食品　280
　　　　豆類　280 / 野菜類　280 / 魚介類　287 / 食肉・卵・その他の漬物　296
**付録2**　調味料の科学　298
　　　　醤油　298 / 味噌　303 / 塩　305 / 食酢　307 / 清酒・みりん　308 / 砂糖　309 / 油脂　310 / だしとうま味調味料　311
**付録3**　日本の塩分布図　314

**参考文献**　316
**索　　引**　317

# 第Ⅰ部

# 概　説

# はじめに

## 日本人の食事と味付け

食べ物の味付けについて歴史的にみると、世界的に共通な調味料は塩、酢、砂糖であるが、日本の料理の味付けに使われた調味料は江戸時代頃から味噌、醤油などの発酵食品が登場してきている。味噌、醤油は中国から日本に導入されたといわれているが、東南アジアの魚醤油のニョクマム（ベトナム）のように、魚を原料とし塩漬けし発酵させた日本独特の魚醤油として秋田の「しょっつる」（原料はハタハタという魚）、香川のいかなご醤油、島根のいわし醤油は、中国の文化の影響を受けていない。古代ローマの調味料も発酵調味料の一種の魚醤油であった。

中国で発達した味噌は大豆に塩と米麹を加えて発酵させて作ったものであるが、魚醤油は、魚に塩を加え、魚に含まれるたんぱく質分解酵素の働きにより作られたものと考えられる。

食塩は醤油が普及するまでは、主な味付け物質であった。万葉集には「藻塩」が登場していることから塩は、海水から製造していたとされている。塩は野菜、魚、梅などの塩蔵に使用していた。とくに、梅を塩漬けしたときに自然と作られる梅酢は、便利な調味料で、うどんを食べるほか、調味料として使われた。

## 味噌と醤油のどちらが先に生まれたか

大豆や穀物から作った醤油が生まれる前は、魚を原料とした魚醤油があった。弥生時代にはすでに魚醤油が作られていたと想定されている。中国で書かれた、紀元前3世紀の『周礼』（しゅうれい、しゅうらい）には120種類の醤が記載されている。味噌は『延喜式』（905年に編纂を始め927年に完成）に未醤（みそ）として登場してくるが、当時は調味料の主流ではなかったようである。したがって醤油の原形は味噌より以前に登場していたといえる。室町時代以降、味噌は一般民衆的な調味料であったが、醤油はすでに平安時代から宮廷の官吏の調味料であり、高級料理の調味料でもあった。

## 醤油の歴史と食文化的役割

　醤油の発達は、日本独特の生食文化を展開した。刺身やすしと醤油の組み合わせは、素材の味を引き立たせる美味しい食べ方を生み出している。醤油も味噌も日本料理の調味料として欠かせないことは言うまでもない。味噌は民衆文化のレベルで普及したのに対して、醤油は上層階級の文化交流で伝播した。味噌は一般民衆の調味料でもあり、たんぱく質供給源でもあったが、醤油は高級料理の調味料として発達してきた。

### 醤油の原形は万能調味料の「魚醤」

　醤油の由来は、古くから中国の醤（和名「ひしお」）に発し、醤清（たまり）を起源としている。大豆を原料とする醤油が確立するまでは、魚醤が使われていた。現在でも秋田にしょっつる、四国にいかなご醤油、北海道にいか醤油、能登にいしる、島根にいわし醤油など、限られた地方の郷土食として残存している。醤油は、大豆を原料とした発酵調味料として伝わったが、伝来した製造技術に創意工夫をこらし、洗練された万能調味料に仕立てたのは日本人であった。現在は、世界中の食卓で使われる調味料として大きく飛躍している。醤油は塩味をつける調味料としてだけでなく、日本料理特有の味付けである隠し味にも使われるようになっている。

　醤油の製法が日本に伝来した時代ははっきりしていないが、第6次遣唐使によって穀類を材料とした穀醤が輸入され、それまで使っていた魚醤や肉醤に代わる調味料となったといわれる。日本では『日本書紀』にイカナゴ魚醤が、『万葉集』にはシカ・カニの醤が記されている。仏教の伝来により肉食が禁止され、魚の生臭さよりも大豆の風味に対する好みもあって、大豆が醤の主原料になったと考えられている。

### 大豆を原料とした醤油は古くから

　醤油が広く普及したのは江戸時代といわれているが、すでに平安時代中期の律令細則の『延喜式』には、醤（ひしお）の原料として「大豆、米、糯米（もちごめ）、小麦、酒、塩」を使うとされ、『和名抄』（『倭名類聚鈔』、承平年間［931〜938］に成立）には「醤」の和名は「比

之保(ひしほ)」で別名「唐醤(からひしお)」、「豆䜴(まめびしお)」のことであると記されている。「䜴」は肉や魚を原料とした醤の古名で、動物性の意味が含まれているといわれている。この時代には、塩辛状の醤が使われていたが、大豆や魚を原料とした液体状の醤は「色利(いろり)」として使われていた。

　鎌倉時代初期の調味料は、平安時代と同じものが用いられていた。建長6(1254)年に、禅僧の覚心(心地覚心〔1207～98〕)が中国から炒り大豆と大麦麹を混ぜて作る「径山寺(けいざんじ)味噌」の製法を導入し、この味噌の醸造過程で容器の底に溜まる液体、すなわち「たまり醤油」が作られるようになった。江戸時代初期には堺が主な生産地であった。

　関東地方で醤油の製造が盛んになったのは、江戸時代中期で、関東の食文化の中心で、日本各地から人口の集まる江戸を控えた千葉・埼玉・茨城・神奈川で、江戸の人にはもちろんのこと関東の人の嗜好に合うものが作られるようになった。江戸時代中期の享保年代までは、大阪(大坂)から江戸に送られていた。

## 昔の醤油は黒大豆で作った

　醤を作る大豆は、古代中国においては黒大豆であった。黒大豆は古くから縁起物として使われていたことから、『延喜式』に記載されている醤大豆は丹波の黒大豆で作られたようである。黒大豆の種皮の黒色は、黒紫色のアントシアンという色素による。醤油のことを「むらさき」という宮廷用語は、この黒紫色に由来しているという説、江戸紫にあやかり「むらさき(紫)」と読んだという説がある。「味付けのもとになる」の意味で「お下地」などともよばれる。

## 醤油の製造の始まりは、地域により異なる

　醤油が江戸を中心に普及したのは江戸時代(1603～1868)中期といわれているが、千葉県の野田で醤油が作られ始めたのは、室町後期の永禄4(1561)年で、飯田市郎兵衛による。この醤油は甲斐(山梨県)の武田氏に納められ「川中島御用溜醤油」とよばれた。

千葉県の銚子で醤油は、紀州から銚子に渡った漁師たちによって作られるようになった。とくに、元和2（1616）年に、田中玄蕃が、兵庫県西宮から醤油製造の技術を導入して醤油づくりが始まったといわれている。
　関西の淡口醤油の生産地と知られている兵庫県の龍野では、天正15（1587）年に、円尾孫右衛門により作り始められたといわれ、香川県の小豆島の濃口醤油は、文化4（1807）年に高橋文右衛門によって作り始められたといわれている。

## 醤油の産地の特徴

　全国の醤油製造工場は、大小を合わせ約2,700社も存在するが、生産量の3分の1は、関東のキッコーマンやヤマサ、ヒゲタと関西のヒガシマル、マルキンが占めている。
　関東地方の主な生産地は、千葉県の野田と銚子で、主として濃口醤油を作っている。関西では兵庫県の龍野と高砂は淡口醤油を作っている。香川県の小豆島は濃口醤油を作り、愛知県では溜り醤油や白醤油を作っている。その他の全国の各地で醤油が作られている。

## 醤油の種類と作り方の特徴

　現在広く利用されている濃口醤油や淡口醤油は、原料として大豆、小麦（または小麦ふすま）、食塩の3つの原料とし、これらに麹菌（主にかびの種類の *Asperrigillus Oryzae*）から作る麹を加えて作る。地域により濃口醤油、淡口醤油、白醤油、だし醤油などの特徴ある醤油が作られるのは、3つの原料の配合の違いによる。原料として大豆が多く使われたものは濃口醤油、小麦が多く使われたものは、淡口醤油あるいは白醤油、だし醤油となる。
　作り方の概略は、蒸した大豆や小麦（小麦ふすま）に、麹を加え、濃厚な食塩水を加えて発酵・熟成させ（濃口醤油では8カ月以上、淡口醤油では6カ月以上）、その後圧搾し、圧搾液（醤油）の火入れ（発酵・熟成を抑制）して製造する。

## いろいろな醤油の特徴

### 1）JAS（日本農林規格）の規定
❶濃口醤油　一般に醤油とは濃口醤油を指す。特に関東地方、東北地方で

は濃口醤油の生産量が多い。全国の醤油の生産量の80〜85％を濃口醤油が占める。原料は大豆と小麦がほぼ等量に混合したものである。原料の大豆、または脱脂大豆を十分に水に浸して軟らかくしてから蒸す。砕いた小麦と種麹を加え、麹室（こうじむろ）で麹菌を繁殖させ、食塩水と混ぜてタンクに仕込み、熟成させる。この混合は低温で6〜8カ月間仕込み熟成させるとモロミができる。この間に発酵・熟成が進行し醤油独特の色・味・香りを生成する。これを搾って殺菌したものが製品となる。この殺菌は「火入れ」といい、醤油の製造中に繁殖した乳酸菌や麹菌の生育を止め、製品が微生物により変質しない目的に行う。濃口醤油の生産地として千葉県の銚子市や野田市周辺が有名である。この地域で発達したのは、原料の大豆や小麦の生産地であること、江戸（現在の東京）という消費地が近いこと、消費地への交通の便がよかったことなどがあげられている。さらに、この地域の冬場の気温、湿度が濃口醤油を作るための仕込み→熟成→発酵に適していたことも、醤油の一大産地に成長した要因といわれる。色は明るい赤紫色で、強い香りがある。魚の生臭さを緩和する効果があるので魚料理に使われる。関東では刺身醤油、麺類のつゆなど和食料理に用いられる。最近では肉料理などの洋食、カレーなどの隠し味、和食専門店オリジナルの万能調味料に使われている。

❷淡口醤油　淡口醤油の製造法は濃口醤油のそれとはほとんど変わらない。主な生産地は、兵庫県龍野地方で、ここが吟醸地として発展した。この地方は大豆、小麦、食塩の集荷に便利であったことと、大消費地の大阪、京都を控えていたことが、淡口醤油の発展の基礎となった。現在は、ほとんどの県で作られている。原料の大豆と小麦、食塩を原料とし、製品の特徴である色を淡く鮮やかに仕上げるために、仕込み時の食塩濃度を濃い目にし、発酵と色の生成を抑制し、発酵の後半に甘酒または蒸した米を加えて甘味を付与し、まろやかな塩味に仕上げる。色が淡く（濃口醤油と比較して約3分の1）、香りとおとなしい味の醤油で、塩分濃度18〜19％である。素材の持ち味を生かす炊き合わせや含め煮などの調理に最適である。かつて宮中で発達した有職料理や茶道から生まれた懐石料理や寺院の精進料理など伝統的な日本料理とともに深く結びついて発展した。とくに、野菜の素材を生かす京料理に使われることが多い。

❸たまり醤油　古来「豆味噌」を作る過程で生まれた醤油である。生産量

は、全醤油の生産量の約1.5％を占める。色が濃く、濃厚な香りととろ味のある醤油である。原料のほとんどは大豆で、本格的なたまり醤油は、大豆を蒸して棒状の形にし、これに麹菌を生やした「味噌球麹」を食塩水に仕込み、半年から1年の間をかけて熟成と発酵をさせて作る。濃厚な味に仕上げるために、食塩水の使用量は濃口醤油を作る場合よりも少なくする。濃口醤油に比べると黒みがかっている。原料は大豆が主体であるので、糖類の存在量が少ないため乳酸菌などが生育しないので、乳酸や酢酸などの酸味が少ない。主として東海地方で作られている。濃口醤油と混ぜて、すしや刺身のつけ醤油に使われるほか、照り焼き、せんべい、つくだ煮の調味液として使われる。

❹白醤油　原料のほとんどは小麦である。小麦を蒸してから割砕する。大豆は皮を除いた後、炒ってから割砕する。割砕した小麦と大豆を混ぜ、これに麹菌を植え付けて醤油麹を作る。できた醤油麹に食塩水を加えて仕込み、熟成、発酵を行う。醤油の色と発酵を抑えるために低温で3～4カ月間仕込む。淡口醤油よりも色はうすい琥珀色をしている。味は淡白であるが甘味、塩味が強く独特の香りがある。色の淡さと香りを生かした料理（吸い物や茶碗蒸しなど）に使われるほか、せんべい、漬物にも使われる。白色のとろろ汁に使うところもある。愛知県の碧南地方で生まれた醤油で、製造する工場も愛知県碧南市に集中している。

❺再仕込み醤油　発祥地は山口県の柳井といわれている。全醤油の生産量の約0.8％とわずかである。甘露醤油ともいわれている。色も成分も濃厚で香りが高い。製造法は二段仕込みといわれる方法で、一段目は普通の濃口醤油を作り（これを生揚という）、二段目は別に作った醤油麹に一段目に作った生揚を加えて仕込むことにより作る。「再仕込み」の名の由来は、二段目に作った醤油に一段目に作った生揚を加えて、再び仕込み、発酵・熟成させることに由来する。たまり醤油と同じ程度の色度を示す。色、味、香りともに濃厚であることから「甘露醤油」の名がある。刺身、すし、冷奴の卓上醤油として使われる。

## 2）JAS（日本農林規格）の規定外の醤油

　健康や用途を考慮して作られた醤油で、使い方が便利であるばかりでなく、味にも特徴があり、メーカーにより開発されている製品は多く、地域性を重要視したものもある。

❶だし醤油　カツオ節や昆布のだし、風味調味料（カツオ節、昆布から調製したもの）、砂糖、食塩、うま味調味料、酸味料を醤油（本醸造）を加えて作った麺つゆなど。JAS（日本農林規格）では、「つゆ・たれ・醤油加工品」として扱われている。富山はシラエビ（シロエビともいわれている）のエキスを加えて麺つゆが作られている。

❷トマト醤油　北海道の平取（びらとり）地方で収穫されるトマトを加えた加工醤油である。トマトエキスのほかに、還元水飴、日本酒、酵母エキスを混ぜたもので、フルーティな味わいが醤油の風味と調和する。ステーキなどの肉料理、サラダなどの野菜料理にも使われる。

❸減塩醤油　食塩含有量が通常の醤油の約50％以下の醤油で、高血圧や心疾患、腎疾患などの食塩摂取を控える必要のある人に用いられる。厚労省から特別用途食品（低ナトリウム食品）の許可を受けている。製法は、通常の醤油をイオン交換などの方法により脱塩し、低塩で仕込んで作る。

❹生醤油（なましょうゆ、きじょうゆ）　通常の醤油は、醤油中の微生物による醤油の変質を抑えるために「火入れ」を行うが、生醤油は火入れをしない醤油である。通常の醤油の製造工程の中で、発酵・熟成の後にモロミを搾った後の搾り汁（生あげ醤油）から油分や不純物を除き、上澄み液を製品としたものである。新鮮な香りとともにたんぱく質分解酵素などの酵素を含む。上等な醤油といわれているが、長期の保存はできない。

❺うす塩醤油　食塩含有量が通常の醤油に比べて50〜80％の塩分濃度の低い醤油である。薄塩、浅塩、甘塩のいずれかの表示が必要である。

❻ポン酢醤油　ダイダイ、ユズなどのかんきつ類の汁と醤油をあわせ、だし汁、うま味調味料、糖類を加えて味を整える。強い酸味と醤油のうま味がよく合う。さらにかんきつ類特有の香気成分も料理の味を引き立たせる効果がある。鍋料理のつけだれ、ドレッシングのドレッシングに合う。

❼粉末醤油　醤油を熱風乾燥や凍結乾燥により粉末状にしたもので、カップスープ、インスタント麺のスープに利用される。

❽刺身醤油　刺身用の醤油に加工したものである。濃口醤油、風味の強いたまり醤油や再仕込み醤油を合わせて作る。

❾無塩醤油　腎臓病患者の治療用に使われる醤油で、塩味として食塩の代わりに塩化カリウム、塩化アンモニアが使われる。

❿卵かけ醤油　卵かけご飯が美味しく食べられるように、単なる醤油では

なく、醤油にみりん、カツオ節のだし、食塩、アルコールを加えて味を整えたもので、メーカーによりさまざまに原料の配合が工夫されている。だし醤油のようなもので、一定の規格もなく、メーカーが独自に開発したものである。一般には、みりんが入っているので甘味が強い。

❶食べる醤油　サクサクした食感と醤油の味と香ばしさのある半流動性のもの。素材はフレーク状のフリーズドライの醤油、フリーズドライのオニオン、ガーリック、トウガラシなどを混ぜ、これにごま油やオリーブ油を加えて半流動状に仕上げる。

## 日本料理との関わり

醤油の原料となる大豆や小麦の栽培、醤油の製造に地質、気温などの環境条件が醤油の製造に適していた。環境条件に加えて、中国、朝鮮半島から伝播した醤油製造の技術を基本に、日本の独自の技術が加わり日本の醤油は発展してきている。

## 日本における魚醤油の発達

醤の原形は、東南アジア一帯に今も副食および万能調味料として用いられる魚醤である。魚醤は、タイ・ラオス・カンボジア・ベトナムの国々にわたるメコン川流域を発生地とし、雨期に水田で大量にとれる小魚類を塩蔵したのが原形と考えられている。これらは、稲作とともに東南アジアを経て中国、朝鮮半島、そして日本へ伝播したと考えられている。

中国での「醤（ジャン）」の古い記録としては、紀元前に書かれた『周礼』に、王のために醤を120種用意したとの記録がある。また、532年頃に発行された『斉民要術』にも記録がある。

平安中期の『延喜式』（延長5〔927〕年）に、鯖醤・鯛醤などの魚醤がみられる。日本への魚醤や肉醤の伝来については、『日本書紀』にイカナゴの魚醤、『万葉集』にはシカ・カニの醤が記載されている。仏教の伝来は肉醤の利用が禁じたので、魚醤が発達し、現在も残っている。現在は、大豆や小麦を原料としたいわゆる醤油は主流になっているが、魚醤は地方の郷土食品として残っている。塩分濃度が濃く、特有な臭いがあるので利用範囲は狭い。

❶しょっつる　秋田県の海岸地方に伝わる特有の魚醤油で、ハタハタ・イ

ワシ・イカナゴ・マアジ・小型のサバなどが原料となる。ハタハタの漁獲時期の冬に作る。原料の魚に食塩を加え、よく混ぜ合わせたものに重石をのせて1年間放置して作る。この間、かき混ぜたり、食塩を加えたりする。完全に液状になったら濾過し、煮沸して、数カ月保存してオリを除いたのち製品とする。秋田県ではしょっつる鍋の調味料には欠かせない。

❷いかなご醤油　香川県の讃岐地方および千葉県の安房地方で、イカナゴに食塩を加えて漬け込んで作る。3～4カ月の間漬け込んでから、塩汁を濾して製品とする。鍋物の調味料に使う。

❸いわし醤油　かつては、日本の各地で作っていた。現在は、島根県で作っている。一度イワシに少量の食塩を加えて2昼夜漬け込んでから、淡水で洗う。その後、再び食塩で樽詰めし、冷暗所に3年ほど放置して作る。

❹いしる　石川県で、イカやイワシを原料として作る。

## 味噌の歴史と食文化的役割

### 味噌の由来と「みそ玉」

味噌の起源は、みそ玉の製造にある。「みそ玉」とは、大豆を煮て臼で潰し、両手で蹴鞠(けまり)ほどの大きさにまとめ、これを稲わらでゆわえ、軒下に吊るし、自然にカビ（麹菌）を生育させる。カビが生えて完成した「みそ玉」に水と塩を加えて、ペースト状にして熟成させたのが味噌のルーツといわれている。古くは、みそ玉作りは農家に伝わり、近年まで作っていたところもあるが、日本の味噌づくりが大規模化した日本ではこのみそ玉はみられない。

日本での味噌の誕生については諸説がある。源順が著した辞書の『和名抄(わみょうしょう)』(931～938)には、中国の楡子醤(にれのみひしお)を日本では未醤といい、これから味噌に転じたと考えられている。江戸中期の政治家の新井白石(1657～1725)やその他の数人の識者は、朝鮮半島の高麗醤(こまびしお)が「密祖」の名で伝わり、味噌になったとの説をとなえている。

現在の味噌の日本への伝播ルートは、中国から朝鮮半島を経て伝わったというのが定説のようである。

### 味噌の主原料は大豆

日本に伝わった味噌の形は、大豆だけを主原料とした豆味噌、大豆に米麹を加えた米味噌、

米麹の代わりに麦麹を使った麦味噌であった。『大宝律令』(大宝元［701］年)には、醬院の制度についての記録があり、正倉院に保存されている天平2 (730) 年の納税帳には、農家からは未醬（みそ）を税として納めさせたとあり、奈良時代 (710～784) の木簡に、駿河国正税帳にも未醬の記録のあることが明らかにされている。また、奈良盆地北端に都城された平城京跡から発掘された木簡には「市未醬（いちみそ）」の文字のあることが明らかにされている。これらのことから、原形と思われる味噌は古くから普及していたと想像されている。

平安時代の律令『延喜式』(延喜5［905］年)の中の「造雑物法」の中には、未醬の原料配合が記載されている。これによると大豆に対する米麹や食塩、小麦、酒などの配合比が記載されていることから、味噌の主原料には、大豆が使われていた。江戸時代の『本朝食鑑』(人見必大撰、1697年)には、玉味噌つくりが記載されている。この時代には、大豆を茹でて砕いて食塩と混ぜて作ることが明らかにされていることから、『延喜式』に記載されている未醬は、江戸時代の味噌の原形になっていると推測されている。

## 味噌は上流階級よりも庶民の調味料

古代において、宮廷や上流階級にとっては給与の一部として使ったので、重要な調味料であったが、食生活での調味料としての使用頻度は醬油に比べると多くなく調味料の主流ではなかった。これに対して味噌は一般民衆の食生活の中での使用頻度は多かった。宮廷では白味噌だけを使っていた。白味噌のことを宮廷の女官言葉で「ムシ」とよんでいたそうである。

室町時代 (1336～1573) には、味噌売りが現れ、加工味噌や嘗め味噌も生まれてきている。室町時代の後期の戦国時代には、軍糧として重要な役割を担っていた。武士のたんぱく質や塩分の補給となっていたと想像できる。江戸時代には、武士階級では味噌を中心とした粗食が励行され、町人の間には各種の味噌料理が工夫されるようになった。

## 味噌の地域性

味噌の色や塩辛味の違いは、原料の一つの食塩の使用量や各地の風土に合った製法によって異なる。気候・

風土により製法にもやや違いがある。各地の風土に合った製造過程により伝統的な風味が形成され、各地域の味噌に合った料理も工夫されている。

地方別による代表的な味噌の種類は表1、表2のようにまとめられる。

表1　地方の代表的味噌

| 名称 | 外観の色 | 一般的味の評価 |
| --- | --- | --- |
| 信州味噌 | 黄～オレンジ色 | 塩辛い |
| 仙台味噌 | 赤褐色 | 塩辛い |
| 佐渡味噌 | 赤褐色 | 塩辛い |
| 越後味噌 | 赤褐色 | 塩辛い |
| 津軽味噌 | 赤褐色 | 塩辛い |
| 江戸甘味噌 | 赤黄色 | 甘い |
| 西京味噌 | 淡黄色 | 甘い |
| 讃岐味噌 | 淡黄色 | 甘い |

表2　材料による味噌の種類

| 材料 | 産地 | 色 | 味 |
| --- | --- | --- | --- |
| 西京味噌 | 京都を中心とした近畿 | 淡黄色 | 甘い |
| 讃岐味噌 | 中国、香川 | 淡黄色 | 甘い |
| 江戸甘味噌 | 東京 | 赤褐色 | 甘い |
| 相白味噌 | 静岡 | 黄色 | 甘辛い |
| 信州味噌 | 長野、関東 | 黄色～橙色 | 塩辛い |
| 赤味噌 | 仙台、佐渡 | 赤褐色 | 塩辛い |
| 越後味噌 | 北海道、東北、関東、新潟、北陸 | 赤褐色 | 塩辛い |
| 麦味噌 | 九州、中国、四国 | 黄色 | 塩辛味が弱い |
| 麦味噌 | 埼玉、九州 | 赤褐色 | 塩辛い |
| 豆味噌* | 愛知、岐阜、三重 | 赤褐色 | 塩辛い |

*愛知の八丁味噌は、豆味噌の一種で、愛知県岡崎市の合資会社・八丁味噌の登録商品名。

## 味噌の種類と特徴

### 1) 米味噌

　大豆、米および食塩を原料とする味噌の総称。日本で生産されている味噌の約80％を占める。大豆に対する米の使用量の割合は半量のもの、大豆より米の使用量が多いものもある。米の使用量の少ない味噌は塩辛味が強く、米の使用量の多い味噌は甘味が強い傾向がみられる。

〈甘味噌〉

　食塩含有量が少なく、甘味の強い米味噌。味噌を作る熟成期間は5〜20日と短い。米麹の使用量が多いので、甘味のあるのが特徴。大豆の処理法により色に濃淡が生ずる。大豆の皮を除いた白大豆を使い、丁寧に精白した米を使い、着色を抑えて作る白味噌は、黄色みを帯びた白色の味噌で、まろやかな甘味と芳香がある。京都府、香川県、広島県府中、山口県三田尻などで醸造されている。米味噌に属する代表的赤味噌には、江戸甘味噌がある。

❶府中味噌　広島県を中心として作られる白色の甘味噌。原料は米と皮を除いた大豆を使用した伝統的な味噌で、コクと香りのある味噌で、広島県では料亭から家庭まで広く用いられている。

❷京風白味噌　近畿各府県で作られる白味噌。米麹の使用量が多いことから甘味が強い。原料は着色を抑制するために米の精米は丁寧にし、大豆の皮は除いている。製造過程では「煮る」ではなく「蒸す」という操作をとっている。熟成期間が短いのも白味噌の特徴である。米味噌の長期保存により着色が進むので白味噌は長期保存はできない。京料理や味噌漬けに用いられる。

❸江戸甘味噌　江戸時代から江戸で醸造された赤色の米味噌である。原料の大豆は皮を除かないで、蒸して使う。米麹の使用量が多いので濃厚な甘味をもつ。粒味噌、こし味噌として流通している。

❹讃岐味噌　香川県で作られる白甘味噌。濃厚な甘味とふっくらとした味がある。香川県地方の正月の雑煮、味噌漬け、和え物に使われている。雑煮に用いる味噌であることから「節味噌（せちみそ）」の名もある。

〈甘口味噌〉

　辛口味噌（塩分濃度11〜13％）に比べ、食塩濃度が7〜11％と少ないので甘口味噌の名がある。味噌の赤色系の着色は、醸造期間が3〜6カ月で、甘味噌よりも長い。この間に糖のカルボニール反応が進行して着色が起こり、豊かなうま味と深いコク味も現れる。徳島県など瀬戸内沿岸で作られている。醸造期間が5〜20日間の淡色と醸造期間が3〜6カ月間の赤色がある。

❶御膳味噌　徳島県産の赤色甘口味噌。阿波の国藩主であった蜂須賀公の御膳に献上したことから御膳味噌の名がある。塩分は11〜13％を含むが、米麹を加える量が多いので深みとコクがある。

〈辛口味噌〉

　食塩濃度が11〜13％と高く、赤味噌系のものは醸造期間が長く3〜12カ月、淡色味噌系のものの醸造期間は2〜6カ月である。味噌の着色は糖とアミノ酸（たんぱく質）との間のアミノカルボニル反応によって生じる。醸造期間の長いものは赤色は濃く着色し、短いものは淡色である。

❶信州味噌　全国の味噌の生産量の約30％を占めている。代表的な淡色辛口味噌。あっさりした味が特徴で、やや酸味のある芳香を有している。大豆に対する米麹の使用割合は、50〜60％。醸造中の着色を抑えるために、大豆は加圧水煮する。醸造期間は、天然味噌で約6カ月、速醸味噌では40〜50日間である。長野県だけでなく全国的に生産されている。

❷加賀味噌　石川県で作られている。由来は加賀前田藩の戦時用の貯蔵できる食糧として作られたことにある。醸造期間は長いが、色は淡い。辛味に特徴ある味噌である。

❸秋田味噌　秋田県で作られる赤色辛口味噌。米麹を多めに使っているので辛口味噌であるがうま味は強い。

❹仙台味噌　伊達政宗が軍糧用として作ったといわれている。現在は、仙台を中心とした東北地方で作っている赤色辛口味噌。大豆10に対する米の使用量は、5の割合である。低温で長期間醸造・熟成し、芳香がよく光沢もある。うま味も強い。

❺北海道味噌　昔から新潟との交流が多かったために、新潟の佐渡味噌に近い赤系で中辛味噌である。

❻越後味噌　新潟を中心に作られている赤色系の辛口味噌。精白した米を

丸ごと使い、麹の米粒が味噌の中に残っていることから「浮麹（うきこうじ）」の名がある。

❼**佐渡味噌** 佐渡地方で作る米味噌で、赤色系の辛口味噌。醸造・熟成期間が長いのでうま味、酸味、塩味などの調和がとれている。

❽**津軽味噌** 青森県津軽地方で作られている赤色系の辛口味噌。麹の使用量が少なく、醸造・熟成期間が2～3年と長い。

## 2）麦味噌

大豆、大麦または裸麦、食塩を原料として作る味噌で、農家の自家用に作られたものが多いので「田舎味噌」の別名もある。麦麹は精白度の15％程度の麦を使う。主に、関東地方、中国、四国、九州地方の農家で作られる。関東地方のものは赤味噌系のものが多く、九州地方のものは白味噌系のものが多い。

麦味噌の種類には、瀬戸内海の沿岸の瀬戸内麦味噌、九州地方の長崎味噌、薩摩味噌（鹿児島、熊本）がある。瀬戸内味噌、長崎味噌は麦独特の芳香とさらりとした甘味がある。薩摩味噌は、醸造期間が比較的短いので淡色で甘口が多い。

## 3）豆味噌

大豆と食塩を原料とした味噌。糖質の多い米や麦は使わない。愛知、岐阜、三重を中心に作られていて、特有の香りと濃厚なうま味と渋味がある。渋みがあるので、米味噌や麦味噌と合わせて使うことが多い。

❶**八丁味噌** 大豆と塩だけで作り、主産地の愛知県岡崎市八帖町の名をとり「八丁味噌」といわれている。この名は同市にある味噌メーカー（2社）の登録商標名となっている。愛知県の沿岸地方の魚介類の汁もの、豊橋市の「菜飯田楽」のほか、野菜や生揚げ豆腐、コンニャクの煮物に使われる。

❷**名古屋味噌** 名古屋を中心に中京地方で作られる赤褐色の辛口味噌。

❸**三州味噌** 愛知県三河地方の豆味噌。赤褐色で辛口。濃厚なうま味があるが、やや渋味もある。

❹**二分半味噌（にぶはんみそ）** 八丁味噌を作る時に比べ、加える水の量を少なくして仕込んだもの。食塩の使用量は大豆の量に対して10～11％、醸造期間は1年以上。

## 4）調合味噌

JAS規格では、米味噌、麦味噌または豆味噌を混合したもので、米麹、

麦麹、豆麹は混合されていないもの。JAS規格に基づく味噌の品質表示は、米味噌、麦味噌、豆味噌のいずれにも属さない味噌を一括して調合味噌という。たれ味噌や酢味噌、嘗め味噌は味噌以外の調味料との混合物で調味してあるので、調合味噌とはいわない。

❶さくら味噌　赤系味噌と白系味噌を合わせたもので、大阪の味噌専門店でのみ取り扱っている。かつては、麦味噌に砂糖や飴を加えた嘗め味噌であったが、現在は流通していない。

❷赤だし味噌　本来は東海地方の豆味噌でつくったみそ汁を指した。現在の赤だし味噌は、豆味噌を主体にし、米味噌と甘味料、その他の調味料を混ぜて、食べやすくしたものである。

❸米味噌と麦味噌の調合味噌　米麹と麦麹を別々に作ってから、両者を合わせて仕込んだ味噌。さっぱりした米味噌の味とねっとりした麦味噌の味のバランスがよい。福岡県、山梨県で作られている。

### 5）加工味噌

　嘗め味噌、乾燥味噌、特赦味噌、味噌パウダーなどがある。赤味噌に甘味料、野菜類、豆などを混ぜた嘗め味噌は惣菜として独立した食べ物（酒の肴）の場合もある。練り味噌ともいわれている。練り味噌にはタイ味噌、鉄火味噌、ユズ味噌、鳥味噌、ピーナッツ味噌、サンショウ味噌など料理に合わせて工夫されたものが多い。

❶タイ味噌　タイの身を茹でて皮と骨を除き、白味噌に混ぜて、みりんや砂糖も加えて練り、甘く仕上げてある。

❷鉄火味噌　江戸味噌に、炒り大豆やゴボウなどを加えて炒めた嘗め味噌。ゴボウはささがきに切るか、細かく刻んでごま油で炒めてものを使う。炒めた大豆とゴボウの中に味噌を加えて、これにみりん、砂糖、トウガラシで調味する。

❸金山寺（径山寺味噌）　製法が中国浙江省の径山寺から伝わったものなのでこの名がある。大豆、大麦に麹を混ぜて醸造・熟成させた味噌に塩漬けして細かく刻んだウリ、適度に刻んだシソやショウガを加えて、数カ月〜1年間発酵・熟成する。

❹醤味噌（ひしおみそ）　単に醤（ひしお）ともいう。原料として大豆、小麦、大麦、生醤油（または塩水）を混ぜて、これに麹菌を繁殖させて麹を作り、仕込む。

❺ゴマ味噌　黒ゴマを磨り、これに淡色辛口味噌を加えて磨り、さらに砂糖、みりん、だしを加えて練り上げた嘗め味噌。
❻ユズ味噌　味噌に砂糖、煮だし汁を混ぜ、ユズのしぼり汁やユズの皮をすり下ろして加えたもの。
❼だし入り味噌　味噌に調味料を加えた味噌で、みそ汁をつくるときにだしをとる手間が省略できる簡便な味噌。調味料は、粉末のカツオ節や煮干し、昆布のだし汁、うま味調味料が使われる。
❽乾燥味噌　味噌を乾燥し、粉状になっている。乾燥は凍結乾燥や噴霧乾燥により調製される。インスタントみそ汁、インスタント麺の乾燥麺つゆに使われる。最近は、ケーキのアクセントに使われることもある。
❾低食塩味噌　減塩味噌ともいわれる。ナトリウム摂取の制限を必要とする高血圧症、腎臓疾患、心臓疾患のある人に使われる。

## 日本料理と味噌の関わり

味噌を使った郷土料理は東北、東関東、信越、九州の各地方に多い。このことは、地域別の味噌の消費量と一致する。味噌を使った代表的料理には、みそ汁がある。地域により味噌は特徴があるので、みそ汁は味噌の郷土料理ともなっている。みそ汁の特徴は、味噌の他にだし汁も影響している。したがって、各地のみそ汁の特徴は味噌の種類とだしの材料の種類も影響している。

伝統的な郷土料理のみそ汁の特徴は、実だくさんであり、煮物に近いのが特徴であった。かつては、季節によりみそ汁の実の種類が異なったが、近年のみそ汁の実には季節感がみられなくなった。

和え物には練り味噌が使われることが多い。代表的なものに八丁練り味噌、くるみ味噌、ごま味噌、酢味噌、木の芽味噌、ユズ味噌、ショウガ味噌などがあげられる。味の淡白な豆腐、コンニャク、ダイコンなどの根菜類に練り味噌をつけて食べる。

江戸時代には豆腐料理のタレに梅味噌、芥子酢味噌、フキ味噌、サンショウ味噌、ワサビ味噌が使われ、コンニャク料理にはトウガラシ味噌、赤味噌、ワサビ味噌、ユズ味噌が使われていた。

# 食塩の歴史と食文化的役割

## 地球と食塩の由来

　私たちの生命の維持、体内の代謝には、食塩が必要である。とくに夏の気温の上昇は皮膚から水分や塩分の排出が多くなり、その結果、熱中症などの健康障害が伴う。熱中症予防には水分と同時に食塩も摂り入れて、不足した食塩を補給することが啓蒙されるようになっている。一方、食塩の摂りすぎは、高血圧症を招くので、食塩の摂りすぎのないように健康指導が行われている。人にとって必要なミネラルでありながら、摂取量を注意しなければならないのが食塩である。

　塩味の食塩の起源は、海水に存在するものと岩塩として存在するものがある。45億年前に地球が誕生した後、1億〜3億して現在のような海もできたといわれている。地球が誕生したときの衛星が衝突して生じた運動エネルギーが熱エネルギーに変わり、この熱エネルギーにより地球内の各種のガスが生じて大気中に蒸発し、大気ガスが冷やされることにより地球の海に降り注ぐ。これが繰り返されているうちに、35億年前に地球上の海中に生物が誕生したとの説がある。

　生物が生息できる海には、各種のミネラルが存在するようになり、約20億年前に現在の海水のミネラル組成と固まったとの説がある。岩塩の生成は、地球の誕生とともにできた海溝に存在していた海水の水分だけが蒸発して岩塩が誕生したとの説がある。日本は、周囲が海に囲まれているので、食塩は海水から調製する。日本には岩塩がない。

## 日本の製塩は縄文後期から

　日本における製塩は縄文時代（紀元前3世紀頃まで）の後期には、すでに行われていたといわれている。弥生時代（紀元前後3世紀）に農耕の発達に伴う食事にも変化がみられ、食塩の需要も多くなった。当時の部落の中では、海や魚に関する仕事の間に漁撈・製塩・水夫を専業とする分業が成立していたようである。製塩に関しては、藻や砂を利用する海水濃縮法が工夫されていたと考えられている。

　古代には、海水を濃縮した塩、苦汁を含む塩、海水を蒸発して得たままの固い塩（堅塩、石塩）などの種類があった。通常は海水を蒸発してから

焼いた「焼き塩」の利用が多く、貴族・官僚・寺院では神事や給与に用いたようであるが、手元に入手した塩は、調味・防腐・保存に使ったようである。

鎌倉・室町時代には海運が発達し、鳥獣の肉の保存用の塩、軍用の塩、保存食の備蓄の塩としての需要が多くなった。製塩技術としては、瀬戸内海の汲み潮浜（くみしおはま）、伊勢・江戸湾の古式入浜（こしきいりはま）、太平洋・日本海の自然揚げ浜（しぜんあげはま）などが発達していた。

近世になると、南蛮貿易の影響を受けた新しい食文化が形成された。外国人には、それまでの日本人の食事は、塩のみで味を付け、野菜や魚介類、塩によって栄養をとっているとみられていたようである。江戸時代になり、食生活においては穀類・野菜類の種類も増え、漁業も発達し、魚介類の種類も多くなった。食品の種類の増加は、料理法も多岐にわたり食生活も豊かになり、調味料の種類も多くなってきた。保存や料理など用途により食塩の種類にも工夫されるようになった。塩廻船が発達し、各地に食塩が出回るようになった。第二次世界大戦後の外国からの食塩の輸入、昭和47 (1972) 年以降のイオン交換膜法による製塩は、食塩を安価で入手できるようになった。

平成9 (1997) 年に食塩の専売制度がなくなると、塩本来の味を求めて各地で製塩が行われ、地域独自の食塩が作り出されるようになった。イオン交換膜法により作られた食塩は、塩の成分の塩化ナトリウムだけで、苦汁（にがり）を含む昔の食塩に比べて味に問題があるということから、天然の海水から作り出された塩が注目されるようになったのである。

## 食塩の食文化的役割

食塩は、調味料としての役割のほか、醤油・味噌などの醸造、魚醤の製造、納豆・水産練り製品の加工に必要な物質である。また、野菜の漬物、魚介類・獣肉の加工品の製造や塩蔵などに使われる。

汁物・焼き物・煮物・炒め物・揚げ物、蒸し物などの各種料理、ご飯（塩握り）、麺類（麺の製造時に小麦粉に食塩を加えることにより強いコシが生ずる）にも食塩は欠かせない。魚介類の干物の製造時に、食塩を魚介類の身肉に振り掛けることにより、魚介類の身肉には弾力性（「坐り」という）が発現する。食肉のハム・ソーセージを作る時、食塩を肉に食塩をすり込

むことにより、有害微生物の繁殖を抑え、乳酸菌の繁殖を助けるなど、食品加工においては、食塩が重要な要因を占め、料理においては「塩加減」といわれるように食塩の使い方によってうま味を引き出すこともできるが、不味いものを作ってしまうこともある。

## 塩と信仰

人間の生命現象を正常に維持するためには食塩が必要である。現在の科学では、体液の浸透圧のバランス上、食塩の成分のナトリウムが必要であるからと説明されているが、かつて、生命の起源は海水にあるという説が信じられていた時代は、海水からとれた食塩を「命の源」と考えられていた。宇宙の科学が発展した今日では、隕石などの宇宙の有機物が海水に落下し、海水で生命のある物質が誕生したという説もある。

古い時代から、食塩は信仰上大切なものとして利用されてきた。毎朝神棚に塩を供えて身や家を清め、祭りには神前に塩を供えて清め、建築物の工事の始まりにも神棚を作り塩を供えて清める習慣は残っている。相撲の土俵に力士が塩をまくのは、その場を清浄にするという意味が含まれている。葬式から帰ってきた人は、家の中に入る前に、塩を体に振って身を清める風習も持続している。最近、仏教の宗派によっては葬儀に参加したからといって不浄となったのではないので、葬儀から帰ったときに、塩で清めることはないと説教している。

料理店や商店では、毎朝入り口に塩を小さく盛っておくところもある。店の周囲を清め客が入ることを祈願した風習である。毎月の1日と15日に塩を盛るところもある。清めに塩でなく、海水を竹筒に入れて神前に供える地域もあると伝えられている。

塩は人の命や生活に欠かせないことから信仰に使われるようになったと考えられる。

〈赤飯にごま塩〉

赤飯は赤色であることから祝い事には欠かせない食べ物の一つである。かつては、結婚の披露宴には赤飯が必ずついたものであった。最近の披露宴は多種多様になってきたので、必ずしも披露宴には赤飯が用意されるとは限らなくなった。赤飯の由来については、古くから赤褐色の赤米(あかまい)を神前に供える米として神聖視されていたという説、焼き畑に小豆が栽培される

ようになると、赤米の代わりに小豆が使われるようになったという説がある。赤米の赤飯でもアズキの入った赤飯でも赤はめでたい意味があることから、赤飯を神聖な神に供える風習があった。この赤飯を清めるためにごま塩が添えられたようである。

一方、願いが叶うように、塩も食べない風習をもつ人もいる。食塩が生命の維持に大切なため、命がけの願いをするときに行うようである。

## 食塩の種類

日本国内には岩塩も塩湖もないので、主な食塩は、海水を原料として製塩されている。塩の専売法がなくなっても、日本専売公社がイオン交換膜法で製造している食塩のほか、各地で海水を濃縮して食塩濃度を高めて、それを結晶させた食塩、輸入した外国産の食塩を利用したブランド塩が出回っている。

塩田法とイオン交換膜法の違いは、海水を濃縮するところまでは異なる。食塩の結晶化は両方法とも同じである。イオン交換膜法によるものは、塩田法に比べて不純物が少ない。

専売塩については用途や粒度により分類されているが、その他は各メーカーが独自で粒度や用途を決めている。

❶**食塩・並塩** 海水を原料とした普通の塩は並塩といわれ、純度が95%、それを精製した食塩は99%以上で、多少の水分やにがりの成分を含む。料理や漬物に用いられる。

❷**特級精製塩・精製塩** 原塩(海水からとった輸入の天日塩)を再溶解し再製・加工したもの。純度は99.8%で、粒度は細かい。

❸**食卓塩** 精製塩に卓上で湿気を帯びるのを防ぐように塩基性炭酸マグネシウムが加えてあり、さらさらしている。

❹**キッチンソルト・クッキングソルト** 食卓塩のようにさらさらした塩。粒度を細かくし、料理に使いやすくしたもの。

❺**漬物塩** 食塩の純度は低く、にがり成分が多い。漬物の味の成分であるリンゴ酸、クエン酸が加えてあり、普通の塩に比べて、漬物の味をよくする。

# 食酢の歴史と食文化的役割

## 食酢の由来と食文化的役割

### 1）食酢の由来

　酢（食酢）は、酒類が微生物の働きによりできる。したがって、酢の発達は酒類と関係が深い。西洋では有史以前から葡萄酒から作られたもので果実酢またはビネガーといわれる。日本での酢の製法は、5世紀頃中国から酒の製法と前後して伝わったといわれている。

　太古の日本人は、古くなった酒が自然発酵してできる食酢のことを知っていたと考えられている。代表的な米酢の作り方は、応神天皇（369？～404？）の時代に中国から酒の醸造法と相前後して、現在の大阪南部の「和泉の国」に伝えられたといわれている。この頃の酢が「和泉酢」といわれ、日本最古の酢と考えられている。奈良時代には、魚介類の保存のために食酢が使われた。この時代には、食酢を苦酒（からざけ）といい、膾（なます）を作る調味料としていた。

　平安時代になると米酢に酒を加えた酒酢、酢に梅の実を浸した梅酢、かんきつ類の搾り汁を加えた酢、柿を浸した酢のように、果肉や果汁を利用した食酢も発達していた。醤油が広く使われるようになる江戸時代までは、これら食酢類が調味料の主流であった。

　室町時代になると、食酢と他の食材を合わせた調味料が開発された。酢みそ、ワサビ酢、芥子酢、ショウガ酢みそ、サンショウ酢みそ、クルミ酢などの和え物が登場した。江戸時代の元禄の頃に、愛知県半田の醸造元で、日本酒の副産物である酒粕から食酢を作る方法が開発された。

### 2）酢と伝説

　外国には酢に関する伝説があった。1961年に米国食酢協会が発行した『ビネガー』という本に、次のような伝説が記載されていた。すなわち、「伝染病が広がっていたフランスのマルセーユに40人の大盗賊がいた。この盗賊たちは伝染病にかからずに町を荒らしまわり略奪をほしいままにしたという。なぜ病気にかからなかったかを調べたところ、40人の盗賊たちは酢と何種類かの香辛料を配合した特殊な飲み物を毎日愛用していた」という伝説である。

ギリシャの医者で哲学者のヒポクラテスは、酢を呼吸器病、疥癬、狂犬病のかみ傷などの処置に用い、また病気からの回復期の患者に酢卵を飲ませたということも伝えられている。酢は古くから調味料だけでなく、医薬品として使われたことがうかがわれる。現代でも体調を整え生活習慣病を予防するために、食酢の利用がすすめられているが、酢の健康への効用は現代科学によって明らかになったわけではなく、古くから経験的にわかっていたと考えられる。

### 3）酢の嗜好と地域性

　酢に対する嗜好は個人差もあるし、季節によっても嗜好性も変わる。とくに気候との関係については、次のような傾向があるといわれている。すなわち、日本の場合、北の寒い地方の人と南の暖かい地方の人とでは、酢を使う量に違いがあるとのことである。郷土料理から察するに、北の地方の料理には食塩の使用量が多く、塩味の強いものが多い。一方、南の地域では酢を使った酸味の強い料理が多い傾向がみられる。南のほうの食べ方には、酢を使わなくても、カボスなどかんきつ類の搾り汁を調味料として使うことが多い。

### 4）酢と日本料理の関わり

　日本料理の中で酢に関する古い記述は、『日本書紀』（720年成立）に「ハマグリを海水で洗ってから、酢で処理をして膾にして供した」という記述があることから、酢は古くから料理に使われていたことがうかがわれる。奈良時代（710〜784）末期に成立した『万葉集』に「鯛を酢醤油でさっぱりと食べた」という歌があることから、清涼感または爽快感のある調味料として使われていたのである。酢が日本料理と深い関わりをもつようになったのは、中国から精進料理が伝わった鎌倉時代（1185〜1333）以降であったようである。酢を使った料理には「酢漬け茗荷」「差酢若布（さしずわかめ）」などがあった。室町時代に出版された『四条流包丁書』（延徳元［1489］年）には、「鯉はワサビ酢、鯛はショウガ酢、スズキはタデ酢、ハモは実芥子の酢、カレイは酢味噌」で食べると記載されている。江戸時代になると醤油が普及し、酢以外に醤油、みりん、砂糖などが使われるようになり、酢の物という料理が生まれたと伝えられている。

## 食酢および酸味料の種類

　食酢は醸造酢と合成酢に大別されている。醸造酢には穀物、果実、アルコールを原料とし、酢酸発酵によって作られる。JAS規格での醸造酢と表示する場合は、「合成酢が全く含まれないもの」でなければならない。

### 1）穀物酢

　穀物を原料とした醸造酢で、JAS規格では米酢と、その他の穀類を原料とした穀物酢に分けられる。日本では米酢、粕（酒粕）酢が代表的な穀物酢である。

❶**米酢**（こめず、よねず）　米を原料とした日本の代表的な穀物酢。蒸した米に麹カビを植えて培養し、麹を作り、米のでんぷんを糖化してから、清酒酵母によりアルコール醗酵後、酢酸菌による酢酸発酵を経て食酢を作る。酢酸を中心とした有機酸のほかに多種類のアミノ酸を含む。有機酸としては、乳酸、コハク酸、クエン酸などが含まれる。

❷**黒酢**　米酢の一種で、原料や醸造法は基本的に米酢に同じである。蒸し米、麹、水を壺の中に仕込み、太陽熱と微生物（麹カビ）による自然発酵を一つの壺の中で行うので、壺酢ともいわれる。鹿児島県福山町で生産される米酢の一種。約1カ月の発酵・熟成期間で米のでんぷんは麦芽糖やブドウ糖に分解し、並行してアルコール発酵が進む。約3カ月後、アルコール発酵が終わり、酢酸発酵へと移行する。約4カ月後、酢酸菌の膜に覆われ、酢酸発酵が進む。この後、熟成、ろ過、殺菌の工程を経て製品となる。1～3年間の自然発酵により、成分間の反応で黒ずんだ色の食酢となる。まろやか味で健康飲料として利用されている。

❸**玄米酢**　原料に精白していない玄米を使用して、米酢と同じように醸造する。江戸時代には精白米でなく、玄米を原料とした食酢で、庶民が利用していたといわれている。色が濃く、コクがあり熟成粕の香りがあり、すし用の酢に使われることが多い。

❹**麦芽酢**　主に欧米で作られている酢である。日本では第二次世界大戦後に作られるようになる。主な原料は麦芽、トウモロコシ、大麦で、これらを発芽させて麦芽を生成し、麦芽により原料のでんぷんを糖化し、アルコール発酵、酢酸発酵させて作る。ビールに似たさわやかな香気があり、アミノ酸量も多い。洋風料理に適した食酢である。

❺粕酢　日本酒の副産物の酒粕を原料とする酢である。酒粕を1年あまり貯蔵しておくと、未分解のでんぷんは微生物のもつ酵素により糖化される。この分解された酒粕を水を加えて槽に入れて発酵・熟成してから、ろ液を集め、これにアルコールも添加し、酢酸菌を加えて酢酸発酵をさせて、酢を作る。

❻ハトムギ酢　ハトムギを原料として作った酢で、民間薬として利用されていた。日本料理や飲料用にも使われた。

## 2）果実酢

　果実を原料とした醸造酢である。西欧の料理に使われるワインビネガーはよく知られているが、日本でも山梨県などブドウやワインの生産地では、ワインビネガーが造られている。

　食の洋風化に伴い、ワインビネガーやアプルビネガーなどが日本の食卓でも利用する機会が多くなった。

❶柿酢　日本の果実酢として、岐阜、和歌山、富山などの柿の生産地で自家製の食酢として使っている。原料には、甘柿、渋柿のどちらも使われる。

❷ワインビネガー　もともとは欧米の料理に使われる酸味料である。西欧風料理がつくられるようになってから、ワインビネガーが使われるようになった。ドレッシング、ピクルス、マヨネーズにも使われる。バルサミコ酢は白ワインから作られる。日本では山梨産の「葡萄酢」として流通している。

## 3）果汁酢

　果実を搾った汁を酢として用いられている。ポン酢、レモン酢などかんきつ類の搾り汁から作った酢である。関西地方ではダイダイ、関東地方ではユズを用いることが多く、九州地方ではユズの近縁種のカボス、四国や阪神地方ではスダチの搾り汁が使われることが多い。これら果汁酢の酸味の主成分はクエン酸で、一方、米を原料とした食酢の成分が酢酸であることに違いがある。

❶ポン酢　ダイダイの天然果汁をそのまま利用したものである。醤油と合わせたポン酢醤油は和風料理の鍋物のつけ汁として用いられている。

❷レモン酢　レモン果汁にアルコールと水を加えて酢酸発酵させたもので、レモン汁と酢の中間的な酸味を有する。サラダ、マリネなどに使われ、西洋料理が導入されてから生まれた酢である。

❸レモン汁　レモンを搾った汁で、汁そのものが酢である。
❹カボス酢　カボスを搾った汁である。
❺梅酢　梅の実を塩漬けにして、上から圧したり、自然に梅から溶出する液体である。シソの葉と一緒に漬け込んでできた赤色の梅酢は赤梅酢といい、シソを入れないで漬け込んでできた汁は白梅酢という。

### 4）酒精酢

　酒精すなわちアルコールを原料とした酒精酢。酢の入手が困難な時代にアルコールを原料として酢酸発酵によって作った。

### 5）加工酢

　醸造した酢を原料として、これに塩や砂糖などを加えてすしに適した酢に仕上げたすし酢、材料にかけるだけでよいように調味した酢の和え酢などがある。食酢を粉末にした粉末酢は、すし酢に使われることもある。食酢の水分を除いて粉末にするのは難しいので、食品材料や食品添加物と合わせて粉末にすることが多い。

## ■砂糖の歴史と食文化的役割

### 砂糖の由来と歴史

　砂糖の原料はサトウキビとテンサイ糖である。日本で使用している砂糖の原料はほとんどがサトウキビである。沖縄の黒糖の原料もサトウキビである。

〈サトウキビの原産はニューギニア〉

　サトウキビは、もともとニューギニアの周辺で栽培されていた。それが紀元前2000年頃にインドに伝わり、インドが第二次原産地となり、各地に伝播したとされている。紀元前320年頃には、砂糖はインドからギリシャへ「甘い石」として紹介されたといわれている。B.C.325年、アレキサンダー大王のインド遠征時の記録には「アシの茎から蜜をとっている」と記されている。砂糖は塩のように結晶していることから「インドの塩」ともよばれて、インドからヨーロッパに伝わった。甘味のある物質として蜂蜜や果実の甘味と穀類から作られる液体の飴しか知らなかった古代の人々にとっては、奇跡的な調味料として扱われたらしい。日本で最初に「砂糖」という文字が記載されているのは、正倉院文書（天平勝宝8［756］年）の東大寺の「種々薬帳」であるといわれている。

〈テンサイ糖はドイツで作られる〉

　テンサイ糖は、1747年にドイツのマルクグラーフがテンサイから砂糖を作り出すことに成功したといわれている。テンサイ糖がヨーロッパに普及したのは1806年にナポレオンが大陸封鎖を行ってからである。

〈日本の砂糖は奈良時代から〉

　日本へ砂糖が入ってきたのは奈良時代の頃で、天平勝宝6（754）年に中国から日本に渡来した鑑真和上(がんじんわじょう)が砂糖をもってきたと伝えられている。平安時代になっても砂糖は貴重品で、一般にはなかなか広がらなかった。室町時代に入って中国との貿易が盛んになると砂糖の輸入も多くなった。17世紀のはじめの慶長15（1610）年に、鹿児島県奄美大島の直川智(すなおかわち)がテンサイの栽培と製造法の習得から始まると伝えられている。元和9（1623）年、寛文2（1662）年に琉球（沖縄）の有力者が、中国・福建省で製糖・精糖法を習得してきた。元禄年間（1688～1704）には奄美大島で作るようになった。薩摩藩は、奄美大島のほか喜界島や徳之島でも砂糖を作らせ、独占を図った。18世紀には享保13（1728）年に、徳川吉宗は長崎奉行三宅周防守に製法を抄録献上させている。江戸末期には、讃岐・阿波・土佐・和泉・河内などで和製砂糖が作られるようになった。現在でも、香川県・徳島県の和三盆(わさんぼん)は高級和菓子用の砂糖として知られている。沖縄の黒糖は、サトウキビから作る砂糖の精製過程のまだ不純物を含むもので、現在は沖縄の名産品となっている。

　日本のテンサイ糖の生産地は北海道である。明治3（1870）年に初めて導入され、明治13（1880）年に、北海道の伊達紋別に最初のテンサイ糖製造工場がつくられた。

## 砂糖の種類

　砂糖は、原料の違いにより甘蔗糖（原料はサトウキビ）とビート糖（てんさい糖ともいう。原料はサトウダイコン）に分けることができる。日本で主に流通している砂糖は甘蔗糖である。甘蔗糖については精製の程度や結晶化の差異によって分けられる。

　産地で原料を細かく切り、圧搾して得た液体に石灰乳を加えて中和し、加熱して不純物を凝固させて除き、ろ過した上澄みを濃縮してできた結晶を含蜜糖といい、ショ糖以外の挟雑物や結晶母液を含む。ここから母液を分離して乾燥させ粗製の糖を粗糖という。粗糖は分蜜糖となり、分離され

た母液が糖蜜である。日本の砂糖の原料のサトウキビの産地は、鹿児島県、沖縄県である。粗糖の輸入は、オーストラリア、タイ、南アフリカなどである。

### 1）分蜜糖の種類

❶耕地白糖　サトウキビ、サトウダイコンなどを栽培する産地の製糖工場で、原料から直接製造される糖度98％以上の白砂糖をいう。ビート糖は主に耕地白糖で、日本では北海道で作られている。サトウダイコン（ビート）の根の液汁には10〜15％のショ糖を含む。サトウダイコンの根の液汁を精製して不純物を除き、亜硫酸ガス、イオン交換樹脂などで処理して脱色、精製、濃縮、煎糖して結晶をつくり、分蜜、乾燥して製造される。主に、グラニュー糖とされる。一部は白糖にも製造される。

❷粗糖　原料糖ともいわれる。糖分は14〜17％を含むサトウキビの茎から糖液を搾り取る。糖液は不純物を除き、濃縮、煎糖し、結晶を析出させる。これを一番白下（いちばんしろした）という。一番白下を遠心分離器（分蜜機）で、一番糖と二番糖に分ける。この作業を繰り返して、一番糖と二番糖を合わせて粗糖という。廃糖蜜（三番糖）はアルコール発酵やアミノ酸発酵の原料として利用される。

❸精製糖　粗糖を溶解して、清浄した糖液を濃縮し、結晶をつくり、分蜜し、精製糖にする。精製糖は結晶形により、結晶糖（ハードシュガー）、車糖（ソフトシュガー）に分類される。

❹結晶糖　ざらめ糖、中ざら糖、グラニュー糖に分けられる。

- ざらめ糖（白ざら糖、上ざら糖）　精製度が高く、白色で結晶形は1〜2.5mmで、ほぼ100％のショ糖の結晶で、100〜150℃に加熱してもほとんど着色しない。練乳や着色を嫌う菓子類に使われる。
- 中ざら糖　中ざら糖は黄褐色をしているが、結晶の大きさはほぼざらめ糖と同じ。ショ糖純度は高く、約99.7％である。特有の香りがあるので、煮物に使われる。
- グラニュー糖　サトウキビやサトウダイコンから作られる。結晶の大きさは0.25〜0.55mmで、純度は高く、糖度は99.8％である。テーブルシュガーとして用いられる。3〜5gずつ小袋に包装され、コーヒーの飲用に使われる。

❺車糖　車糖は色により上白糖、中白糖、三温糖に分けられている。車

糖の結晶の表面にビスコ（転化糖液）を添加して湿潤性をもたせた糖である。転化糖がかかっているので、ショ糖だけよりも甘く感じる。
- 上白糖　精製糖と一番糖から二番糖で純白で結晶は0.1〜0.2mmと小さく、湿潤性が大きい。日本の砂糖生産量の半分を占める。
- 中白糖　結晶の大きさは上白糖とほぼ同じ。精製糖の三番糖に属する。外観は灰白色である。
- 三温糖　結晶の大きさは上白糖とほぼ同じ。精製糖の四番糖から五番糖に属する。外観は黄褐色を示す。

❻**加工糖**　角砂糖、氷砂糖（氷糖）、粉糖（粉砂糖）、顆粒状糖がある。

❼**液糖**　従来は、砂糖および転化糖の濃厚溶液であった。現在は、ショ糖を溶かしたもの、精製糖を溶解したものがある。最近の加工品に多く利用されている異性化糖は、コーンスターチなどのでんぷんに酵素を作用させて得たブドウ糖溶液に、ブドウ糖を果糖に転換させる異性化酵素を作用させて得た、ブドウ糖の一部を果糖に変えたものである。果糖42％、ブドウ糖50〜52％のものが多い。高果糖タイプは果糖が53％を含む。果糖はブドウ糖よりも甘味が高く感じるので、砂糖を加えたものより甘くなる。

### 2）含蜜糖

❶**黒砂糖**　サトウキビを圧搾して得た糖液に、少量の石灰乳を加え、不純物を除き、濃縮して結晶させたもの。黒褐色でショ糖の純度は73〜86％。特有の風味とコクのある甘味をもっている。鹿児島県、沖縄県の土産としては黒糖の名で売っている。

❷**赤糖（あかとう）**　製法は黒砂糖に似ているが、搾り汁の糖液に石灰を加え、微アルカリ性にして煮沸し、適度に濃縮したところでかきまぜて冷却する。赤褐色の小さい塊の砂糖ができる。糖度は約80％。

❸**和三盆（わさんぼん）**　サトウキビを圧搾して得た糖液を簡単に精製し、濃縮し、結晶として析出したもの。製法の特徴は、圧搾による分蜜する工程で、砂糖の結晶（含蜜）を水で練って圧搾による分蜜（押し、研ぎという）を繰り返す。糖度約96％で、特有の風味があり、高級和菓子に使用される。徳島県、香川県が特産。

❹**白下糖**　製法は黒砂糖に準じる。水分含有量が約10％で、微細な結晶を含む半流動体または固体。鹿児島県、沖縄県の特産。

## だしの歴史と食文化的役割

　日本料理の専門家が美味しい「だし」をとるには30年間はかかるといわれている。日々安定した美味しいだしをとるのは、長い経験が必要であるし、「だし」は料理の美味しさを決める基本となっていることを示唆している。安定した基本的だしの調製ができれば、それをベースにすれば、材料や料理の種類によりさまざまなだしも工夫できるのである。「だし」となる主な魚介類は昆布、カツオ節、煮干し、乾燥エビ類、乾燥貝類があるが、科学的に明らかにされている基本成分は、昆布由来のグルタミン酸を中心としたアミノ酸、カツオ由来のイノシン酸、貝・イカ由来の核酸関連物質、エビ・カニ由来のアミノ酸類である。最近、素材のうま味が注目されるようになり、野菜類に含まれるアミノ酸や糖類、キノコ類の核酸関連物質も注目されるようになった。

　これらの材料が、必ず天日乾燥や熟成という工程が加わることによりうま味成分が生成され増加される。そのため、西洋料理のだしであるフォンが天然の食材から抽出したうま味と異なる。日本のだしのうま味について、世界の料理人が注目しているのは、だしの繊細なうま味が、他の国の料理では発見できないものであることが明らかになったからである。昆布やカツオ節、乾燥魚介類や乾燥野菜類からのうま味を認識するのは、いつ頃、どんなきっかけがあったかなど、日本の料理人のうま味の探求には興味があるところである。

### だしの歴史と文化

　日本料理のだしの原料は、乾燥魚介類や乾燥野菜類などが多い。魚介類や野菜の乾燥は食品の原始的な保存方法として生み出されたものである。生鮮食品には60〜90％の水分が含まれる。生鮮食品中の酵素は、食品内の水分の存在下では食品中の成分に作用し成分の分解を起こす。その結果、食品中のたんぱく質はペプチドやアミノ酸に、でんぷんはオリゴ糖、二糖類、単糖類に分解し、核酸関連物質の分解が生成され、それがうま味成分となっている。一方、水分が存在すると腐敗菌などの微生物が生育し、腐敗が進行するが、乾燥の進行とともに、酵素の活性は低下し、細菌類の生育は抑制される。

　だしの原料となる生鮮食品は、乾燥することにより細菌類の生育を抑制

し、食品中の酵素の活性も徐々に低下するが、腐敗にいたる前に酵素によりうま味成分が生成される。うま味成分は、美味しい料理をつくるのに必要であるばかりでなく、人の心身の健康にも関与しているのである。

魚介類の乾燥品の製造の歴史は古く、奈良時代の『正倉院文書』には小魚の乾燥品は税として各地から集めていたと記録されていることから、当時の政治の実行には重要であったと考えられる。古くから乾燥野菜として代表的な切り干しダイコンやカンピョウは、保存性のみならず、独特の風味と食感をもち、古くから日本料理の重要な位置にあった。乾燥カンピョウは、現在でもだしの材料として使われている。

## 1）カツオ節の歴史とカツオ節だしの味覚史
〈「堅魚のいろり」から〉

日本の料理のうま味の原点は、4～5世紀に始まるカツオの煮(煎)汁（「かつおのいろり」）にあるといわれている。この「かつおのいろり」が発達してカツオ節になった。だしの材料として、カツオ節と双璧をなす昆布のだしの起源は鎌倉時代（1185～1333）といわれている。

現在のカツオ節の形のものの製造の起源は、漁業基地の土佐清水という説、平安時代（794～1185/1192）の駿河の国（静岡県）の煮堅魚（今のなまり）という説がある。

カツオはカタウオが語源で、それがカツオに転訛したものとされている。しかし、鮮度のよいカツオの肉質は堅くない。取り扱いが悪ければ鮮度低下ははやく、身肉が軟らかくなってしまう。しかし、鮮度のよいカツオの身肉を加熱したり干したりすると、肉質は一転して堅くなるという性質がある。古代の人は、カツオの肉質のこの変化を知っていて、肉質の特徴から、この魚を「堅魚」とよぶようになったのではないかと想像されている。海に囲まれた日本列島では、有史以来、魚はたんぱく質源として欠かせないものであった。魚は潮流により回遊する特徴があるので、必ずしも一定の量が漁獲されるとは限らないことは、自然の環境状態での漁撈生活も近代化した漁業の現代生活においても同じことである。そこで、大量の漁獲があったときには、生で食べきれない魚に何らかの加工を施して保存するという知恵が生まれた。古代の文献には、乾魚（ほしいお）、煮乾魚（にぼしいお）、䐑（きたい：魚を丸ごと干したもの）、楚割（すわり：魚肉を細かくし塩漬けにしてから干したもの）などの名があげられている。これ

らは、それ自体が料理の材料であったとともに、煮出した液汁が自然のだしとしても利用されていたと考えられている。

平安時代初頭に編纂された『話名抄』（源　順、935年以前）には、「堅魚煎汁」の項があり、「加豆乎以呂利」と訓注されている。ここで「いろり」は、魚肉や大豆を煎じた汁のことで、「だし」や調味料として使われていたようである。

カツオという魚は、カツオの漁獲量の多い漁村では、生で食べたかもしれないが、海から遠く離れた平安京などではもっぱら加工されて堅くなった身肉を保存食として知られていたと想像できる。

今日のようなカツオ節が誕生したのは、江戸時代であるが、古い時代からカツオのだしらしきものは存在していたと推察できる。さらに、カツオ節は奄美大島より以南の南西諸島でも作られていて、南のほうから伝わったという説もある。

### 〈カツオ節はカツオの保存から誕生〉

カツオは、魚の中でも鮮度低下の速度が速い。カツオは潮流にのって速い速度で回遊する魚であるから、泳ぐために必要な酸素を体内全体に運ぶミオグロビンやヘモグロビン、チトクロームなどの構成成分として鉄をもつたんぱく質を多く含む血合肉や赤身肉から成り立っている。水揚げ時のカツオの筋肉細胞には、回遊のために必要なエネルギー源としてのATP（アデノシン・3・リン酸）含有量が高い。このATPが水揚げ後の適切な処理によりうま味成分のイノシン酸に変化するので、カツオにはイノシン酸が多く存在しているのである。古くからカツオの肉に含むうま味を生成する適切な処理として、腐敗しないで保存する方法が考案されたのである。それが、カツオ節づくりの前処理の「土佐切り」の考案である。これは、カツオの頭と内臓を除き、血抜きし、三枚または五枚におろすもので、土佐（現在の高知県）が発祥の地である。この方法は、早い時期から紀州（和歌山）、駿河の国や伊豆（静岡）、房総（千葉）に伝わっていた。江戸時代中期の宝暦8（1758）年に、紀州の甚太郎という漁師が燻製する方法を確立していた。燻製法の確立により現在のようなカツオ節の基本ができたと考えられている。すなわち、煮熟した身肉を乾燥する代わりに、薪で燻蒸乾燥させる方法を考案した。

燻製法が確立するまでは、カツオの煮汁が「いろり」の名で使われてい

た。この時に煮たカツオの身肉を乾燥させたものが「なまり節」である。なまり節は数日間の保存が可能であったので、戦国時代（応仁の乱［1467〜77］から1568年の織田信長の入京までとの説もある）には武士の携行食として重宝された。縁起をかついで「勝男武士」という文字も使われた。

　土佐や紀州の漁師は、黒潮にのって九州の海域から三陸沖まで移動するカツオの群れを追って太平洋沿岸に広く足跡を伸ばし、それとともに、カツオ節の製法も鹿児島の枕崎、静岡の焼津、西伊豆の田子、千葉の南房総など各地に広まった。

　江戸時代後期には東北地方でもカツオ節を作るようになり、各地のカツオ節の品質に番付けがされるようになった。現在では、カツオ節の製造は、四国、鹿児島（枕崎）と静岡（伊豆と焼津）に集中するようになったが、江戸時代後期には、北は八戸から南は屋久島まで、太平洋岸の21カ国120カ所にカツオ節工場があった。とくに、薩摩（今の屋久島）の役島節、静岡の清水節などの品質が高かった。上位の品質のカツオ節は土佐、薩摩、紀伊で作られるものが多かった。東海地方の伊豆田子や関東の房総のカツオ節の品質は土佐や鹿児島のものに比べるとやや劣っていたそうである。磐城（いわき、福島、江名節）、八戸（青森）などのカツオ節は、伊豆田子や房総のカツオ節よりさらに品質は劣っていた。関東、東北で漁獲されるカツオは脂肪含有量が多くなるからである。現在は、作っていない。

## 2）魚介類の干物は酒の肴から生まれた

　日本料理の魚介類系のだしの原料は、イワシ、アジ、ハゼ、エビ類、貝類の乾燥したものも使われる。これらが、だしの原料として使われるようになった要因は明らかでないが、古くは酒の肴として利用されていた。古来の乾燥法は、天日による自然乾燥による。この処理により魚介類の腐敗が抑えられながら体内に存在する酵素の働きによりゆっくりとうま味成分が生成されたので、保存性がありうま味のある魚介類が美味しい酒の肴であったのであろう。平安時代の『延喜式』（延長5［927］年）には、地方に税として割り当てた物産に、魚介類の酒の肴が多く記録されている。現在のだしと関連する当事の魚介類の加工品には、火乾アユ、ナマコの塩辛、熨斗鮑、イカやタコの丸干などがある。当時は、料理の材料として使っていたもので、だしの原料として使うようになったのは、『四条流包丁書』（長享3［1489］年）が出版されてからであるといえる。「前川善兵衛家文書」

に記録されている「三閉伊魚類五十集物十分一役覚(いさばもの)」には、干鱈、干鰯、鰹節、鯣(するめ)などの加工品が記載されていることから、この時代から干物類の作り方や応用について少しずつ工夫してきた。

### 3）マグロ節は補助的な節類

マグロ節は、カツオ節ほど広く使われていないが、カツオ節のだしよりも濃厚なうま味のだしが調製できることから、マグロ節を好んで使う専門家もいる。マグロ節はシビブシともいわれ、寛政11（1799）年刊行の『日本山海名産図会』には、九州では小さなマグロを干した干鰹のにせものとするとあり、あくまでもカツオ節の代用品だったようである。節類の仲間ではマグロ節は、主流ではなく補助的に使っていたようである。後に、マグロ節も東北の陸前、陸中に広がった。東北地方で漁獲されるカツオは脂肪含有量が多いので、漁獲後すぐに、カツオの身肉を釜で煮る回数を多くし、これに対してマグロは漁獲後一晩置いて熟成させてから釜で煮た、との記録もある。このころから、カツオ節やマグロ節の作り方が各地で工夫されていたのである。

伊豆の田子では、水揚げしたカツオはカツオ節に加工するほか、塩蔵して正月の祝い魚として利用している地域もある。

### 4）パック化で蘇ったカツオ節

カツオ節は、昔から高級な食品として流通していた。その理由は、カツオ節の製造は、同じだしの材料である煮干しに比べれば、製造工程は複雑で長時間を要する。一般庶民は、カツオ節を使うよりも、安価なサバの削り節や煮干しを使う量が多くなった。とくに、第二次世界大戦後の食糧難時代には、カツオ節は高級食品のイメージが高くなってしまった。昭和30年代以降（1956～）、削り節使用が一般化し、節類はほとんど贈答用に使う傾向になった。

昭和30年代になると消費者の意識、嗜好、生活様式などすべてが変わり始め、インスタント食品指向の時代が到来した。昭和30年代に入るとインスタントラーメンが登場してきた。インスタントラーメンやカップラーメンに欠かせないのがドライスタイルの調味料である。一般の家庭の食事づくりに簡便さが導入されるようになり、女性の家庭外活動が盛んになると、便利なうま味調味料が各家庭に広く利用されるようになった。

このような社会現象からカツオ節の消費量は低迷化した。カツオ節の生

産量が増加したのは、各家庭で食事をつくるためにカツオ節を削る手間をなくし、削ったものを各家庭に届けるという便利なプラスティック袋に入った削り節ができてからである。本当のカツオ節の本枯れ節を薄く削られたカツオ節が、窒素ガスととともにプラスチックフィルムに保存され、酸化することなく長期保存ができる製品ができたことによる。この製品が一般に流通するようになったのは、昭和43（1968）年以降であった。

本枯れ節の削り節のパック入りが登場してから、カツオの身肉からできた太い小刀のような形のカツオ節を知っている人は少なくなり、食品の中で最も堅いものであることや、カビの力でできるということを知らない人も多くなったに違いない。

### 5）昆布のだしは海藻を利用する日本人の知恵から

海に囲まれている日本列島は、海藻を食品として利用する知恵は、健康に必要なミネラル類やビタミン類の給源を生み出し、さらには世界の人々は考えもしなかったうま味を発見し、明治41（1908）年には、池田菊苗が昆布のうま味成分の主体がグルタミン酸であることを見出し、現在のうま味調味料の発展のベースとなった。

昆布は、古くから「養老昆布（喜ぶ）」の縁起と結びつき、祝儀や寺院の神饌に使われている。平安時代の『続日本紀』（藤原継縄等編：延暦16［797］年）に、元正天皇の頃、蝦夷の須賀君古麻比留らが昆布を毎年天皇に献上したとある。アイヌ語ではコムブ（kombu）といい、奈良時代には広布・比呂米・夷布・衣比須女とよばれていた。室町時代になり、昆布という字が使われるようになった。昆布という字は平安時代であるとの説もある。いずれも広布とは葉体の広い海藻、蝦夷とは北海道に産する海藻を意味している。食情報が世界的に普及している現在の食生活は別として、世界的にみて、海藻を食べる民族はまれで、古くから海藻を食べる民族は、日本人を含むアジア東北部にわずかに存在するだけである。

〈昆布の種類と特徴〉

用途や地域により使用する昆布の種類が異なる。例えば、京都の料理店では利尻昆布を、東京の料理店ではマコンブを使うところが多い（表3）。

**表3 昆布の種類とその特徴・用途**

| 昆布の種類 | 産地 | だしの特徴と主な用途 |
|---|---|---|
| マコンブ、ガゴメコンブ | 松浦半島東岸―噴火湾 | だしは清澄で上品。吸い物のだし、塩昆布、昆布締め。東京で多用。 |
| ミツイシコンブ（日高昆布） | 室蘭―襟裳岬―広尾 | うま味のあるだし。煮物、佃煮、関東以北で多用。 |
| ナガコンブ、ネアシコンブ、トロロ昆布 | 十勝川―釧路―根室半島 | 昆布巻き、切り昆布、惣菜。沖縄で多用。 |
| リシリコンブ | 網走―宗谷―利尻・礼文島 | 塩味がかった香りのよいだし。湯豆腐、千枚漬け。京都の料理店で多用。 |
| ラウスコンブ | 根室海峡沿岸（羅臼） | 黄色みのあるだし。うま味と酸味がある。酢昆布。富山地方で多用。 |
| ホソメコンブ | 留萌―松前半島 | とろろ昆布、切り昆布など |

## 6）昆布の普及と昆布ロード

　平安時代の辞書『倭名類聚抄（わみょうるいじゅしょう）』（承平5［935］年）の「昆布」の項目に「可食」とあることから、古くから食べられていたことが推定されている。使用目的は、献上品、供養料、冠婚や長寿の祝いもてなしや献上品などであった。近世末の江戸や京都、大坂の世情や風俗を記録した『守貞漫稿（もりさだまんこう）』（嘉永6［1853］年）には、花見などで人の集まるところで昆布売りの歩く様子が紹介されている。

　現在、昆布消費量の多い地域として、沖縄、富山、福井などがある。沖縄の昆布消費量は、琉球王国時代（1429～1879）に中国との交易に使用した北海道の昆布は沖縄料理に多く利用されるようになった。最近、昆布消費量の多い富山県は、昆布巻き蒲鉾が全国的に有名であり、いろいろな魚の昆布締めがスーパーでも販売されているほど昆布の利用に特徴がある。昆布はだしの材料だけでなく、昆布自体のうま味を食品に浸透させる独特の利用法を生み出している。福井には長年熟成しただし昆布の存在も紹介されている。

　北海道の沿岸で採れた昆布は、松前から松前船によって日本海の富山、

福井の若狭を経て大阪、鹿児島、琉球（沖縄）まで運ばれた。富山で降ろされた昆布は、富山独特の薬売りという商法は、昆布を陸路で関西や九州方面に販売網を広げていったと思われている。大阪の名産に塩昆布や昆布佃煮があり、京都の日本料理のだしに昆布が欠かせなくなった陰には富山の薬売りの商法があったわけである。

## その他の魚介類系だし

### 1) 煮干しと煮干しだしの歴史

　煮干しは、宮中や寺院の精進料理の高級材料としてのカツオ節とは違い、庶民の食料としての位置づけでいき続けてきたものと思われる。煮干しは、古くは奈良の藤原京（694〜710）跡から出土した木簡に、「いわし煮」という煮干しのような乾燥物が献上品として記録されていたことが明らかになっている。江戸時代に煮干しが食べられていたか定かでないが、江戸時代の長屋の住民は、イワシ以外の魚を食べると家計が苦しくなるといい貴重な食べ物だったらしい。このことから煮干しも多く利用したものと推測できる。明治時代の後期から瀬戸内海沿岸地方の各地では、煮干しの生産と消費がみられた。瀬戸内海沿岸地域（愛媛県や広島県の一部）では、今でもだしの材料として煮干しを使う家庭が多いようである。

　カタクチイワシの稚魚を使った煮干し品は「田作り（ごまめ）」といい、勤労や勤勉を願う正月料理にも使われている。古くは水田の肥料にしたことから「田作り」の名がついたともいわれる。「ごまめ」は豊作を願い「五万米」の字があてられている。

　干しあわびは古くは朝廷への献上物や祝いの食物であり、神饌には熨斗鮑として利用されていた。江戸時代には中国へも輸出していた。現在はだしの材料としてでなく、料理の素材として使われている。

　干しサクラエビは駿河湾で生産されるものである。大正時代から煮干しサクラエビが作られるようになった。最近は富山特産のシロエビ（シラエビ）の煮干しがあり、富山の地方色のあるだし材料である。

　ホタテ干し貝柱はホタテガイの貝柱をそのまま乾燥したもので、水で戻した水はだし汁として、戻した貝柱は料理の材料として使われる。明治時代後半からホタテガイのむき身から内臓と外套膜を除いて干して利用され

たのである。

### 2）焼き干しの歴史

代表的な焼き干しには、山陰地方や九州の長崎や博多で江戸時代から作られた「焼きあご」（トビウオの焼き干し）がある。これらの地域では、正月雑煮には欠かせないだしの材料である。アユやハゼの焼き干しも正月の雑煮のだしの材料として欠かせない地域もある。

ハゼ、アユ、アジの焼き干しもだしの材料だけでなく素材としても利用されていた。

## 風味調味料（だしの素）

第二次世界大戦後の社会環境の変化、生活スタイルの変化は、生活の中に便利性や保存性が求められるようになった。さらに、カップ麺やスープ、コンビニエンス食品の発達に伴い、風味調味料の利用範囲が広くなっている。

1970年以降、カツオ節を中心にいりこ、昆布などのさまざまな風味調味料が展開してきている。天然素材のだしを調製するのは、経済的に高値になることから酵母由来の核酸関連物質を加えたものもある。

## 野菜類だし

538年、古代インドで誕生した仏教は、中国大陸・朝鮮半島を経て日本に伝来した。その教えは古代人の精神生活を支えるとともに、食文化においても多大な影響を及ぼすことになった。仏教で食することを戒められているのは、鳥や獣類である。仏教の教えによる精進料理の基本的な献立は、飯と汁を基本とする「飯・汁・菜・香の物」からなる「一汁三菜」である。この献立によると汁は重要な料理となる。汁のおいしさは、だしのうま味に左右される。

精進料理のだしは、昆布由来のものがベースとなっているが、素材の味を生かすのも精進料理の基本であるから、素材のもつうま味も素材から溶出成分も汁ものの美味しさを左右すると考えられる。

日本料理での「精進だし」は、中国料理の植物性のだしを意味する。植物性食品のだしは、古くからスープやブイヤベースなどの西欧料理でも使われる。とくに、オニオンスープなどは、タマネギのうま味を引き出した料理といえよう。

『料理物語』（寛永20［1643］年）に「精進だし」とは、「かんへい（干瓢）、

昆布、ほしたで、もち米、ほしかぶら（干し大根）を取り合わせよし」と記載されていることから、昆布、干瓢、椎茸、大根などから調製していたようである。江戸時代の昆布からのだし取り方は、『料理物語』に「精進の出汁　昆布を洗って湯煮するように長時間煮立てる。柿の皮、干瓢、初茸も加える」と記載されてあるように長時間加熱してだしをとったらしい。

江戸時代から、精進だしの原料として椎茸が使われていたように、古くから椎茸のうま味は評価されていた。そのうま味成分がグアニル酸であることは、昭和35（1960）年に国中明によって発見された。

## ■つゆ・たれの歴史と食文化的役割

### つゆとたれの由来

「つゆ」は汁、露、液などと書く。吸い物の「しる」や煮物の「しる」、あるいはそばやうどんに付ける「しる」を指す。代表的な「つゆ」には「麺つゆ」がある。そばやうどんの専門店で使用するつゆは、店によって、あるいは地域によって特徴がある。また、家庭でそばやうどんなど和風の麺を食べるときに適当に希釈して使用するために調製された「濃縮つゆ」は家事の時間を短縮し、常に同じ味のものを提供できるという便利性がある。

醤油を使った「かえし」が登場する以前に、室町時代に「たれみそ」とよばれるものが麺つゆとして存在していた。「たれみそ」とは、味噌に水を加えて煮詰めたものを、布袋に入れて吊るし、垂れてきた液体であった。「たれみそ」から麺つゆを作った。その作り方は『蕎麦全書』（寛延20［1751］年）に記述されている。すなわち〔たれみそ・酒・削ったカツオ節〕を合わせ、煮詰めたものであった。京阪地方ではすまし汁、みそ汁を総称して「つゆ」とよんでいる。守貞漫稿（1837～53）に、「汁（略）　又今京坂にはますすまし及みそ汁ともに露という」とある。

英語ではつゆはsoup、brothといい、煮物の「つゆ」はgravy、肉汁はjuiceという。

煮焼きに用いる調味料を「たれ」という。蒲焼きや焼き鳥、照り焼きなどに使う汁は「たれ」である。「たれ」は「垂れる」あるいは「垂」の語源は由来する。たれの呼び方は、地域によっても異なる。仙台を中心とした東北地方では、そばの汁、天ぷらのつゆ、ウナギの蒲焼きのたれも「た

れ」とよんでいる。

たれが本格的に開発されたのは、昭和20（1945）年以降に豚カツ用の「かつれ」であった。その後、焼肉やバーベキューが朝鮮半島を経て日本に導入されると、焼肉も便利な調味料として発展してきている。

## つゆの歴史

つゆは日本そばや日本うどんから想像できるように、「つゆ」は元来塩味を主体とするものである。そば切りやうどんの食べ方としてつゆが発達した。すなわち、現在のような「かけそば」や「かけうどん」が普及する前は、もりソバ、もりうどんとして提供されていたので、そばつゆやうどんつゆが発達したのである。そばやうどんに「つゆ」をかけて食べる「ぶっかけそば」「ぶっかっけうどん」は、醤油が普及するようになってからである。

醤油の製造は室町時代後期に京都で始まり、天文年間（1532～54）には紀伊の湯浅あたりで工業的に製造された。永禄年間（1558～69）に下総（千葉）の野田、天正年間（1573～91）には兵庫県・播磨の龍野や小豆島でも作るようになり、安永・天明年間（1772～88）の頃、千葉の野田や銚子でも作るようになった。江戸（東京）のそば食に貢献するようになった。

## たれとつゆの種類と地方性

たれの種類は非常に多い。食品会社がたれのみを製造・販売している場合や、醤油やだしメーカーが製造・販売しているものもある。たれの例としては「焼肉のたれ」、おでん用の「つけだれ」「キムチ風味だれ」など、世の中の食志向のために、食品会社の提案型のものもある。

つゆに関しては、昆布やカツオ節から抽出して調製した「めんつゆ」「だし醤油」「なべ用のつゆ」などがある。醤油メーカーやだしメーカーが製造・販売している場合が多い。さらに、うどんやそばの産地で作っているものもあり、地方の特徴ある食材をクローズアップしたものもある。例えば、富山の氷見うどんには、富山湾で漁獲されるシラエビ（富山ではシロエビといっている）のうま味成分を強調した「うどんつゆ」があり、信州そばのつゆには長野の名水で作ったつゆが使われている。

❶麺つゆ　調味醤油の一種で、原料は主に醤油とカツオ節、その他の節類、昆布などのだし汁である。醤油は、関東地方では濃口醤油、関西地方では淡口醤油が用いられる。だしの材料から調製した煮出し汁に醤油、砂糖、

みりん、食塩、うま味調味料などを加えて味を整えて作る。使用に当たっては、目的に応じて2〜5倍に希釈する。うどん、そば、天ぷらのつゆ、おでんの汁、煮物などに用いる。

❷焼肉のたれ　肉を直火で焼く料理は、日本の伝統料理の手法にはない。焼くという調理の対象となっているのは魚介類が多い。焼肉は朝鮮半島から伝わったものであるから、焼肉のたれも朝鮮半島から伝わったと考えられる。焼肉の調味液としては、昭和40（1965）年までは醤油やウスターソースが使われていた。日本人の食味に合う焼き肉のたれが普及したのは昭和40年以降である。原料は醤油、砂糖、アミノ酸液、発酵調味料、果実、蜂蜜、香辛料、食酢などを混合し、容器に詰めたものである。

❸すき焼きのたれ　牛鍋、牛すきともいわれている。すき焼きの作り方は関西と関東で違いがあった。関西はすき焼き用の鍋に油（好みにより植物油、牛脂を使う）を敷き、温めて牛肉を焼いてからすき焼き用のたれで味をつけて牛肉を食べ、適当なタイミングで牛肉以外の具を煮て食べる。関東は牛肉もその他の具もすき焼き用鍋に一緒に入れて、すき焼きのたれとともに煮て食べる（一種の牛鍋風である）。すき焼きのたれはだし汁に醤油、みりん、酒、砂糖などを混ぜて調製する。すき焼きのたれが販売されるようになったのは、昭和44（1969）年である。

❹しゃぶしゃぶのたれ　しゃぶしゃぶという料理が、一般の家庭で行うようになったのは、昭和61（1986）年以降の日本のバブル経済時代と考えられる。この時期は接待や社内の会食に高級料理店を利用することが多かったから、薄くスライスした牛肉を軽く湯通し、たれをつけて食べる「しゃぶしゃぶ」を初めて経験した人が多かった。そのたれは店独自で工夫し、土産としても用意していた。これをたれ製造会社が工業的ラインに乗せて大量に作るようになった。もちろん、瓶詰めの形で販売している。主なたれには、醤油風、ユズ風、ごまだれ風、ポン酢醤油だれなどがある。

## 市販「たれ」の地方による好みの違い

同一メーカーの「たれ類」「ソース類」でも、販促の地域により味付けがやや異なるようである。その境界は名古屋周辺の人々の購入する種類により関西圏と関東圏に区分けされるようである。かつて、立ち食いそばやうどんの「つゆ」の好みは、関ケ原周辺のドライ

ブインのそばやうどん店を境に、味付け・色が異なることを聞いたことがあるが、現在、全国展開している「たれ」や「つゆ」も中部地方を境に好みが違ってくるとの調査がある。したがって、販促には、商品は「甘口」「中辛」「辛口」と区別してするほうが全国展開できるらしい。製品の特性を、粘性を中心に区分した場合は、全国展開が難しいようである。

「たれ」の販促について全国展開をしている「エバラ食品工業株式会社」の商品説明の資料を参考にして、「焼肉のたれ」の嗜好性と販促の地域性の概略について紹介する。

〈「焼肉のたれ」の誕生のヒント〉

1970年代以前の焼肉の食べ方は、肉を醤油・味醂・砂糖などからなる「たれ」に漬け込んでおいてから、焼きながらの食べ方であった。これを変えて、焼いた肉に「たれ」を絡ませて食べるという発想から生まれた。

〈甘口・中辛・辛口の違い〉

「甘口」は砂糖＞醤油、「辛口」は醤油＞砂糖の割合で調製することにより、地域差に対応し、味の違いを反映している。東日本では濃い醤油味のたれ、西日本では薄く甘い味わいのもの、東北圏は塩分のしっかりした味付けのものが好まれている。

〈地域の出荷量の比較〉

エバラ食品の「焼肉のたれ」について、2011年度の実績に基づく出荷量の地域別比率は表4に示したとおりである。これによると、名古屋から西方の大阪、中国・四国、九州地方は、甘口の焼肉のたれは35〜37％、辛口の焼肉のたれは12〜13％であった。一方、関東から東方の東北、北海道地方は、甘口の焼き肉のたれは26〜29％、辛口の焼肉のたれは14〜17％であった。中辛については全国的な出荷量は51〜58％で、全国の地域差がみられなかった。出荷量から、甘口は西日本、辛口は東日本の嗜好の傾向がみられる。

〈すき焼きの嗜好性〉

すき焼きの調理法としては、関西圏は「わり下」を使う習慣はなく、牛肉を焼いてからだし汁で醤油味を抑えながら、砂糖でまろ味と甘味のある味付けにする。関東圏は肉や野菜などを「わり下」や「たれ」で煮込むという違いがあるためか、「すき焼きのたれ」は、煮込むスタイルのすき焼きの東日本での利用が多いようである。近年は、使用する肉の種類につい

ての差はなくなってきているが、関西圏は牛肉、関東・東北圏は豚肉を使っていた時代もあった。すき焼きのたれの出荷比率からみると、名古屋から西方は「マイルド（甘味のあるもの）」（砂糖＞醤油）が好まれ、東日本では醤油味のやや濃い普通の「すき焼きのたれ」（醤油＞砂糖）が好まれている（表5）。

表4 2011年度の「焼肉のたれ」の出荷比率 （％）

| 地　域 | 辛口 | 中辛 | 甘口 |
|---|---|---|---|
| 北海道 | 17 | 54 | 29 |
| 東北 | 16 | 56 | 26 |
| 関東 | 14 | 58 | 28 |
| 名古屋 | 12 | 54 | 35 |
| 大阪 | 10 | 54 | 36 |
| 中国・四国 | 12 | 51 | 37 |
| 九州 | 13 | 52 | 35 |

表5 2010年度の「すき焼きのたれ」の出荷比率 （％）

| 地域 | すき焼きのたれ（普通） | すき焼きのたれ（マイルド） |
|---|---|---|
| 北海道 | 10 | 0 |
| 東北 | 10 | 0 |
| 関東 | 10 | 0 |
| 名古屋 | 3 | 7 |
| 大阪 | 0 | 10 |
| 中国・四国 | 0 | 10 |
| 九州 | 0 | 10 |

# 食用油の歴史と種類

日本での油脂の利用は『日本書紀』に記録されている「ヤマトタケルノミコトが東国平定の折、油で火を燈した」ことから始まったと考えられて

いる。食用として利用されるようになったのは、奈良時代に遣隋使や遣唐使が、中国からごま油を持ち帰ったことによると考えられている。平安時代には、油を使った料理や菓子が貴族の宴会などで使われていた。調味料として使う油脂は、植物の種子から採取した液状の油脂が食用油として使われることが多い。しかし、揚げ油として使われる場合は、食材を170℃前後に加熱するだけでなく、食材に油脂を浸透させて滑らかな食感を付与するという効果もある。

　液状の植物油に固体の動物脂のラードを混ぜて、揚げ油の溶融温度を高め、食材の新しい食感を付加することにも使われる。

　風味を付与するためにごま油を使うこともある。仏教の修行僧の食事には、ごま油を使ったものもある。これは、風味をよくすることだけでなく、修行僧のエネルギー供給源ともなっている。

　マヨネーズ（植物油・卵・食酢の組み合わせ）、ドレッシング（植物油、食酢、塩、香辛料を基本としたソース）のように、料理のレシピーに合わせたソースには、植物油は不可欠なものである。

## 食用油の種類と特徴

現在、食用油脂とは「原料から圧搾により調製して、それを十分に精製し、食用にして障害を起こさないような動植物性油脂」を指している。とくに、常温で液状を保つものを食用油という。

❶てんぷら油　てんぷらやフライなどに用いる液体の植物油である。大豆油、菜種油、ごま油、コメ油、トウモロコシ油などが、それぞれが単品または2種類の植物油を混合してある。最近の健康志向からオリーブ油が使われる場合もある。

❷サラダ油　野菜類を使ったサラダ油の原料は、精製度の高いくせのないオリーブ油、綿実油、トウモロコシ油などが使われる。油脂の精製技術の進歩により、精製度の高い大豆油、菜種油、サフラワー油も使われるようになった。

❸白絞油（しらしめゆ）　白絞りともいい、精製した油を指す。原料の植物の種子を炒ってから調製した薄い白色がかった油で、白色の油であることから白絞油とよぶようになったといわれている。

❹オリーブ油　地中海沿岸諸国はオリーブの生産地であり、この地方では

非常に古くから使われていた。ヨーロッパでは、調理用の油として使っている。オリーブ油の主な構成成分であるオレイン酸、リノール酸が血中のコレステロールの蓄積を抑制することから、日本でも使用量が多くなっている。サラダドレッシングや油漬け缶詰などに使われるほか、炒め物にも使われるようになっている。

❺**カカオ脂**　熱帯の植物のカカオの種子から圧搾して作る。カカオはチョコレートやココアなどの原料である。チョコレートの製造に際して、カカオ豆を焙焼して磨り潰したカカオマスに口どけをよくするためにカカオ脂が添加される。

❻**米糠油**　米糠に含まれる15～20%の油を圧搾法または有機溶媒による抽出法で油を調製する。原油は、赤褐色ないし緑黒色をしているので、これを精製して食用油とする。主な構成脂肪酸はオレイン酸である。

❼**トウモロコシ油**　コーンオイル（corn oil）ともいう。トウモロコシからでんぷんを調製した時の副産物の胚芽を圧搾して採油する。胚芽には33～50%で、主な構成脂肪酸はオレイン酸とリノール酸である。

❽**菜種油**　日本では古くから利用されていた油で、菜種の種子から圧搾法または抽出法で採油する。てんぷら用の油として大豆油についで使われている。主な構成脂肪酸はエルカ酸（エルシン酸・ドコセン酸ともいう）である。菜種の品種によっては構成脂肪酸がオレイン酸のものもある。

❾**パーム核油・パーム油**　パーム核油はパームの果肉（含油量33～37%）から採油したもの。東南アジアから輸入している。主な構成脂肪酸は、ラウリン酸、ミリスチン酸などである。パーム油は、パームの果肉（含油量20～65%）から圧搾法で採油する。主な構成脂肪酸はパルミチン酸、オレイン酸。パーム核油もパーム油も、輸入し、菓子やマーガリンの原料として利用されている。

❿**綿実油**　綿実から綿花を除いた後の中心に存在する種子から圧搾法で採油する。種子には15～25%の油を含む。主な構成脂肪酸はリノール酸、オレイン酸、パルミチン酸である。

⓫**その他の植物油**　椿油、ヒマワリ油、ブドウの種子からの油、ヒマシ油、ヤシ油、落花生油などがある。

⓬**動物性油脂**　構成脂肪酸として飽和脂肪酸を含むので、常温では固体の脂が多い。ラード（豚脂）、ヘット（牛脂）、羊脂（ようし）、魚油、鯨脂

などがあるが、調理に用いられるものにはバターが多い。

❸バター　バターは牛乳の脂肪から作る。欧米では古くから利用されていた。紀元前3000年頃に、パビロニアで作られていたという説と、古代インドで作られたという説がある。日本では奈良時代以前に作られ、平安時代には美濃をはじめ多くの藩主が天皇にバターを献上したといわれている。バターは特有の芳香があるので、風味付けに使われることが多い。バターがある程度の規模で作られるようになったのは、明治時代以降である。文明開化により欧米の食文化が導入に伴い、バターを使う洋食も料理もみられるようになった。本格的な工業生産は、大正時代に入ってからである。バターには食塩の利用により加塩バターと無塩バターに分けられる。また、原料のクリームの発酵の有無により発酵バターと非発酵に分けられる。

❹魚油　魚油はサンマ、サバ、イワシなどから調製した油である。構成脂肪酸として多価不飽和脂肪酸のEPA（イコサペンタエン酸、IPAともいう）、DHA（ドコサヘキサエン酸）を含むので、健康の面では重要な油脂であるが、酸化しやすく、特有な臭みがあるので調味のために使われることはない。

❺牛脂（ヘット）と豚脂（ラード）　牛脂は牛の脂肪組織から採油した脂肪である。融点は40～50℃で、主としてすき焼きの時に肉を焼く場合に使われる。豚脂は豚の脂肪組織から採油し、精製する。精製した豚脂に他の油脂（牛脂やパーム油など）を調合したものは調整ラードという。豚脂の融点は28～48℃である。炒め物の時に使うか、揚げ油の沸点を上げるために豚脂を加える場合もある。

## 油と生活

油は生活の中では、大切だったものであることは、古くから「油ことば」として「油を売る」「水と油の仲」「脂（油）がのる」「油をしぼられる」「油を流したように」「油壺から這い上がったような」「油断大敵」「油紙に火をつける」「油が切れる」など身近な生活のなかに、油の性質を人生訓に比喩として使われている。

❶油を売る　昔の油の売り方は、小さいしゃくしで量って売った。油は粘りがあるので、ゆっくり落ち、したたりが切れるまでには、長い時間がかかる。この時間を計算して使いに行った人が途中で立ち話をして時間をつぶしたり、仕事の途中で道草をすることを「油を売る」という。

❷水と油の仲　水と油を同じ容器に入れると、比重の違いから油は上層に水は下層にと2層に分かれる。この中に攪拌棒を入れてかき混ぜても、攪拌が終わると、再び2層に分かれてしまい、混ざらない。そこで、友だちの間でしっくりしない場合や打ち解けない場合を「水と油の仲」とか、「犬猿の仲」という。

❸脂（油）がのる　魚の美味しい時期には魚体に脂（油）の含有量が多くなり、旬といっている。物事が順調に行われていることや、仕事や勉強などに熱中していることを「脂がのる」といっている。いろいろなところに脂（油）がつくとよく滑ることから、留まることなくおしゃべりすることも「脂がのる」ということもある。

❹油をしぼられる　材料から油を調製する方法として、材料を圧搾することと似ていることから、上役から下のものを説教することを「油を絞る」といったと思われる。

❺油を流したように　油を水面に流すと薄い膜となり、波たちを静める効果がある。嵐の時に、船の周囲に油をまくと波が静まる。また、油をまかなくても、風がなく、海がすっかり凪いだとき、油を流したように見えるともいうことがある。

❻油断大敵　油断は、『万葉集』の中にある「かくばかり恋ひむものぞと知らませばその夜は油断爾あらましものを」（その夜はゆったり朝までいたものを）の油断からきたものである。大敵はのちについたものである。

❼油がきれる　機械の動きは油が切れると回転が鈍くなり、動きも悪くなる。人間も活動力が鈍ることを「油がきれる」という。

## 香辛料の歴史と食文化的役割

### 西洋の香辛料の日本での利用は明治時代以降

古くから、香辛料が重要な食材であったのは、「料理をより美味しく食べる」という私たちの食への欲望から生まれたばかりでなく、ヨーロッパでは肉料理中心であり、その肉の悪臭を消すためと、肉の保存のために、香辛料は非常に重要な食材であった。魚の料理の中心の日本では魚の生臭さを消すためと生の魚による中毒を予防するために使われてきていたと思われる。

香辛料として古くから使われていたのはシナモンとペパー（コショウ）であった。シナモンがエジプトで使われ始めたのが紀元前17世紀頃であった。当時は媚薬(びゃく)としてシナモンの原料の肉桂を使っていたようである。ペパーは紀元前4世紀頃にすでにギリシャ人の間で使われていた。その後、非常な勢いで流行し、東洋から輸入されるものの中では代表的なものであった。古くから香辛料は調味料として大切であり、16、17世紀にはシナモン・クローブ・ブラックペッパーの産地を巡り、ヨーロッパやインド、インドネシアの一部では争奪戦を繰り返したこともあった。

　日本では漢方の原料としてシナモン・ペッパー、ナツメグ、カルダモン、クローブなどが使われていた。料理に使われるようになったのは、明治14、15（1881、82）年頃といわれている。第二次世界大戦後、欧米の食生活を広く受け入れるようになってから、香辛料は急速に普及し、使用量も増えた。

## 日本の香辛料も古くから

　日本の料理すなわち和食に使われる代表的香辛料には、ニラ、タデ、サンショウ、ニンニクなどがある。『古事記』『日本書紀』にはすでにニンニクを食べていたことが記録されている。『万葉集』にはタイの刺身に今の醤油に似たものに酢を混ぜ、すり下ろしたニンニクを加えた調味料をつけて食べていたことが詠まれている。現在、昔は酢に香辛料を混ぜた調味料が使われていた。アユの塩焼きを食べるときの「タデ酢」は酢にタデを加えたもので、古(いにしえ)からの調味料であるといえる。ウナギの蒲焼きの定番の香辛料であるサンショウも古くからの香辛料である。このサンショウを嘗めてから、ほかの料理を食べると一味レベルアップした味を生み出すことで注目されている。

　ワサビやショウガは、刺身を食べるときに使用する香辛料である。刺身に醤油をつける食べ方が普及してからこれらの香辛料が普及したと思われるので、サンショウやニンニクに比べれば、新しい香辛料といえる。

## ニンニクと日本の香辛料との関係

　香辛料の発達の過程で、20世紀のヒット製品は、1931年にタマネギとニンニクが乾燥粉末やフレークになり香辛料（スパイス）の

仲間入りしたことである。これら乾燥スパイスは食品工業の発展に大きな貢献を果たしている。ニンニクは、人類にとって最も古い栽培植物の一つで、エジプトではツタンカーメンの墓からも発見されているといわれている。日本では、ニンニクは平安時代から存在していた。しかし、主として、薬として利用されていた。日本料理ではニンニクが使われないのは、西欧の食文化が導入されるまでの日本食の基本として油を使わない料理が多かったからであると考えられている。しかし、寺院の精進料理でごま油を使う料理があり、これが修行僧のエネルギー源となっていた。ニンニクは、油でゆっくり炒めたときに、初めて香ばしい食欲をそそる匂いに変わる。歴史の古い日本食では油で炒めるという操作がなかったので、ニンニクの使い方は生食、すり下ろし、焼くなどの方法で食べたのが多かった。ニンニクは特有な臭みがあるので、精進料理では嫌われた食品であることも、日本食へのニンニクの利用範囲が狭い理由と考えられる。

## 日本の香辛料の種類と特徴

❶サンショウ　ミカン科の落葉樹で葉、茎、果実とも芳香と辛味に富む。日本では縄文時代の出土品の土器に入っていたことから、古くから香辛料として用いられていたことがわかる。奈良時代には、現在のように漬物や煮物にも使われていた。山野に自生するトゲのあるヤマアサクラサンショウと、栽培されていてトゲのないアサクラザンショウがある。

❷トウガラシ　メキシコ原産のナス科の植物で、日本には16世紀に伝わる。辛味種と甘味種がある。香辛料として使われるのは辛味種で、鷹の爪とよばれている。香辛料としては、一味トウガラシや七味トウガラシとして用いられる。細く刻んで糸トウガラシとして飾りにも使われる。

❸コショウ　コショウの実を乾燥したものを粉状にして使う。黒コショウ、白コショウ、緑コショウの違いは、品種の違いではなく、収穫時期とその後の処理方法による違いである。日本には、中国を経て奈良時代初期に伝わり、漢方として使われていた。文明開化とともに洋風の食文化が導入されると徐々に普及した。現代の料理への使用目的は、辛味の香辛料として使われている。粉状にしたては香りがよい。

❹丁子（ちょうじ）　クローブ（clove）といわれ、インドネシアのモルッ

カ諸島が原産。開花前の花蕾を乾燥させて使う。くぎのような形からフランス語のクローブ（clou が語源）、日本では丁子の名がついた。正倉院御物にあるとされているというから奈良時代には日本に伝わっている。

❺肉桂（ニッケイ、ニッキ）　別名シナモン。スリランカ、南インドなどの熱帯地方が原産。独特の甘味で清涼感があり、かなりの芳香をもつ。正倉院の御物に乾燥シナモンが保存されているから、わが国への伝来は早い時期であったと推定されている。日本の暖地で栽培されている。日本ではシナモン・カシア（チャイニーズシナモン）が栽培されていて、日本ではシナモンもカシアもニッケイとよんでいる。

❻バニラ　メキシコ、中央アメリカ原産。ラン科のつる性の植物で、中に豆の入ったサヤつきの実がなる。この果実を未熟なうちに採り、炉で発酵させると甘い芳香がでる。芳香成分がバニリンである。16世紀に原産地からヨーロッパへ伝わる。アステカ帝国を征服したスペイン人が本国へ持ち帰ったとされている。日本では明治時代になってから広く普及した。

## ウイキョウ系香料植物

南ヨーロッパ原産のセリ科の多年生草本。葉は糸状に細裂している。麦粒状の果実（種子）は甘くて爽やかな芳香をもつ。中国では、芳香が腐敗した魚の香気を回復するとし茴香（huixiang；ホエンシアン）と名付けられている。一般的にはスイートフェンネルやビターフェンネル、イタリアで改良したフローレンスフェンネルが使われている。葉や種子の粉末は魚料理、スープ、肉料理に香り付けとして使われる。

## カラカサバナ（セリ）科香辛料

❶クミン　エジプト、地中海沿岸原産。古代エジプトでは薬用に使われた。スパイスに用いる部位は種子である。日本ではカレー粉やチリパウダーに使っている。

❷コリアンダー　地中海東部が原産。一年草本。茎葉や未熟の青い果実から調製する精油が使われる。植物全体がカメムシの匂いに似た強烈な香りをもつ。平安時代の中頃から胡荽子（コニシ、コズイシ）として知られている。コリアンダーの語源は、ポルトガル語の coentro にある。

**ごま**　アフリカ原産の一年生草本。ゴマの種子に含まれる植物油が芳香をもつ。炒りゴマ、すりゴマ、ごま塩、ペーストなどで使われる。成熟にともなって種皮の色が変化しその種皮の色によって白ゴマ、黒ゴマ、黄ゴマに分けられている。日本へは、インドからインドシナ、中国を経て渡来している。

**わさび**　日本原産のアブラナ科の多年生草本。魚の生食に適合している香辛料として古くから利用されている。すでに、野生のものは、10世紀には使用していたといわれている。栽培は16世紀頃から始まったと推定されている。

**しそ**　ミャンマーから中国原産で、東洋の温帯地域に広く分布。利用の歴史は古いが、最近の和食ブームから需要が増加している。種子は食用、油脂原料として利用されている。用途により芽じそ、穂じそ、葉じそに分けられる。

**ダイコン**　原産地については諸説があるが、野生種は地中海沿岸に多い。地中海沿岸から西南アジアから東南アジアにかけて栽培品種が多い。香辛料としては、ダイコンおろしとして辛味とほろ苦味が、刺身、焼き魚、鍋物、焼肉、揚げ物、麺類のたれに使われている。

**タデ**　日本原産で、日本をはじめ北半球の温帯・亜熱帯の水辺に自生している。わが国では、魚の生臭みを消す香辛料として古くから利用されている。とくに、アユの塩焼きの香味料としては、昔から現在も利用されている。

**タマネギ**　インド北西部、中央アジア南西部のユリ科の一年生草本。歴史的にはヨーロッパの料理には古くから使われていた。今でも、洋風料理には欠かせない香味野菜である。

**ネギ**　ユリ科の多年生草本。中国では栽培が古いが、日本でも古く、10世紀頃から栽培されていた。ネギの匂いは、ニンニクなどと

同じイオウ化合物である。強烈な臭みはないので薬味に最適である。

**みつば**　日本原産のセリ科の多年生草本。古くから野菜のものを採取して食用としており、17世紀には栽培されているという記録がある。

**ミョウガ**　日本が原産の野菜で、北海道から沖縄まで自生している。10世紀にはその使用の記録がある。花蕾（花みょうが、みょうがの子）、軟白した若い茎（みょうがだけ）が利用されている。

**うんしゅうみかん**　香味料として使われる部位は皮部である。香気成分は皮部にある精油に存在する。乾燥した皮は陳皮（ちんぴ）が使われ七味トウガラシの材料となる。温州みかんの原産地は鹿児島であるが、九州、紀伊半島、静岡、神奈川などで栽培されている。

**柚子**　中国揚子江上流の原産で、日本には奈良時代か飛鳥時代に渡来したといわれている。果皮には特有な香りがあり、日本料理では果皮の小片を使う。香気成分は果皮部にある精油である。

## 麹系調味料

### 麹の歴史と食文化的意義

2010年代のアイデア調味料として麹と塩や醤油の混合物の「塩麹」「醤油麹」がある。麹は酒造りと関連している。麹はコメとともに、酒造りに必須の材料である。稲作は、紀元前1世紀頃（弥生時代）に中国から朝鮮半島を経て九州へ伝えられたものと推定されている。最初の酒造りは、炊いたコメを口に含んで噛み、それを壺に入れておいて自然に発酵させる原始的な「口噛みの酒」であった。後に、炊いたコメに自然に発生するカビ（麹菌）を使った酒造りへと変わった。神社に供えた米飯が濡れてカビが生えたので、このカビの生えたご飯で酒を造ったとも伝えられている。

酒造りに必要な麹菌（主に、*Aspergillus oryzae*）に含まれる酵素には、

糖質を分解するアミラーゼ、たんぱく質を分解するプロテアーゼがある。アミラーゼは、コメの高分子のでんぷんを分子の小さい多糖類→少糖類→二糖類の麦芽糖→単糖類のブドウ糖に分解し、プロテアーゼはたんぱく質→ペプチド→ジペプチド→アミノ酸に分解する。したがって、麹菌が生育している麹には麦芽糖やブドウ糖を含むので甘味があり、ペプチドやアミノ酸を含むのでうま味とコクがある。

「塩麹」は麹に含まれるペプチドやアミノ酸のうま味が塩と一緒に存在することにより相乗効果で、より一層美味しく、コクのある調味料が出来上がるというわけである。「醬油麹」は、醬油の中に含まれるグルタミン酸をはじめとする各種アミノ酸が増加しているので、醬油の塩と醬油に含まれるアミノ酸が麹に含むアミノ酸や糖類に加味されて相乗効果とグルタミン酸の量が多いことにより美味しい調味料となる。

## 塩麹の作り方

- 材料　麹（ドライ）200g、塩　60g、熱湯　200ml
- 作り方
  ①熱湯に塩を加えて溶かし、溶けたら60℃まで冷ます。
  ②麹をほぐしながら、①に加えて混ぜ、タオルなどでくるんで保温し、2〜3時間おく。麹が軟らかくなったらタオルを取り、常温におく。
  ③毎日1回かきまぜ、1週間ほど熟成させる。出来上がった冷蔵庫で保管する。

## 塩麹ドレッシングの配合

- プレーンヨーグルト、マヨネーズ　　各大さじ1
- 塩麹、粒マスタード　　　　　　　　各小さじ1

## 万能調味料

　最近、時短料理といわれる料理が短時間でつくれる操作や素材が注目されている。インスタント麺やスープのように、お湯を入れるだけという料

理でなく、専門家が複雑な操作で作ったようなタレや調味料で、ほとんどの料理に合い、調理時間が短いが専門家がつくった料理のように美味しさがアップする調味料がある。それが万能調味料で、各家庭の自慢のものもあり、専門店が独自に開発したものもある。

そばやうどんのつゆに使う「かえし」は、日本の麺類のつゆだけでなく、煮物などの調味料に使うこともあるので、一種の万能調味料である。

万能調味料がブームになったのも平成24（2012）年になってからで、料理研究家や和洋中の各料理店でも独自の万能調味料を作り、利用しているところが多い。塩麹、醤油をベースにした醤油だれ、梅干しを使った「梅びしお」などがあり、顕著な地域性はないが、家庭や料理店による違いはある。

万能調味料といっても、和洋中のすべての料理に合うものではなく、美味しさを増加する料理もあれば、味の適応がみられない調味料もある。万能調味料のレシピの種類は非常多い。

最近、サンショウに含まれる刺激成分が人間の味覚を鋭敏にし、他の食材の味を強める効果があることから、サンショウを調味料に入れるか、料理を食べる前に少量のサンショウをなめると美味しさが強く感じることが明らかにされている。

〈万能だれの例〉

万能だれは、一度作っておけば、そのたれをベースにいろいろな料理に応用できるという特徴がある。「混ぜるだけ」「かけるだけ」ですぐに料理が完成するという便利さをもっている。

〈万能だれの種類〉

万能だれの種類をベースとなる調味料により分類すると「醤油をベースにしたもの」「味噌ベースにしたもの」「食酢をベースにしたもの」「塩をベースにしたもの」「ゴマ風味をベースにしたもの」「トマトをベースにしたもの」などがあげられる。

洋風料理の場合は、マヨネーズをベースにしたもの、ホワイトソースをベースにしたもの、バジリコソースをベースにしたもの、カレーソースをベースにしたものなどがあげられる。

## 調理用酒類

　酒類は、主に飲料として消費されるが、一方では古くから料理や菓子類など食品製造や料理には欠かせない。日本ではみりん、日本酒、外国ではワインやブランディー、ラムなどが使われる。これら酒類に含まれる香気成分、アミノ酸や糖質が料理にコクと風味を付加するのである。料理の専門家は、美味しい料理をつくるにはできるだけグレードの高い酒類を使うのがよいといっている。調理用にブレンドした酒類よりもグレードの高い酒類のほうがよいともいっている。

### 1）みりん

　コメ、コメ麹、焼酎または醸造用アルコールを原料として20〜30℃で40〜60日間の糖化、熟成後、圧搾、オリ下げ・ろ過後、数カ月間の貯蔵・醸造される。製造される酒類であり、醸造調味料である。糖分とアルコールを主体とするアルコール含有調味料で、糖分の含有量は最大45％も含む。古くから甘味調味料として使われている。同時に「照り」を出す調味料としても使われている。最近は、飲み物としてのみりんの消費拡大の運動が行われ、各種カクテルが工夫されている。正月のお屠蘇のほか、食前酒にも使われている。

〈みりんは飲用から始まった〉

　室町時代後期の戦国時代に、酒造業が活性化し、市場は拡大した。この時に、酒類も多様化し、その中に糖化を主力においたみりんが出現したのである。みりんは甘い珍酒として公家、武家、寺院などの上層階級の間での贈答品となり愛飲された。

　江戸幕府開設（慶長8［1603］年）間もない頃は、料理本も包丁流派の教義的なものが多く現れた。その後刊行された『料理物語』（寛永20［1643］年）には、みりんの利用については記録されていなかった。江戸時代のその後の食べ物や料理の本ではみりんが飲み物として記録されている。『料理綱目調味抄』（享保15［1730］年）、『献立筌』（宝暦10［1760］年）、『新著料理柚珍秘密箱』（天明5［1785］年）にみりんが飲み物として利用されていたとの記録がある。

〈みりん風調味料〉

　アルコール分1％未満のもので、アルコール発酵、でんぷん質原料の糖

化工程や熟成工程がなく、糖、アミノ酸、有機物などを混合して作られたもの。

### 2) 発酵性調味料

昭和30年（1955）頃、水産練り製品の原料としてスケトウダラすり身を使うようになり、練り製品の臭みの緩和、照りや焼き色の効果を上げるために、開発された調味料である。酒類と類似した発酵工程とみりんの熟成工程を経て作られたものである。

### 3) 赤酒

コメを原料とした淡黄赤色の甘い調理酒で、熊本地方の特産である。製法は清酒の製造に似ているが、清酒よりも麹の使用量が多く、麹は黄色くなった老麹（ひねこうじ）を使い、夏期を越させる。

### 4) 日本酒

料理に適している日本酒は、アミノ酸や糖の含有量の多い醸造酒がよい。コメ、コメ麹に水を原料としてアルコール発酵させたもの。原料のコメの品種、地域な水質などが、地方の日本酒の特徴をつくる。日本酒の製造の歴史には諸説があるが、明治時代になり近代科学技術を導入した酒造りが行われた。コメの種類や水質に地域性があり、日本酒の醸造には気候や地理的条件によって香りと味わいが異なる。また歴史的背景や県民性も日本酒の味わいに微妙に影響すると考えられている。このようなことから、各地域に自慢の日本酒が造りだされているのである。

〈日本酒の歴史・文化的条件〉

江戸時代の藩政に起因する地域独自の文化性、県民性が日本酒の特性に影響している。北陸3県の日本酒の特徴は、新潟の日本酒はすっきりした辛口、石川は味のしっかりした濃醇のもの、福井はなめらかな新潟と石川の中間型と日本酒の質に違いがあるのは、藩政時代の栄華を誇る加賀藩時代の独自の高い食文化が影響しているのではないかと想像されている。

### 5) 焼酎

焼酎の「焼」は酒を「蒸留する」ことの「加熱する」イメージに由来する。沖縄の焼酎の元祖の泡盛は沖縄で造られる米焼酎であり、500年余前に東南アジアから導入されたものである。1700年頃、サツマイモを原料とした芋焼酎が中国から鹿児島に伝わった。その他、麦焼酎、そば焼酎、酒粕焼酎などの種類がある。

〈焼酎の伝来のルート〉

　わが国への焼酎の伝来については、①琉球経路、②南海諸国経路、③朝鮮半島経路の3経路が考えられている。沖縄に泡盛が定着してから約半世紀の歳月を経た16世紀初期には焼酎の原型が鹿児島に上陸し、16世紀末までに宮崎南部（宮崎県・日南）地域や熊本県球磨地域へ伝わり、さらに、宮崎県北部地域（日向地方）へ広がった。

6）ワイン

　ワインは欧米の料理には欠かせない調味料であるが、山梨県の甲府ワインが料理にも使われるようになってから、日本産ワインも調味料として使われる。

## 食べる調味料

　忙しい人のために食品会社が開発したものの一つが「食べる調味料」である。冷蔵庫に残っている食材を食べるに当たって、「かけるだけ」「アレンジしても料理に使える」「面倒な調理や処理をしないで一気に片付く」などを考えて、作りおきしておくものとして「食べる調味料」は便利な調味料である。調味料の作り方は、ニンニク、ショウガ、ネギなどの香辛野菜を刻み、清潔なビンに詰め、それに醬油、塩、酢、ごま油、オリーブ油、トウガラシなどから好みのものを選んで入れて、冷蔵庫に保存しておき、必要に応じて使う。地方による特徴は期待できない。

　焼肉や野菜を食べるときに、これらを付けるタレでなく、肉や野菜にのせるか、くるめて食べる調味料が食べる調味料である。

　したがって、食べる調味料には細かく刻んだ調味料の材料が醬油やソース類の中に存在している。焼肉のたれに向くいろいろな食べる調味料が工夫されている。

　食べる調味料の利点は、①そのままご飯などにかけるだけ美味しく食べられる、②食材を足したり、炒めたりという工程でひと手間加えるのに便利である、③ニンニクやネギなどの香辛野菜のみじん切りが入っているので、これらの野菜をみじん切りするという手間が省ける、などのメリットがある。すなわち、ご飯、豆腐、肉にのせることによって調味料の働きと美味しさを引き立たせるという便利さがある。冷蔵庫での貯蔵の場合、冷

蔵庫のスペースをとらない利点もある。

# ソース類・ケチャップ類・(万能)たれ

**ソース類**　日本の食生活の中での「ソース」のイメージはウスターソース、中濃ソース、濃厚ソース、とんかつソース、トマトケチャップなどある。ソース「SAUCE」の語源はラテン語の「SAL」に由来するといわれている。「SAL」は「塩」を意味する。ヨーロッパでは、鮮度低下した肉でも塩やスパイスを使えば食べられることから、肉・スパイス・食塩からできている汁をソースというようになったといわれている。

　日本においては、野菜・果実・香辛料の煮汁に醸造酢・食塩・砂糖を加えたものをウスターソースというようになった。わが国で初めてソースを製造したのは明治20 (1887) 年前後であったが、当時は素酢自体が一般的でないことから普及しなかった。実際にウスターソースが作られるようになったのは明治40 (1907) 年で、スープやシチューに使われた。昭和49 (1974) 年になって、ウスターソース類の日本農林規格が制定された。近年は、用途に応じたソースが開発されている。とんかつソース、お好み焼き用ソース、たこ焼き用ソース、焼きそば用ソースなどがある。

❶濃厚ソース　おろみと甘さが特徴ソース。果実や野菜をよく煮込み、原料の繊維が溶け込んで、ソースの甘味が強い。

❷中濃ソース　粘りのないウスターソースと濃厚なソースの中間で、とろみ、甘味、辛さのバランスがよい。

❸ウスターソース　野菜や果実を煮込んだ煮汁は、濾過しているのでサラサラしている。

❹お好み焼き用ソース　生地にのせやすい。B級グルメの定番には焼きそば、たこ焼き、お好み焼きなどが多い。これらB級グルメの食べ物に欠かせないのが独自の調味料である。焼きそば、たこ焼き、お好み焼き用の調味料は「たれ」ではなく「ソース」といっている。全国にこれらの食べ物に使うソースを作る会社は200社以上もある。

**ケチャップ類**　トマトを主原料としたケチャップはアメリカで誕生した。日本で作られるようになったのは明治30年代

半ば頃である。日本で初めてトマトケチャップを作ったのは横浜で西洋野菜の栽培をしていた清水与助が、外国人に教えられて作ったと伝えられている。明治36（1903）年に大手食品メーカーのカゴメは、トマトソースとして売り出したが、その後に改良を重ねてトマトケチャップを作った。昭和初期に洋食の普及にともないトマトケチャプはオムライス、ハンバーグソース、ピザトーストなどに使うようになった。

〈トマトケチャップを使ったソースやたれ〉

酢豚のあん、バーベキューソース、サルサソース、サウザンド・アイランドドレッシング、甘酢あんかけ、スペアリブのたれ、デミグラソース、チリソースなど。

## たれ

「たれ」は「垂れる」というイメージから「食べ物につける濃い汁」で「醤油・みりん・酒・砂糖」の混合物を煮詰めたものを指すことが多い。焼肉のたれと濃厚ウスターソースとの間には大きな違いはないが、濃厚ウスターソースは食品にかけるもの、たれは食べ物に少量をつけて食べるものと区別される。

濃厚ソースのとろみは、原料の野菜や果物の繊維によって発現するのが、本来の濃厚ソースであるが、近年は粘性が現れるように、増粘剤を加えるものもある。

### 万能タレ

平成24（2012）年は、万能タレがブームとなった年である。料理店や料理研究家が独自で「万能タレ」を作り、マスメディアで公開しているものも多い。万能タレだから、一種類のタレは、すべてに使われると勘違いしやすい。

料理別にタレを分類すると、和え物、漬物、煮物、炒め物、魚介類料理、肉料理、麺類、煮込み、サラダ、パスタ、グラタン、下味に調味料の材料を組み合わせて作っている。万能ダレの例として、醤油ダレ、味噌だれ、甘酢、ポン酢、塩麹、ゴマダレ、レモン塩、カボス塩、マヨネーズ、トマトソース、カレーソースなどがある。調理研究家によって、納豆を使ったもの、ミョウガを使ったものなどもある。

## 発酵調味料と麹

平成24（2012）年は「発酵調味料」「塩麹」「醤油麹」をしばしば耳にした年でもある。麹やヨーグルトなどの醗酵食品を混ぜた調味料が発酵調味料といわれているが、実は味噌、醤油、魚醤油は発酵によって作られるのだから本来の発酵調味料といえる。

〈ヨーグルト・麹の味〉

ヨーグルトは、牛乳に乳酸菌を加えて、乳酸菌発酵させたものである。発酵中に生成された乳酸を主体に、各種の有機酸による酸味が特徴のある味である。ヨーグルトと塩を混ぜて「塩・ヨーグルト」は、酸味と塩味が混合することにより、塩と有機酸から塩味と有機酸の酸味が相殺してほどよい味をつくり上げて、調味料の効果が期待できるのである。

コメの中のでんぷんが麹菌により糖化されたのが麹である。麹と塩からなる「塩麹」は、麹の甘味と塩がバランスのよい味となっているので、漬物や焼き魚への応用が適している。醤油麹は、醤油の中のグルタミン酸やその他のうま味のあるアミノ酸と塩が麹の甘味と合うことにより、塩麹の味が1段落アップしたうま味となっている。

# 第Ⅱ部

# 都道府県別伝統調味料

# 1 北海道

### 地域の特性

▼札幌市の1世帯（2人）当たりの調味料の購入量の変化

| 年　度 | 食塩 (g) | 醤油 (ml) | 味噌 (g) | 酢 (ml) |
|---|---|---|---|---|
| 1988 | 5,207 | 16,644 | 19,249 | 1,594 |
| 2000 | 2,806 | 8,344 | 8,550 | 1,794 |
| 2010 | 2,931 | 6,085 | 7,185 | 2,680 |

　古くは、北海道は蝦夷地とよばれていた。北海道とよばれるようになったのは、明治2（1869）年で、その名の由来はアイヌの人たちが、自らを「カイ」とよぶことから「キタカイドウ」となった。「ドウ」は、南海道、東海道、西海道に準じてつけた。

　北海道の食文化は、アイヌの文化の影響なしには生まれなかったといえよう。北海道の食文化においては、サケが貴重な存在であるのは、アイヌの人々が北海道の川を遡上するサケは神の恵みとして大切にしていることとも密接な関係もあるといえる。サケには母川への回帰性があるので、北洋で成魚となったサケは、秋深くなって産卵のために、生まれ故郷の北海道の石狩川などへ戻り、遡上する。この時期のサケは、特別に美味しいのでアキアジとよばれている。アイヌ語で、秋の魚を意味するアキアチップが訛った呼び方ともいわれている。

　北海道のサケの食べ方には、鍋料理、鉄板焼きの「ちゃんちゃん焼き」、漬物など、いろいろな食べ方がある。これらサケ料理には、味噌や特別なソースなど調味料も重要な役割を演じている。鍋料理に欠かせない「だし」には北海道特産の昆布が使われている。味噌や醤油、砂糖で味付けして煮込むという日本の調味料が必要な料理である。

　北海道の郷土料理となっているイカ素麺やイカの沖漬け、イカの粕漬け、イカ飯などのイカ料理には、調味料として醤油が使われるものが多い。イ

カ素麺を食べるには香辛野菜のショウガを合わせたしょうが醤油、酸味調味料の食酢を合わせた酢醤油が使われるなど、合わせ醤油で一層美味しく食べることができる。

　北海道の代表的料理のジンギスカン鍋は、料理の形態としては焼肉の仲間であるが、一般の焼肉の食材は牛肉や豚肉であるのに対して、ジンギスカン鍋の肉は羊肉である。羊肉は特有な匂いがあるので、この料理が多くの北海道の人に受け入れられるためには、より一層美味しく食べるためのソースや副材料も工夫されたと想像する。

　北海道を郷里とする人々の中では、キャベツやハクサイとサケやニシンを合わせた漬けもの（飯ずし）は、ふるさとの味として懐かしく感じる保存食のようである。この漬けものをつくるには食塩と麹が欠かせない。

　北海道の食生活の中では、日本人が古くから使っている調味料を大切に生かしていたのである。しかし、年々各家庭での食塩、醤油、味噌の購入量が減少しているが、食酢の購入量が増加している。塩分控え目の健康志向が広まり、食生活の中で塩分の摂取を量少なくなっているのかと考えられる。健康志向は、食酢の購入量の増加に関係しているのではないかとも推測できる。すなわち、味付けに食酢を使う機会が多くなったとも思われる。

## 知っておきたい郷土の調味料

### 醤油・味噌

- **平取とまとしょうゆ**（びらとり）　ダシ醤油の一種である。北海道の冷涼な気候を生かし、太陽の光を浴びて栽培した真っ赤な「平取とまと」を加えた醤油で、フルーティーな味わいが醤油の風味と調和している。チーズやアボガド、サンマの塩焼き、ステーキ、サラダなどフルーティーな味わいが好みの人に好まれそうである。札幌市の福山醸造㈱が製造。
- **日高昆布しょうゆ**　ダシ醤油の一種である。福山醸造㈱の従来の醤油に「日高産の昆布からとっただし汁を加えたもので、昆布のコクと香りが醤油本来のうま味と調和している。塩分9％の醤油であるから、塩分の摂取を制限している人には適している。
- **鶏醤**（けいしょう）　新鮮な北海道産の鶏の内臓を天然塩を加えて、じっくりと発酵・

熟成させて生まれた醤油である。醤油のルーツである肉醤ともいわれるものである。香ばしく、塩辛を感じる複雑な味でうま味もある。エスニック料理、目玉焼き、餃子・シュウマイなどの点心、卵かけご飯などにも合う。非加熱食品なので、保存や賞味期限に注意。

- **旭川の醤油・だし醤油**　旭川に明治時代に入植し、酒や醤油を製造している会社として日本醤油工業㈱（屋号：キッコウニホン）がある。その影響もあるのか、旭川の郷土料理の旭川ラーメンは、醤油味が基本となっている。養豚は酒粕の利用のために餌の材料として使われている養豚事業も古くから行われている。したがって、スープのだしは豚骨からとり、内臓（ホルモン）を入れたラーメンを「ホルメン」の名で町おこしに奮起している。

　この会社の製品には生しょうゆ・丸大豆しょうゆ・舞茸しょうゆ・たもぎ茸しょうゆ・しそ醤油・ほたてしょうゆ・アサリの舌心・羅臼昆布しょうゆ・かきしょうゆなど幅広く開発している。

- **たれ類**　醤油日本工業は古くから醤油づくりに携わっていた関係で、時代の流れに合うように、ユズポン酢・フライソース・風雪カイム（北海道でしか考えられない商品といえる）、北海道昆布だし、トマトと紫蘇のたっぷりソース・豚丼のタレなどいろいろなものを作っている。

- **北海道の魚醤油**　北海道魚醤油生産組合に所属している漁業協同組合、水産関係の会社が製造・販売している。「雪ひしお」「北寄醤油」「魚の紫」「魚醤油」「ほたて醤油」などいろいろな種類がある。

- **鮭醤油**　水産会社の佐藤水産が、膨大な量のサケのアラが廃棄物として処分されていたので、アラの有効利用として、昔ながらの杉仕込みで醸しだした魚醤油。クセのない、だしをとったような芳醇で深みがある。

- **ほっけ醤油**　寿都（すっつ）の前浜であがったホッケのだしを入れた醤油。料理のかくし味によい。

- **北海道味噌（地域団体商標）**　北海道味噌醤油工業組合に所属している醸造会社が協力して商標登録を得て販売している味噌。

- **トモエ味噌**　札幌の福山醸造㈱が製造している味噌。「北海道の恵み」の名でPRしている。大豆10に対してコメ12の割合の配合で作る。コメ麹を多くして発酵・熟成しているので甘味とうま味が強く、深い味わいの味噌である。仕込み水は大雪山系の天然伏流水を使い、原料となる

大豆もコメも北海道産のものを使い。知床・羅臼の海洋深層水から製造した食塩を使っている。
- **北海道こだわり味噌（特別栽培大豆使用北海道こだわりみそ）** 北海道産フードプラン特別栽培大豆を使用した米みそ。主原料の大豆は北海道産、米は国産。コープ商品として流通。

### 麺つゆ

- **根昆布しょうゆ** 日高の根昆布からとっただしの入った醬油。昆布由来のヨウ素を含んでいることをアピールしている。
- **もとだれ** 蕎麦屋のもとだれ（本がえし）がある。
- **ラーメンスープ** 北海道の塩味の「しおラーメンスープ」がある。

### 食塩

- **オホーツクの自然塩** 北海道紋別郡のサロマ湖内200mに突き出ている防波堤からポンプで汲み上げた海水を、独自の海水蒸発加熱釜で3日間かけて煮詰める。海水の塩分濃度は3.5〜4.5％。食塩100g当たりの分析値：ナトリウム35.85％、マグネシウム0.94％、カルシウム0.29％、カリウム0.30％。
- **宗谷の塩** 昆布の繁る宗谷海峡の海底からポンプで直接取水し、海中で濾過した海水を、加熱回転ドラムに噴霧して塩を結晶化させた。海水の塩分濃度は3.5％。100g当たりの分析値：ナトリウム28.67％、マグネシウム3.15％、カルシウム1.06％、カリウム0.93％。
- **ラウシップ** 知床らうす海洋深層水を取水し独自の方法で製塩したもので、コク、まろやかさがある。100g中の分析値：食塩相当量68.76g、カルシウム154mg、マグネシウム94.32mg、カリウム27.18mg。味噌との相性はよいので味噌づくりには適している。
- **北海道の味噌を使った郷土料理** サケのチャンチャン焼き（味付けには白味噌を使うことが多い）、青南蛮味噌（釧路の家庭料理の一つ）などがある。

### 甘味料

- **甜菜糖** 甜菜（ビート）から取った砂糖が甜菜糖である。テンサイはサ

トウダイコンともいわれている。砂糖用のテンサイが栽培され始めたのは、1745年にドイツの化学者アンドレス・マルクグラーフが、飼料用のビートから砂糖を分離したことに始まる。日本におけるテンサイ糖の産業は北海道で始まり、現在も北海道でテンサイから作られる砂糖の消費量は、日本における砂糖の消費量の25％を占めている。

- **北海道てんさいオリゴ**　テンサイからの砂糖は、いろいろな形で売られている。その一つが天然オリゴ糖を含む「北海道てんさいオリゴ」である。コーヒー、紅茶、ヨーグルト、料理に砂糖代わりに使われる。エネルギーが砂糖の77％なので、糖質摂取を制限している人にはよい。
- **ビートグラニュー糖**　北海道産のテンサイ糖から作ったグラニュー糖。製造元により「北海道十勝産てんさい含有糖」「ムーソーてんさい含有糖」「山口製糖ビート糖（粉末）」「北海道・てんさい含有糖」などがある。

## だし

- **魚介類だし**　隠し味として使われるものとして「カニだし」（雑炊、鍋物、スープ）、「ほたてだし」（吸い物、炒め物、カレー、卵焼き）、「エビだし」（みそ汁、お茶漬け、ふりかけ）などがある。

### 郷土料理と調味料

- **醤油を使った郷土料理「いくらしょうゆ漬け」**　サケの生筋子に醤油を加えて数日間置いて味を馴染ませたもの。サケの生筋子（水道水と塩水で汚れを落とし、薄皮を除き卵を潰さないように1粒ずつにほぐし、ザルに入れて水気を除く）200gにしょうゆ（大さじ3）、酒（大さじ2）、みりん（大さじ1）を加えて、約1日間漬け込んでから冷蔵庫に保存。タレを切って食べる。美味しく食べられる期間は、漬け込んだ日を入れて3〜4日。冷凍も可能。
- **郷土の鍋料理**　北海道の郷土の鍋料理には、石狩鍋（十勝鍋・秋味鍋ともいう）、三平汁がある。石狩鍋は、土鍋に昆布のだし汁をとり、サケのぶつ切り・頭と一緒に、ニンジン・ダイコン・ネギ・ほうれん草・シュンギク・シイタケ・ジャガイモ・白菜・豆腐・コンニャクを入れ、味噌・醤油・砂糖で調味して煮込む、寒い日に体が温まる鍋料理である。味噌仕立て、醤油仕立てのどちらでも供される。三平汁は、かつてニシ

ン漁の盛んな頃に、松前地方の海辺でつくられるゴッタ煮であった。三平汁の名の由来はアイヌ語のサンペイ（心臓）か松前藩の斉藤三平という人が考案したからとか、あまりの美味しさに3杯も食べてしまう三杯汁にあるとか、諸説がある。ニシンが大量に水揚げされた頃は、ぬか漬けして熟成させたニシンが使われたが、現在は、鮮度のよいサケやタラの頭やぶつ切りした身、塩サケの頭やその他の粗（アラ）、タラの白子（精巣のこと、必ず入れる）、ジャガイモ・ニンジン・ダイコン・ネギを入れて、昆布だしで煮込み塩味に仕立てる。好みにより酒粕も加える。この三平汁の調味料は昆布ダシ、食塩、それから各材料から溶出される成分が味を整えているが、酒粕を加えることにより食感が滑らかになり、酒粕のアルコール分で生臭みが緩和され、酒粕に含むコメの粕で臭みを包み込み、臭みを緩和すると同時にコメの粕（主成分はでんぷん）の保温性があるので、体を温める鍋料理である。

- **イカ素麺はショウガ醤油か酢醤油**　北海道名物料理は、函館の魚市場の食堂で、市場の朝に夜釣りのイカ釣り船から水揚げしたばかりスルメイカを細く麺のように切ったイカ素麺である。これを、ショウガ醤油や酢醤油で食べ、口いっぱいに広がるイカの甘味に満足する一時である。

- **イカの沖漬け**　北海道だけでなく富山のほうでも作っている。もともとは、イカ釣り船の船上でイカ1尾を丸ごと醤油漬けする漁師だけが味わえるものであった。貯蔵法や輸送法が発達した現在では、北海道から遠く離れた地域でも食べられるようになっている。イカの内部に存在している肝臓と一緒に輪切りしてご飯の惣菜や酒の肴として利用されている。醤油のうま味とイカのもつ甘味やうま味が馴染んで、塩辛とは違ったまろやかでコクのある逸品となっている。

- **イカの北海道の郷土料理**　イカの内臓を除いた腹の中にニンジンや白菜を細かく刻んで詰め、水にしてから粕漬けにしたもの。この場合の漬け込み用の粕は塩やみりんで調味して使うが、粕に含まれるアルコール分が臭みを除き、また、このアルコール分はイカの身を適度なテクスチュア形成に関与している。イカの鉄砲漬けは、イカの内臓を除いたところに、ニンジン、キュウリなどの細切りを詰め込んで味噌漬け。全国弁当大会で人気の北海道の「いか飯」は、イカの内臓を除いた腹の空洞にうるち米ともち米のミックスしたものを詰め込み、楊子で止めて、弱火で

ゆっくり炊き込んだものである。煮汁は醤油・砂糖・酒で調味した調味液を使う。

- **ジンギスカン料理とタレ**　北海道の郷土料理であるジンギスカン料理は、モンゴル共和国から伝わった料理といわれている。第二次世界大戦後に北海道の滝川市の道立種羊場がめん羊の飼育を奨励してから羊肉の料理のジンギスカン鍋が北海道の郷土料理へと発展していった。特別な網の目のあるジンギスカン鍋での羊肉の焼肉料理であった。子どもの羊の肉（ラム）は臭みが少なく軟らかいが、大きくなった羊の肉（マトン）は臭みがあるので、臭みを感じない食べ方が工夫されている。その一つが「タレ」である。タレの材料は醤油・砂糖・ニンニク・トウガラシ・リンゴ・タマネギなどで店によって特徴がある。

―――― 北海道のスーパー掘り出し逸品 ――――

- **成吉思汗（ジンギスカン）たれ**　北海道の家庭の冷蔵庫には必ず1本は入っているといわれるタレ。1956年にベル食品で発売してから、ジンギスカンを北海道の食卓でも食べられるように貢献している。
- **ミスタージンギスカン**　ワイン通の人がジンギスカンを食べるときのタレに使う（札幌酒精工業製）。
- **華味ラーメンスープ缶詰（味噌味／塩味／醤油味）**　昭和29（1954）年から発売していて、北海道のラーメンの味の起点となっている（ベル食品製）。
- **焼きソバスープ**　北海道ではジンギスカン料理の最後には蒸し焼きソバを食べることが多い。その蒸し焼きソバ専用の「焼きソバスープ」がある（西山製麺製）。
- **十勝　豚丼のたれ**　北海道の十勝地方の「豚丼」はB級グルメの展示会でも知られている。この豚丼用のタレは、甘辛く、ご飯によく合う味（ソラチ製）。
- **山わさび醤油漬け**　北海道のご飯の友には、「山わさび」が使われている。実際の原料はホースラディッシュ（西洋大根）といわれるもの。北海道では春先に天然のものが掘り出すことができる。天然の西洋大根をすり下ろして醤油漬けにしたもの（オリオン食品工業製）。
- **北海道の味　めんみ**　北海道限定の濃縮麺つゆで、北海道キッコーマン㈱が北海道限定で製造・販売。
- **三升漬け**　青唐辛子・麹・醤油をそれぞれ1升ずつの分量で漬け込んだ郷土料理。豆腐料理、野菜料理に向いている。

# 2 青森

### 地域の特性

▼青森市の1世帯当たりの調味料の購入量の変化

| 年　度 | 食塩 (g) | 醤油 (ml) | 味噌 (g) | 酢 (ml) |
|---|---|---|---|---|
| 1988 | 5,830 | 19,346 | 19,249 | 1,743 |
| 2000 | 2,977 | 9,049 | 11,120 | 2,477 |
| 2010 | 2,860 | 6,938 | 9,033 | 2,797 |

　青森県の名の由来については、江戸時代に弘前藩が現在の青森市に港町を建設を始めた時に、「青森」の地名が付けられたという。現在の青森市本町（ほんちょう）付近が小高い青々と茂った松の森があったことから付けられた地名であったといわれている。青森県が誕生したのは明治初年であった。県のほぼ中央に位置する奥羽山脈によって東西に二分され、日本海側は「津軽」、太平洋側は「県南」とよばれ、気候も漁獲する魚の種類も違うので、食文化にも違いがある。秋田県と青森県にまたがる標高400mの山上にある十和田湖は淡水魚の資源に恵まれている。

　青森県の八戸港にはスルメイカ、サンマなど太平洋を回遊する魚介類が水揚げされ、市場では新鮮な魚介類が食べられる。八戸の名物であるイカの鉄砲焼きは、唐辛子味噌を塗って焼くのが特徴である。おでんにも必ず味噌を塗って食べる。1世帯当たりの味噌の購入量は、東北地方でも多い。青森地方の味噌は、東北や越後地方と同様に塩分濃度の高い辛口の米味噌を使っている。塩分控えめの健康志向や食生活の多様化に伴い、年々食塩、醤油、味噌などの塩分を含む調味料の購入量は減少しているが、食酢の購入量は増加している。食酢で味付けする料理が普及してきていると推測できる。

　青森のB級グルメで有名なせんべい汁は、八戸周辺の郷土料理である。南部煎餅は岩手県の名産でもあるが、青森県の南部煎餅はせんべい汁の具

にすることを前提に焼き上げた煎餅で「かやき煎餅（おつゆ煎餅・鍋用煎餅）」といわれている。一般には、鶏や豚のだしの醤油ベースの汁に、この煎餅を手で割って入れ、さらにゴボウ、ネギ、キノコなども入れて煮立てたものである。調味料のことについて考察するならば、このB級グルメの料理には醤油が使われていることと、だしに魚介類系のだしでなく鶏や豚からのだし汁を使うことである。家庭によって味噌味のところも塩味のところもある。

　岩手県二戸・青森県三戸地方に伝わる郷土料理の「おっけばっと」は、そば粉を捏ねた「そばがき」のようなもので、「かっけ」「かっけ餅」ともいわれている。ダイコンの輪切りと三角に切った豆腐を薄塩で茹でたものを、鍋からとりだし、ネギ味噌をつけて食べる。

　青森県はいろいろなものに味噌をつけて食べる習慣があるようである。

## 知っておきたい郷土の調味料

## 醤油・味噌

- **青森県の醤油・味噌メーカー**　青森県醸造食品工業組合には21のメーカーが所属している。常に、青森の醤油、味噌、食酢、醤油・味噌・食酢の加工品の開発や品質改善に努力している。南津軽郡大鰐町の津軽味噌醤油㈱は明治43（1910）年創業で、日本で唯一温泉熱を利用した醤油・味噌醸造会社。三戸郡五戸町のコムラ醸造㈱は、創業100年以上の醤油・味噌メーカーで、「南蛮味噌（甘口）（辛口）」などを作っている。
- **白醤油**　塩分の少ない白醤油が南部地方では好まれている。
- **青森のだし醤油**　昆布やカツオ節のだし、陸奥湾の焼き干しのだしに、リンゴエキスを加えた「だし入り醤油」が全県に普及している。
- **南部地方の「玉味噌」**　陸奥湾の基部に位置する野辺地町は古くから港町として栄え、江戸時代中期以降は、北前船がこの港から南部藩の大豆を京阪神に運んだ地域であった。南部地方の大豆は甘味があって味噌や醤油の製造に向いているといわれ、伝統的な特産物となっている。南部地方の伝統的な味噌が「玉味噌」である。この地方では、麹の割合の少ない味噌が好まれている。この地方の味噌づくりは米麹を加えて発酵を進めるのではなく、空中に漂う少ない量の麹菌の力で発酵させるのが特

徴であった。蒸して潰した大豆を玉状にして、春先に、軒下などに吊るして発酵・熟成をさせて作る。南部地方は、塩分の少ない白味噌が好まれている。これは北前船により導入された京阪神の文化の影響によるのではないかともいわれている。
- **津軽地方の「津軽三年味噌」** 17世紀の半ばに近江や越前から津軽に渡った商人たちにより各地に麹屋が開かれ、さらに南部地方の大豆と結びつけて味噌を作ったのが、津軽の味噌蔵の起こりといわれている。津軽の長期間熟成した赤色の米味噌は、「津軽三年味噌」といわれている。長期熟成期間中の酸敗や腐敗を防ぐために塩分を13%にして3年間熟成する。この熟成中にメイラード反応が進み赤色の濃い味噌となるが、塩分は熟れ、乳酸菌の発育により独特のうま味や滑らかな食感が生まれる。マダラのアラ汁の「じゃっぱ汁」や「貝焼きの味噌」などの郷土料理には欠かせない味噌である。
- **「糀南蛮」「南蛮味噌」** 醤油を作るときにできる「もろみ」に、青唐辛子を入れて発酵させたもので、ご飯のおかず、湯豆腐・冷奴・お浸し・刺身・納豆の調味料に使われる。
- **津軽味噌** 赤色の辛口味噌で、長期熟成の味噌。
- **「スタミナ源たれ」** 青森県内の焼き肉のタレではあり、同時に万能調味料としても使えることから、ロングセラーであり、ほとんどの家庭の常備品となっている。青森産のリンゴとニンニクを生のままふんだんに使用してペースト状にして熟成させて作り上げている。フタを開けるとニンニクとショウガの香りがただよい、ピリッとした辛味はあるが野菜やリンゴの甘味と酸味がコクのある味を作り上げている。焼肉だけでなく、魚のムニエルの調味料にも使える。
- **手作りつゆ** 野坂味噌醤油店の製品で、カツオ節・サバ節・煮干し・昆布から調製した「だし」を用いた「万能つゆ」である。煮干しは頭と内臓を除き、昆布は日高昆布を使用している。

## 食酢

- **りんご酢** 津軽の風土と醸造技術が生み出したものである。とくに、地元では「カネショウりんご酢」が人気の一つである。11月末から12月初旬に、リンゴをすり下ろし、津軽の寒さの中で100日かけて酢の発酵・

熟成を行う。蜂蜜を加えたものなどもある。

### 郷土料理と調味料

- **イカの鉄砲焼き** イカの内臓を除いた腹部に、刻んだ足・肝臓・ネギ・味噌を混ぜ合わせたものを詰め、入り口を糸で結び、直火か天火で焼く。
- **カスベのとも和え** カスベはエイのこと。①カスベの身肉を茹でて身肉をほぐすか、適当な大きさに短冊切りする。②カスベのカマド（内臓）を茹でて磨り潰し、みりん・砂糖・練からしで調味し、これに茹でて磨り潰した豆もやしを添えておく。①と②を混ぜてとも和えとしたもの。
- **ジャッパ汁** ざっぱ汁・じゃば汁ともいう。タラの頭、その他の身肉以外のアラを大鍋で、赤味噌と酒粕で調味した津軽地方に伝わる鍋料理。山形・庄内地方ではドンガラ汁という。
- **「そばかっけ」とみそだれ** 青森県の「そばかっけ」は、秋の新そば粉に水を加えて練って生地をつくり、生地を伸ばし三角形に切りそろえて、ダイコンや豆腐とともに鍋で茹でてからネギ味噌、ニンニク味噌で食べる青森県の南部地方と岩手県の県北地方に伝わる秋から冬に食される郷土の鍋料理である。かつては、青森の粉食文化を発展させた郷土料理である。

---

**青森県のスーパーの掘り出し逸品**

- **大黒印塩麹** 明治11（1878）年創業の頃から麹を販売し、塩麹がブームになる前から少しずつ塩麹も販売していた（佐国屋）。
- **みそチャップ** 味噌にすり下ろしたショウガを混ぜたもの。野菜や豆腐にのせて食べる。
- **焼き鳥のたれ** 焼肉のタレは各地にあり、大手食品会社でも製造・販売しているが、焼き鳥に限ったタレが面白い。販売量は家庭用でも焼き鳥100本分なので多すぎるように思える。青森の人たちは焼き鳥が好物なので生まれた商品かもしれない。
- **石黒やきそばとラーメン** 「八戸せんべい汁」と並んで青森県の代表的B級グルメ大会でお目見えする町おこしに登場する焼きそば。焼きうどん状の焼きそばに特性のソースを使う。ラーメンの麺つゆには青森県が作り出したシャモロックという鶏のだしを使ったもの、十三湖のしじみのだしを使ったものなど、青森県の特産品を生かしたものがある。

- **八戸せんべい汁**　せんべい汁のセットや即席カップ入りなどで販売されている。せんべい汁の味付けは塩味、醤油味のものがある。煎餅は昔はそば粉で作っていたが、今は南部煎餅と同じ系統の小麦粉を使用した塩味で、ゴマがちらしてある。せんべい汁の煎餅に「バター煎餅」「南部煎餅の天ぷら」を使ったものも登場している。
- **食べる調味料**　ご飯の惣菜に漬物コーナーでは、「元祖コムラのなんばんみそ」（トウガラシ・ダイコン・ニンジン・キュウリ・シソの実・青トウガラシをもろみに漬け込んだもの）、「つるが漬け」（数の子・ダイコン・昆布・スルメなどの醤油漬け）、弥三郎漬（昆布など子どもの喜ぶつるが味の醤油漬け）、「じょんがら昆布」（青森・北海道産の昆布を刻んで、調味醤油に漬け込んだもの）、「つる太郎」（数の子・米麹・昆布の醤油漬け）、「ねぶた漬け」「ミニねぶた漬け」（数の子・昆布・スルメ・ダイコンを入れた醤油漬け）などがある。

## 3 岩手

### 地域の特性

▼盛岡市の1世帯当たりの調味料の購入量の変化

| 年　度 | 食塩 (g) | 醤油 (ml) | 味噌 (g) | 酢 (ml) |
|---|---|---|---|---|
| 1988 | 5,872 | 19,383 | 15,706 | 2,120 |
| 2000 | 2,863 | 7,508 | 9,777 | 1,848 |
| 2010 | 1,980 | 7,831 | 9,842 | 1,838 |

　岩手県の地形の特徴は、三陸海岸の典型的リアス式海岸で、奇岩の並ぶ宮古の浄土ヶ浜の景勝は名高い。海岸線の眺望の素晴らしさはよく知られている。またリアス式海岸を生かし、漁港をつくるには向いているが、津波の被害に遭いやすい。平成23（2011）年3月11日の東日本大震災の津波により壊滅した漁港は多く、平成25（2013）年になっても復興の兆しは見られず、不便な日常生活を過ごしている人々は多い。東日本大震災以後、未だに三陸の近海の魚介類の漁獲量も回復していない。リアス式海岸の三陸一帯は、寒流と暖流が交差して流れているところであるから、本来ならウニ・アワビ・ホヤ・サケ・ワカメ・ノリ・コンブなどが豊富である。三陸のウニは泥臭さがないので生ウニ・塩ウニ・ウニの貝焼き（アワビの貝殻にウニを山形にもりつけて焼いたもの）などで賞味されていた。

　調味料に焦点を当てれば、岩手県の有名な郷土料理の「わんこそば」があげられる。「わんこそば」（椀子蕎麦）は花巻が発祥の地で、現在は盛岡市内で盛んである。南部の人々の客に対する心のこもった対応の様子が現れている。そばを主体した郷土料理には「ひっこそば」（櫃蕎麦）、「まつもそば」（松藻蕎麦）、「はらこそば」（腹子蕎麦）、「やなぎばそば」（柳葉蕎麦）などがある。そばを食べるには麺つゆが必要なためか、盛岡市の醤油の購入量は2000年に比べて2010年が多いのは、岩手県のそば料理が地産地消として年々普及していったことも関係しているのではないかと思わ

れる。

　岩手県の郷土料理にはサケ料理も多い。秋から冬にかけて宮古湾に注ぐ閉伊川、津軽石川、大槌川を産卵のために遡上する雌サケは口が小さいが、雄サケは口が大きく歯も鋭く、鼻が曲がっているので、特別に雄サケを「南部の鼻曲がりサケ」といわれ、とくに美味しいとの評判である。この南部の鼻曲がりサケの郷土料理の「南部サケたたき」は、サケのエラを細かく叩き、粘りがでたものを、粗くおろしたダイコンと混ぜ、さらに麹・味噌・砂糖・酒で調味し、1週間ほど漬け込んでから賞味する。麹を使っているところは、麹を使った調味料の応用とも考えられる。味噌を使うことにより、生臭みをマスキングする効果が期待できるなど、理にかなった漬物といえる。

### 知っておきたい郷土の調味料

## 醤油・味噌

- **岩手県の醤油の特徴**　岩手県の醸造食品の水は、岩手山の岩盤で濾過された地下水を汲み上げて利用しているところが多い。岩手県工業技術センターの分析によると、JAS製品を対象としてアミノ酸濃度や粘度を調べた結果、製造時期や製品の規格区分によってアミノ酸濃度や組成にわずかな差がある。また、一部には機能性成分として知られている$\gamma$-アミノ酪酸の蓄積を認めている。これは醤油の成分のグルタミン酸由来と考えられる。なお、県内には醤油・味噌の醸造会社は15社ほどある。例えば、宮田醤油（雫石）、大徳屋商店（遠野）、佐々長醸造（花巻）、八木澤商店（陸前高田）などがある。
- **岩手　丸大豆しょうゆ**　岩手山の山麓、雫石で長期間の低温熟成で作っている。寒暖の差の大きい温度変化を利用した二段仕込みを繰り返して発酵・熟成をした醤油である。塩分は15.50％、総窒素量が1.75％。まろやかな味とコクの深みを感じる（宮田醤油製）。
- **醤油・味噌のほかに「みそパンデロウ」「みそチーズケーキ」も作る醸造会社**　八木澤商店は各種の醤油（濃口、淡口）や味噌（赤味噌、白味噌）の製品を製造するだけでなく、「みそパンデロウ」や「みそチーズケーキ」などのスイーツ、醤油せんべいなども製造販売している。その

他、ごまだれ、濃縮つゆ、味付けポン酢、醤油ドレッシングなどソース、ドレッシング、麺つゆも開発している。
- **生醤油や鍋用醤油も作る佐々長醸造**　生醤油のほか、野菜料理向きの醤油ドレッシング、鍋用の醤油、煮物向きの醤油、三陸海岸で漁獲されるウニを閉じ込めた「ウニしょうゆ」など、用途別の醤油を開発している。ウニ醤油は卵かけご飯にも向くがそのままご飯にかけてもよい。福井県にもウニ醤油がある。どんな料理も楽しむことができるという目的で作った味噌も販売している。
- **ピッ辛醤油**　西和賀町特産の青トウガラシを本醸造醤油に漬け込み、これに麹を加えてから、1年間発酵・熟成させた辛味醤油。奥羽山脈の豪雪地帯にある昔からの郷土料理。みりん、カツオ節エキス、砂糖、うま味調味料も入っているので、醤油の香ばしさと青トウガラシの辛味のほかに、甘味とまろやかさもある。万能だれとして使われる。焼肉のタレ、納豆の辛味や豆腐の醤油味にも使われる。西和賀町の「菜の郷にしわが」などで販売。

## 食塩

- **のだ塩べこの道**　三陸海岸の十府ヶ浦海岸の野田村で作られている。この地域の海水の塩分濃度は3.0％。江戸時代から明治時代まで行われていた直煮製塩を復活して行われている。昔は薪を焚いて火力で海水を煮ていたが、現在は鉄の平釜に海水を入れ、バーナーによる火力で煮詰めている。

### 郷土料理と調味料

- **どんこ汁**　どんく汁ともいう。ドンコはハゼ科の小魚で、ダボハゼ・ゴリ・カジカの類である。ドンコを筒切りにし、ダイコン・ニンジン・ゴボウ・豆腐・セリを入れ、好みにより醤油か味噌仕立てにする。一関の名物料理である。
- **なすのかんぼ煮**　小さなナスに、針で穴をブツブツンと開けて、砂糖汁がよくしみ込むようにする。これを砂糖煮にする。一関地方の郷土料理である。
- **岩手県のそばとそばつゆ**　岩手県内には、宮古名物に南部の鼻曲がりサ

ケの腹子（卵巣）を入れた「腹子そば」、遠野名物に四段重ねの丸形の曲げ物（弁当箱）にそばのほか、薬味としてネギ・ワサビ・のりを入れた「櫃（ひつこ）そば」、三陸の久慈に汁そばに乾燥したマツモをのせる「松藻そば」がある。また、遠野地方には、そばの生地を柳の葉の形にかたどり、茹でて酢味噌をつけて食べる「柳葉そば」もある。花巻が発祥の「椀子そば」は有名である。朱塗りの小さい椀に一口ずつそばを盛り、何杯も食べる。この時の薬味は、筋子・マグロ・鶏肉そぼろ・おろしダイコン・ナメコ・クルミ・ネギ・海苔・カツオ節・紅葉おろしなどいろいろなものが使われる。これらのそばは、醤油・だし汁を合わせた麺つゆを使う。

- **盛岡じゃじゃ麺**　手打ち風うどん上に、ひき肉・シイタケ・すりゴマ・味噌を混ぜて炒めた肉味噌を盛る。さらに、千切りしたキュウリ、白髪ネギをのせて食べる。ときには、酢、ラー油、おろしニンニク、おろしショウガを加えて食べる。最後は、残した肉味噌に、茹で汁、生卵または半熟卵を加えて混ぜて飲む。

―― 岩手県のスーパーの逸品調味料と漬物など ――

- **富士こいくちしょうゆ**　名前の由来は「富士のように日本一美味しいお醤油を」の願いによるとのこと。塩辛さ（しょっぱさ）より甘さが際たつ、三陸・釜石の特色ある醤油。醤油をかけることだけでなく、煮物やほとんどの醤油を使う料理に向くので、地元漁師に人気の醤油である（勝勇醸造製）。
- **岩泉みそ**　岩泉地方の山里の味を感じる味噌。40年以上前から夏でも麹が活発に働くように昔ながらの方法で味噌づくりをしたもの（岩泉味噌醸造製）。
- **金婚漬け**　ウリの芯をくり抜き、シソと昆布に巻かれたニンジンやゴボウを詰めて調味した醤油に漬けたもの。漬物の汁の中でじっくり熟成したものは、時間がたつほどいい味となることから、夫婦になぞらえて「金婚」の名前がつけられた。花巻の伝統食品の一つ（道奥製）。
- **しわきゅうり**　生産地の紫波（しわ）町とキュウリの表面の皺（しわ）の両方の意味として「しわきゅうり」の名のある乳酸醗酵をさせた醤油漬け。4カ月間以上も熟成させる。パリパリの食感のある漬物（青三製）。
- **豚豚みそ**　もち豚と地場産の米みそ、砂糖、長ネギ、ショウガなどで作ったつけ味噌。

# 4 宮城

## 地域の特性

▼仙台市の1世帯当たりの調味料の購入量の変化

| 年　度 | 食塩 (g) | 醤油 (ml) | 味噌 (g) | 酢 (ml) |
|---|---|---|---|---|
| 1988 | 4,641 | 18,254 | 13,943 | 1,768 |
| 2000 | 2,966 | 9,188 | 8,782 | 2,010 |
| 2010 | 2,280 | 6,337 | 7,636 | 1,671 |

　奈良時代に陸奥国府が多賀城に置かれた。多賀城が朝廷の出先機関であったことから「宮宅」(みやけ)とよばれるようになったことが、宮城県の名の由来といわれている。宮城県は太平洋に面し、仙台湾を中心に各種産業が発達し、穏やかな松島湾は魚介類の養殖や蓄養に適している。サメの漁獲量は日本一で、水産練り製品の生産や中華料理のサメのヒレの乾燥品の生産地としても知られている地域である。

　山形県の郷土料理として知られている芋煮会は、宮城県でも郷土料理として発達している。季節のサトイモ・季節の野菜・豚肉などを入れ、仙台味噌で味付けたものである。仙台味噌は米味噌のなかの代表的な辛口の赤味噌である。その起源は、江戸時代に伊達政宗(1567〜1636)が貯蔵食料として作らせたものと伝えられている。仙台地方には、仙台味噌を使った料理がある。松島湾のカキを利用したカキ鍋(土手鍋)は、砂糖・酒で伸ばした味噌ダレを鍋の内側の壁に塗り、その中でカキを煮て、溶け出した味噌味で食べる。

　正月に用意する「仙台雑煮」は、仙台湾で漁獲したハゼ(カジカ)でだし汁をとり醤油仕立てにする。昔はハゼを串に刺して、囲炉裏の周囲に並べるか、囲炉裏の上に吊るして焼き干しをつくったものである。この焼き干しハゼで甘味のあるだしをとり、姿のままのハゼを雑煮に添える家庭もある。

冬に宮城県の気仙沼近海でとれるメヌケは、身もしっかりし、脂ものっている。ぶつ切りにしてダイコン・ニンジンと一緒に仙台味噌仕立てにして煮込む。寒い日のメヌケ汁は気仙沼の人を温める郷土料理となっている。

仙台市の酢の購入量をみると、2000年に増加し、10年後の2010年には減少しているのは、日本の伝統的調味料でなく、スーパーやその他の食品店で市販されている新しい調味料を購入している影響も考えられる。

味噌を使う料理は汁物でもつけ味噌でも、仙台味噌を使うのが当然のこととなっている。

### 知っておきたい郷土の調味料

## 醤油・味噌

- **宮城県の醤油の特徴**　宮城県内の味噌醸造会社が、醤油も作っているところが多く、濃口醤油や吟醸醤油などが販売されている。宮城県味噌・醤油工業協同組合に所属している会社は52社。宮城県味噌醤油工業協同組合技能士会が設立され、「みそ製造」の技術向上をめざして、見学会、研修会、技能試験を続けている。
- **カキ醤油**　醤油にカキの濃厚なエキスをたっぷり加えた醤油。醤油の香ばしさの中にカキのうま味と甘味の存在を感じる。カキフライ、肉野菜炒めなどを味付けるとさらりとしたカキと醤油の両方の味が楽しめる。
- **仙台味噌の起源**　仙台の味噌の由来については、伊達政宗が兵士の貯蔵食料として作らせたといわれている。代表的な赤味噌で長期間発酵・熟成させたものなので、辛口赤味噌である。塩分濃度は12〜13％。伊達藩の作った赤味噌は、秀吉の命令で朝鮮に赴いたときにも変質しなかったことで有名な味噌であった。江戸では、江戸時代前期から売り出されていた。特に、明治・大正の頃までは、東京中心に仙台味噌の需要は多かったが、後に似たような味噌の速醸造による信州味噌に販売エリアがとられてしまった。

後に、大豆の玉味噌と塩を熟成させたものが、松島のカキの土手鍋の味噌ダレへと展開していく。

仙台藩の江戸藩邸に常勤する兵士は3,000人で、すべて仙台味噌を仙台の城内御塩噌蔵（おえんそくら）から運んだので、大井の下屋敷に味噌蔵をつくり、仙

台からの大豆・コメで味噌づくりができるようになったという話も伝わっている。今日の仙台味噌は、天然醸造で作りだす味わいを保っている。米麹と大豆を原料として作った辛口の赤味噌で、味噌汁には仙台味噌だけを使うか、信州味噌と合わせて使ってもよい。そのまま「なめみそ」として利用してもよい。

- **仙台味噌**　別名「なめみそ」ともよばれている。赤色系の辛口の味噌。
- **よっちゃん生ラー油**　宮城県大崎市で生まれたラー油。農家の畑から生まれた、新鮮な野菜のエキスが溶け込んだラー油。ごま油は圧搾した一番の油を使い、ニンニク・ショウガ・ウコン・トウガラシなどは無農薬栽培のものを使っている。「農家発の」ラー油で売り出している。
- **南蛮つけのたれ**　宮城県栗原郡の「いちじょう南蛮だれ」。物産展で展示したら評判がよく、近隣の人々に愛されてる。

## 食塩

- **伊達の旨塩（うましお）**　石巻の製塩所で作っている。石巻湾の沖の太平洋は、暖流と寒流の交叉する海域であることで有名である。この海域の塩分濃度は3.6％。海水は石巻万石浦中心部からポンプで取水し、ステンレス製の平釜に入れて、加熱蒸発して濃縮し、煮詰める。食塩100g当たりの成分はナトリウム78.3g、マグネシウム2.0g、カルシウム0.19g、カリウム1.7g（苦汁の成分が少ないのが特徴である）。

### 郷土料理と調味料

- **カキの土手鍋と赤味噌**　土鍋の周りに味噌を塗って、生ガキを煮汁に入れ、溶け出してきた味噌味で食べる土手鍋は、赤味噌に限るといえよう。赤味噌独特の重たい味とうまみは甘いカキの味に合い、味噌の風味がカキの磯の香りを心地よく感じさせる。
- **仙台雑煮と干しハゼのだし**　仙台雑煮は伊達藩の華やかさを残す雑煮ともいわれている。雑煮のだしは焼き干しハゼを使う。時には、ハゼ1尾を雑煮の器にのせるところもある。具はダイコン・ニンジン・ゴボウの千きり（引き菜という）は準備が終わったら昔は寒空に一晩おいて凍らせた（現在は冷蔵庫に保存）。仙台地方では、材料を細く切ることを「引く」といったそうである。食べるときには、醤油・塩・酒で調味した汁

で、野菜の具やセリ・凍り豆腐・焼いた角餅を軽く煮て、この上に蒲鉾・カステラかまぼこ・筋子などをのせる。調理の順番は家庭により違いがあるようである。
- **仙台長ナス漬け** 仙台長ナスは極細の長くとがった形状が特徴である。皮、果肉とも柔らかく食べやすい。江戸時代から長ナスの漬物（塩漬け・辛子漬け）は知られている。400年以上の歴史のある仙台の伝統食品である。

---- 宮城県のスーパーの逸品 ----

- **宮城だし** 宮城県で作っているいろいろなだしをティーパックに詰めて、いろいろな用途に合っただしセットとして販売。和食のめんつゆ向きには「いりこだし」、サバ節と鰹節をベースにした「ふりだし」をベースにした「純だし」、中華料理向けにはチキンやポークのだしをベースにした「万能中華」、天然だし汁を濃縮した「あじつゆ」などの名で売られている（丸三食品製）。

# 5 秋 田

## 地域の特性

▼秋田市の1世帯当たりの調味料の購入量の変化

| 年　度 | 食塩（g） | 醤油（ml） | 味噌（g） | 酢（ml） |
|---|---|---|---|---|
| 1988 | 8,068 | 21,957 | 16,462 | 1,584 |
| 2000 | 4,958 | 10,127 | 9,947 | 2,074 |
| 2010 | 2,914 | 7,148 | 8,893 | 2,015 |

　1988年度の1世帯当たりの食塩購入量をみると、東北地方の県庁所在地の中で秋田市と山形市の1世帯当たりの購入量は非常に多い。秋田市の場合、1988年の購入量は8,068gであったのが、22年後の2010年には2,914gと減少している。その差は5,154gも少なくなっている。このような食塩を含む調味料の購入傾向は醤油や味噌にもみられる。食生活の改善、健康志向による食事内容の変化、料理番組の普及による料理の多様化などが関係があるのではないかと想像している。

　秋田県の食塩の購入量が多いのは、昔から秋田の人は漬物を「がっこ」とよんでお茶請けにするほど食べる機会が多い。このことは漬物の生産量も多いということと結びつくと思われる。

　秋田県の代表的調味料の「しょっつる」は、厳しい寒さの冬の魚のハタハタやイワシなどを材料とした魚醤油である。秋田県の郷土料理の「しょっつる鍋」は、汁の味付けがしょっつるを使うところにある。秋田県の「きりたんぽ」は、ご飯を杉の棒の先に巻きつけて、焚き火で焼いたのが「きりたんぽ」の原形である。きりたんぽ、野菜、比内地鶏を入れた鍋が「きりたんぽ鍋」である。この鍋の味付けもしょっつるを使うのが秋田の郷土料理である。

　秋田県の「芋の子汁」は、山形の芋煮会に似た郷土料理であるが、材料はサトイモが中心となっている。秋の稲の収穫時期は、大きな鍋に肉類（比

内地鶏)、イモ類、野菜類を入れた「芋煮会」になる。この時の味付けは味噌の場合もあれば醤油の場合もある。

秋田県の稲庭うどんは、全国的に知れ渡るようになった。各地にある名産の麺類は、必ず地元の水を使った汁を用意することが多くなった。水の質（硬度など）は、麺の弾力性やめんつゆの味などに影響することから、最近は、地方から送られるギフト用の麺には、瀬産地の天然水で調製した麺つゆが同時に送ることが多くなった。

白神山地は秋田県と青森県にまたがる広大な山岳地帯である。この地域の自然の水源はブナの林の中を流れてくる軟水であるために、美味しい日本酒が醸造されているところである。

### 知っておきたい郷土の調味料

## 醤油・味噌

- **秋田県の醤油の特徴** 秋田県には150年以上の歴史のある醸造会社もあり、小麦を炒るのに熱源を古くからの「石炭」を使っている会社もある。醤油を古くからの製法で丁寧に作っている石孫本店は、醤油の元となる「麹づくり」は、囲炉裏の炭火で温めた室の中で麹を生育させる「麹ぶた」による製法で行っている。仕込んでから発酵・熟成してできた「もろみ」を搾ると赤く澄き通った生醤油ができあがる。商品名の「百寿」(100ml)や「みそたまり」(100ml) は、本物の味として評判である。いずれも100mlという小瓶で売られているが、醤油は長期間の保存により酸化し、味が劣化するので、小瓶で販売しているのは、常に品質を考慮して販売しているからである。
- **しょっつる** 魚醤油の一つ。原料によりハタハタ醤油、イワシ醤油ともいわれる。魚醤油としては東南アジアの各地に残る魚醤が知られている。一度、しょっつるの製造は中断していたが、昭和になり秋田で再び作るようになり、秋田の郷土料理となった。主として大館で冬に作り始める。原料魚としてハタハタ・ニシン・イワシ・シラウオ・アミ・イカを使う。樽に原料魚・塩・麹を入れて重石をかけて漬け込み、1年以上発酵させてできた上澄み液が調味料の「しょっつる」となる。発酵中に原料魚のたんぱく質が自己のもつ酵素でアミノ酸に分解され、うま味が生成され

る。醤油に代わる調味料として使うか、ハタハタを入れたしょっつる鍋の汁の味付けに使われる。
- **秋田味噌** 秋田産のコメと大豆を使った赤色系の辛口味噌。
- **秋田県の味噌の特徴** 「秋田味噌」には、「秋田香酵母・ゆらら」という麹を使い、発酵・熟成をして作った味噌がある。秋田県総合食品研究所が開発した酵母で、この酵母を使うことでふわっと広がる「華やかな香りとさわやかな味」の、光沢と照りのある色鮮やかな味噌ができる。香りの成分は発酵作用によって生成する高級アルコールや有機酸とアルコールからなるエステル類であり、うま味成分としてはアミノ酸類のほかにグリセリンやコハク酸が関与していることも明らかにしている。

　秋田県は米の生産地であることから「秋田味噌」はその他の地域の味噌と比べて米麹の量を多く使っている。味は塩馴れしたおだやかな甘味とうま味の調和したものである。分類上は、赤系辛口味噌に属しているが、実際は赤色系から淡色系の間のいろいろな色の位置にある。麹を多く使うので、粒みその形のものが多い。

## 食塩

- **八峰白神の塩** 世界自然遺産である「白神山地」の水が流れ込む日本海の海水を汲み上げて、時間をかけて煮詰めて作った塩で、塩辛さが少なく、食材のうま味を引き立てる。
- **なまはげの塩** 男鹿半島沖、約10kmの地点から船上の海水タンクポンプで汲み取った海水を、蒸発タンクで塩分濃度を約10％に濃縮してから、平釜でゆっくり結晶化させた塩。
- **幸炎窯の塩（こうえんがまのしお）** 陶芸家がこだわりの塩として作ったもの。秋田県中央の砂浜からポリタンクで汲み取った海水を、平釜に入れて薪で加熱して結晶化した塩。
- **炭入り食塩** 卓上用の食塩で、炭の粉末と食塩を混ぜて瓶詰しにしたもの。炭の脱臭性の効果を期待した調味用塩。

## 食用油

- **菜々の油** 小坂町の菜の花畑に育つ「キザキノナタネ」から調製した菜種油。豆腐に塩と一緒にかけるとトロリとした豆腐を味わうことができ

る。

### 郷土料理と調味料

- **きりたんぽ料理と調味料** 「きりたんぽ」は、もともとは阿仁合(あにあい)地方で山籠りする秋田杉の樵(きこり)が、ご飯の腐敗を防ぐために考え出した保存食であったといわれている。新米にもち米を10％ほど混ぜて炊いた硬めのご飯を、すり鉢の中でハンゴロシになるまで搗く。これを竹輪のように串の先に槍の穂先の形にまるめる。これに、ダイコンの搾り汁や粉サンショウをつけたり、ゴマ・サンショウ・クルミをすり込んだ味噌を塗ってから焼いた「たんぽ焼き」「たんぽ田楽」という。団子状に丸めたきりたんぽの生地や比内地鶏、野菜類を土鍋に入れ、しょっつるで味付けた汁や鶏がらでとっただし汁などを入れた「キリタンポ鍋」がある。
- **男鹿半島の漁師料理** 男鹿半島の加茂や戸賀一帯の漁師の間に昔から伝えられた魚介類の加熱料理。桶や鍋に白身の魚・サザエ・エビ・アワビ・イカなどの海の幸を食べやすい大きさや形に切って、桶や鍋に入れる。この中に、水と焚き火で熱した石をいくつも入れて、ジュージューという音とともに、蒸気が上がり沸騰し、桶や鍋の中の魚介類を煮あげる料理。味噌味に仕立てる。
- **比内地鶏の稲庭うどん** 冷やしうどんをザルに盛る。これに照り焼きした比内地鶏にトウガラシを添えて供する。薬味は刻みネギとおろしショウガ。付け麺として食べる。

# 6 山 形

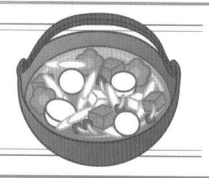

## 地域の特性

▼山形市の1世帯当たりの調味料の購入量の変化

| 年　度 | 食塩 (g) | 醤油 (ml) | 味噌 (g) | 酢 (ml) |
|---|---|---|---|---|
| 1988 | 8,017 | 222,933 | 15,151 | 2,176 |
| 2000 | 5,487 | 15,037 | 11,890 | 2,883 |
| 2010 | 5,634 | 8,093 | 9,389 | 2,862 |

　山形県の名は、平安時代には今の山形市の南側を「山方郷」といわれたことに由来する説、山の麓という説、最上川上流を山の方という説など諸説がある。実際の山形県は冬は雪が多く、夏は暑すぎるほど気候的には厳しい地域である。関西と交流が盛んだったことから、食文化にも京の面影が残っている。日本海からの新鮮な魚介類が入手でき、戦後は畜産関係にも力を入れブランドの米沢牛は関東で取り扱っている料理店は多い。古くから庄内平野は米どころで、江戸時代には商品作物として重要だった。

　山形の代表的郷土料理の「芋の子汁」は、サトイモの冬場の貯蔵が難しいことから、米の収穫時期に食べてしまう風習が発端といわれている。最上川流域の川原で親しい人たちが集まって食べる「芋の子汁」は、芋煮会とよんでいる。具として米沢牛は欠かせず、味噌仕立てのゴッタ煮である。山形市の2000年、2010年とも味噌の購入量が醤油の購入量よりも多いのは、郷土料理としての芋の子汁をつくる頻度が多いことや、山形の郷土食の球状のコンニャク玉の利用も関係があるのではないかと思われる。山形のコンニャクは、かつて芭蕉が立ち寄った宝珠山立石寺付近が発祥の地らしい。

　山形の郷土食の「温海蕪漬け（あつみかぶづけ）」は、温海カブという紫色のカブである。この漬物に使われる調味料は食塩・砂糖・酢である。山形市の1世帯当たりの酢の購入量が、東北の他の県庁所在地の世帯より

も多いように思われる。これは、各家庭で温海蕪漬けを用意しているためかと思われる。山形の郷土食の「三五八漬け」は、ダイコン、ナス、キュウリの漬物である。これには塩のほかに、麹と蒸し米を漬け床に使う。麹のもつ酵素が材料の作用し、また蒸し米内の成分の分解物が素材にうま味として加わり美味しく漬物ができる。近年、調味料として麹が注目されているが、麹が漬物に利用している例は各地の郷土食にみられる。

　山形の郷土料理にも味噌を使ったものが多い。「呉汁（ごじる）」は青大豆を水に浸して軟らかくし、磨り潰した「ご」に味噌を入れてみそ汁にしたものである。「どんがら汁」は、「納屋汁」ともいい、温海地方の漁師鍋である。寒い冬に漁師がタラの頭・内臓・中骨などを味噌仕立てにした、体を温める鍋である。辛口味噌を使うのが特徴なのは、宮城県に隣接していることと関係があるように思える。

### 知っておきたい郷土の調味料

## 醤油・味噌

- **山形県の醤油の特徴**　山形県の食文化の特徴として、魚の塩焼きや野菜の漬物にも醤油をかけるほど、塩分の濃い味付けであるといわれているが、かつては金沢でも梅干しに醤油をかける習慣があった。これは、塩辛いものを好むのではなく、醤油の成分のアミノ酸によりわずかにまろやかな味に変わり、より美味しく食べられるからと推察する。

　山形県内の醤油の原料の大豆は、山産のものを使っている。山形県内には天保15（1844）年から醤油を製造・販売している老舗（㈱丸十大屋）もあれば、昭和40年代から醤油の製造・販売を始めたマルセン醤油㈱という会社もある。丸十大屋は「味のマルジュウ」のブランドで「だし醤油」を売り出し人気となっている。マルセンは醤油を直接消費者に届けるという行商スタイルで、人間関係を密にして、全国展開し、現在は「味の大名　マルセン醤油」のブランドで販売している。

　明治25（1892）年の創業の㈱木村醤油店は、ヤマイチ醤油・味噌の醸造元。「本醸造特級醤油　味の司」「土佐醤油　板前さん」などの商品を販売している。

- **山形の味噌**　山形県内で製造している味噌の原料の大豆は、山形産を使

用している。㈱庄司久仁蔵商店の製造している「極上みそ」は、米麹がたっぷり入った手作りの赤味噌である。原田こうじ・味噌は、たっぷりの麹を使用し「自家製三・五・八」「特上こうじ味噌」を製造・販売している。佐藤糀屋も「三・五・八」「完熟味噌」を製造・販売している。「三・五・八」とは、山形の郷土食品の「三五八（さごはち）漬け」に使う漬床のことで、「塩3・麹5・蒸し米8」からなる漬床である。

- **山形県の醤油・味噌製造会社**　山形県の醤油・味噌醸造会社には、置賜地区に11社、村山地区に23社、最上地区には8社がある。

## たれ・つゆ

- **醤油・味噌醸造会社のたれ・つゆ**　醤油・味噌醸造会社の多い山形県では、会社独自のたれやつゆを作っている。「ヤマイチのつゆ」（木村醤油店）、「本かえし」（山一醤油製造場）、「割烹風つゆ」（丸十大屋）、「うまいたれ」「味まるひら」（平山孫兵衛商店）などがある。
- **トビウオのつゆ**　醤油にトビウオの焼き干しのだしをたっぷり入れた万能調味料。トビウオは山形県の沖の飛島にやってくる。トビウオが回遊してくる北限である。ここで漁獲したトビウオの焼き干しのだしを入れた醤油は、上品なうま味があり、煮物にも麺類のつゆにもよい。
- **うこぎのパスタソース**　春先に山形の山菜のウコギにグレープシードオイルを加えたペースト状のソース。カツオや味噌の風味があり、パスタの調味料に使うと、イタリアンが和風の美味しさを演出している。

## 食酢

- **醸造会社で製造**　例えば、㈱庄司久仁蔵商店は、味噌やたまり醤油も作っているが、米酢も作っている。

### 郷土料理と調味料

- **醤油・味噌会社の漬物**　山形県は漬物の豊富な地域である。とくに、醤油・味噌の醸造会社で作っているものも多い。三五八（さごはち）漬け（原田こうじ・味噌、佐藤糀屋）、ぽろぽろ漬け（平山孫兵衛商店）、梵天丸深漬け・梵天浅漬け・おみ漬け（内藤醸造）などがある。
- **三五八（さごはち）漬け**　「塩3・麹5・蒸し米8」からなる漬け床に

ダイコン・ナス・キュウリを漬けたもの。
- **民田（みんで）なす漬け**　民田なすは、鶴岡郊外の民田地方で栽培される小粒のナス。このナスを塩漬けした後に芥子漬けにしたもの。歯応えがよく美味しい。米沢地方の小粒のナスは窪田ナスといい、一夜漬けにすることが多い。
- **野菜の粕漬け**　キュウリ・ナス・山菜の粕漬け。いったん古い粕床に漬けてから、秋になってから新しい粕床に漬けるとコクと香味のある漬物となる。
- **家多良（やたら）漬け**　ダイコン・ゴボウ・ニンジン・レンコン・キュウリ・ナス・キャベツ・ミョウガ・シソの実をいったん塩漬けしてから細かく刻み、1年間味噌漬けしてから、醤油・砂糖・塩で調味したもの。
- **だし**　魚や野菜の「だし」ではなく、漬物の一種。山形県村山地方の郷土料理。夏野菜と香味野菜を細かく刻み、醤油で和えたもの。ご飯や豆腐にかけて食べる。㈱マルハチが商標登録している。発祥の地は尾花沢市。

# 7 福島

## 地域の特性

▼福島市の1世帯当たりの調味料の購入量の変化

| 年　度 | 食塩 (g) | 醤油 (ml) | 味噌 (g) | 酢 (ml) |
|---|---|---|---|---|
| 1988 | 5,703 | 19,124 | 15,764 | 1,867 |
| 2000 | 3,645 | 9,228 | 8,090 | 2,576 |
| 2010 | 4,172 | 5,251 | 7,275 | 1,877 |

　福島県は、太平洋に面した「浜通り」、山間部の「会津地方」、その間の東北新幹線(東北本線も含む)沿いの地域の「中通り」の3つの地域に分かれ、各地域にそれぞれの食文化に特徴ある。福島市は、中通りに位置し、海には面しないで内陸型の気候を示している。

　浜通り地域は、太平洋に面し、漁港は多く、日常の食事においては魚料理が提供されるのは当然であった。ところが、中通りの中ほどに位置する東京電力・福島第一原子力発電所は、平成23(2111)年3月11日の東日本大震災に伴う津波により壊滅状態となり放射性物質が大気に放散し、海洋に流出したために、近海魚が放射性物質により汚染されて、流通ができなくなっている。また、大気に放散された放射性物質は田畑の農作物を汚染し、一時、農作物は流通できない状態であった。

　古くから、中通りに位置する飯坂温泉の湯治客に提供したという「アユ味噌」は、蒸し焼きしたアユに、木の芽や山菜を練り混ぜて味噌を塗って提供したといわれている。調味料としての味噌の利用方法である。海産物に恵まれない冬の漬物として山間部の人々が考えた「従兄弟漬け(いとこづけ)」は、スルメ(イカの素干し品)と数の子を、麹・醤油・みりんで漬け込んだものである。スルメと数の子の食材からの「従兄弟」というネーミングの意味がわからない。

　魚料理の味付けには、味噌を使う場合が多い。味噌を使うことにより魚

臭みが緩和できるし、体も温まる料理となる。昔は、茨城県の河川までサケは近寄ってきた。現在は、福島県の浜通りの河川に近寄るのは珍しくなっている。サケが浜通りの沿岸や河川で漁獲できた頃は、サケの切り身・ニンジン・サトイモ・豆腐・ネギ・油揚げを入れて味噌仕立ての汁物である。この地域は「アンコウ料理」が有名である。アンコウ料理の代表であるアンコウ鍋は、割り下でなく、味噌を汁に溶かした「どぶ汁」とする。また、茹でた肝臓に味噌、砂糖、酢を加えて擂る「肝和え」がある。アンコウ料理は、一般には割り下や醤油で味付けるものが多いが、福島県の浜通り地区は味噌で味付けることが多い。

中通りに位置する喜多方市内には、100軒以上のラーメン屋がある。喜多方ラーメンの特徴は、豚骨と煮干しでとっただしで調製したさっぱりしたスープである。ラーメンのスープは各地で特有の味を持っている中で、喜多方ラーメンのスープは煮干しのイノシン酸のうま味に豚骨の脂肪とゼラチンの調和がとれている。

## 知っておきたい郷土の調味料

### 醤油・味噌

- **福島県の醤油・味噌の特徴**　福島県内の醤油・味噌の醸造会社の中には、文久元（1861）年創業の内池醸造㈱という老舗がある。その他の醸造会社も創業以来100年、200年と長い社歴をもつ醤油・醸造会社がある。現在、福島県の醸造食品工業協同組合に所属している会社は25社である。この組合の中に開発担当者も常駐し、常に品質の改善・向上・新感覚商品の開発に励んでいる。

    ほとんどの会社は、原料の大豆は国産品を使用している。手作り製法で、昔ながらの醤油本来のうま味のもつ醤油づくりを目指している。醤油の元の形の「ひしお」も販売している会社もある。麹の販売も兼ねている会社もある。

    ほとんどの醸造会社の味噌は、米味噌・麦味噌・豆味噌であり、それぞれの会社が商品にこだわりのナーミングをつけている。また、三五八（さごはち）漬け用の漬床を製造している会社もある。
- **会津味噌**　長期熟成の赤色系の辛口味噌。

- **喜多方ラーメンと味噌** 福島県の喜多方には「喜多方ラーメン」の店が100軒以上もあり、朝早くから営業している。昔風の中華ソバの伝統を守りながらスープは重い喉越しがある。それでも味噌ラーメンを要望する客もいるのか、ラーメン用の味噌には、芥子味噌ラーメン、ユズ味噌ラーメンの専用の味噌もある。さらに、愛知県で人気の味噌煮込みうどん用の味噌も販売されている。

## 食塩

- **「いわきの塩」** かつていわき市の海岸（いわき七浜）は、自家製塩が盛んであり、旧日本専売公社の製塩工場もあった。最近は、旭ソルト㈱（新日本ソルト㈱系列）、マルキョウアネット㈱いわき工場、ジャパンそると㈱福島支店、新日本ソルト㈱などがある。いわき市の中之作港は、江戸時代に阿波国（現在の徳島県）の斎田塩の荷揚げ港であった。その流れで、第二次世界大戦後自家製塩の盛んな地域として発展したといわれている。

    食塩の販売店・丸八商店の「いわきの塩」は、小名浜の新日本ソルト系列の旭ソルトから食塩を譲ってもらい、「いわきの塩」のブランドで販売しているものである。

- **めひかり塩チョコ** メヒカリはいわきの沖合いの底魚として知られている。かつては、飼料や肥料にした魚であったが、漁業資源の開発に伴い、いわき市の魚として売り出すようになった。この魚は、黒潮と親潮の交叉する「塩目」の海底で漁獲されることから「メヒカリ」という名があるらしい。「めひかり塩チョコ」は、塩でも魚でもなく、チョコレート菓子である。手作りの塩伽羅メールをチョコレートでコーティングし、塩をまぶしたもの。塩は粒の大きい「いわきの塩」を使っているのが特徴。

## 万能調味料・漬物

- **南蛮麹漬け** 麹と赤トウガラシを醤油と砂糖で漬け、味噌のようにコクのある調味料に仕上げたもの。肉と野菜の炒め物、鍋の薬味などに使われる（おいち茶屋製）。
- **じゅねん味噌** 味噌・砂糖・じゅねん（エゴマ）・味醂・酒などを混ぜ

て練り、熟成させたもの。大内宿の土産として人気（会津・いちます醸造製）。ゴマ味噌、餅のタレ、焼きナス、ふろふきダイコンのタレ、お握りの味噌など。

### 郷土料理と調味料

- **鮎味噌** 蒸し焼きにした鮎に、木の芽などの山菜を練り合わせてつくる。ヤマトタケルノミコトが、飯坂温泉（鯖湖湯という説もある）で傷の治療をしていたときに、食膳に供された一品といわれている。
- **紅葉汁（こうようじる）** 9月から12月までのサケ漁の時期に、ニンジン・サトイモ・豆腐・ネギ・油揚げなどを入れた味噌仕立ての鍋。からだの温まる鍋として人気。

## 8 茨城

### 地域の特性

▼水戸市の1世帯当たりの調味料の購入量の変化

| 年　度 | 食塩 (g) | 醤油 (ml) | 味噌 (g) | 酢 (ml) |
|---|---|---|---|---|
| 1988 | 4,243 | 19,122 | 16,011 | 1,847 |
| 2000 | 2,446 | 10,548 | 8,897 | 1,877 |
| 2010 | 1,836 | 10,310 | 7,036 | 1,877 |

　水戸といえば水戸藩第3代藩主水戸光圀は、食通で知られている。日本で最初にラーメンを食べたのは、水戸光圀ともいわれている。日本の3名園の一つ水戸の偕楽園は、水戸藩主第9代藩主徳川斉昭が造園したといわれている。食塩の購入量が年々減少していることから偕楽園の梅の木に実る果実は自家用、観光用の梅干しの製造も少なくなっていると思われる。

　水戸の名物の水戸納豆は、明治22（1889）年から製造されている。水戸納豆の特徴は小粒の大豆で作ってあることである。納豆を食べるに必要な調味料は醤油とからしである。現在は、納豆に同時についている調味料は、だし醤油が多くなった。だし醤油が普及する前は、関東風の醤油が使われていた。だし醤油が納豆に添えられるようなったためか、水戸市の1世帯当たりの醤油の購入量は、2000年と10年後の2010年を比べても大きな差がなくなっている。

　水戸から北茨城にかけては、アンコウ料理が名物である。その中のアンコウ鍋の味付けは、この地区では醤油仕立てで提供することが多い。アンコウ鍋には、ニンジン・ダイコン・ゴボウ・ネギ・ウド・セリ・ミツバ・タケノコ・シイタケ・ギンナンなどいろいろな野菜を使う。福島県小名浜のアンコウ鍋のどぶ汁は、アンコウの七つ道具といわれる身肉や内臓とダイコンだけで、味噌仕立てで提供するのとは違いがある。

　茨城県の笠間地方は、良質のサトイモの栽培が盛んである。サトイモの

食べ方は、茹でてゴマ味噌をからげて煮る「サトイモのゴマ味噌煮」は独特の食べ方である。コンニャクも同じようにゴマ味噌煮で食べる。味噌とゴマの風味は、さっぱりしたサトイモやコンニャクをコクのある味として食べる料理でもある。

茨城県の水郷地帯は、川魚を佃煮や甘露煮として利用することが多い。醤油の生産地の千葉の野田が近いことと、水郷を利用した水路が醤油の利用を容易にしたものと思われる。小魚の佃煮やフナの甘露煮は、保存食品であると同時に、行事食としても利用されている。

知っておきたい郷土の調味料

## 醤油・味噌

- **茨城県の醤油・味噌の特徴** 茨城県の名産品には大豆を原料とした納豆があるので、茨城県は大豆の生産量が多いかと思うが、関東管内での生産量は最も多いが関東地方の近隣から大豆だけでなく麦や米も仕入れている。茨城県の桜川市は、筑波山系のミネラル豊富な伏流水と醤油や味噌の原料となる米・麦・大豆が近隣から豊富に入手できるために、江戸時代から酒・醤油・味噌の醸造の町として栄えた。また、食育に反映するため地元の農家が生産した・大豆や米を使った米味噌も作っている醸造会社もある。桜川市の鈴木醸造㈱のように搾りたての「生揚げ」をアピールしている醸造会社もある。

 元禄の初めから創業300年余も醤油を醸造する紫沼醤油㈱は、「紫峰しょうゆ」「紫薄塩」などのブランドで販売している。茨城県にしては珍しく、秋葉糀味噌醸造は、上質の米から作った糀と大豆を原料とし、昔からの製法で「つむぎみそ」「上白みそ」「金山時みそ」を製造している。二度仕込みの醤油を作っている谷口商店や昭和20年代に設立した新しい感覚と研究開発を続けている茨城味噌協同組合もある。

- **県内の人気の醤油・味噌・つゆ・タレなど**
 ①醤油では、キミセ醤油・紫峰しょうゆ・三年熟成醤油・百年木桶仕込み生醤油・田舎醤油・昔醤油（大橋醤油）・天然醸造醤油（大橋醸造）がある。結城市の蔵元小田屋の「割烹大吟醸醤油」は刺身に特化した3年もろみの極上醤油である。蔵元小田屋は寛政元（1789）年創業の

老舗である。上品ないい香り、まろやかで深いうま味が口中に残る。アジのたたきをこの醤油を付けることにより、まったりとしたうま味を感じ、白身魚の刺身をつけるとやさしいうま味を味わうことができる。

②だし醤油には、フォンドボウー醤油（洋風だし醤油）、あわ漬け醤油・土佐しょうゆ・つゆ（大橋醤油）がある。

③味噌には、カグラ南蛮味噌（ピリ辛味のある味噌）・副将軍味噌（シロコメ味噌）・純みそ（シロコメ味噌）・金山寺味噌（シロコメ味噌）などがある。江戸甘味噌は赤色系の味噌で、濃厚な甘味がある。

④ソースには焼きソバに用いるアメリケーヌソース（月星ソース）がよく使われる。

⑤茨城県の那珂湊の市場内の食堂では、ヒラメのエンガワをだしの材料としたヒラメのアラ（粗）汁が人気である。鮮魚店から分けてもらったエンガワをだしの材料とし、鰹節や昆布などのだしを使わない。具はヒラメの粗やその場にある野菜類で、特別なレシピーはない。

## 食塩

第二次世界大戦の終戦直後の食料難の頃、現在の北茨城から福島県いわき市にかけての海域の海水は綺麗であり、海岸も綺麗であったので、海水を汲み上げて自家製食塩を作っていたところもあったが、現在は行われていない。

### 郷土料理と調味料

- **アンコウ料理と味噌**　北茨城から福島県のいわき市のアンコウ料理には、アンコウの身や皮を茹でたものに茹でた肝臓と味噌をすり鉢で合わせ、さらに食酢と砂糖で調味した、甘味と酸味のある酢味噌を和える「とも和え」がある。また、アンコウ鍋は、土鍋で最初に肝臓を炒り、ここにだし汁を入れ、さらに味噌仕立ての汁をつくる。この汁の沸騰したところにアンコウの七つ道具（肝＝肝臓・トモ＝尾ビレ・ヌノ＝卵巣・エラ・水袋＝胃袋・柳肉＝ほほ肉・皮）を投入して煮る。野菜は好みの季節の野菜を使うが食べやすい大きさのダイコンだけを入れる家庭もある。

- **水戸納豆と醤油**　水戸納豆ができたのは明治23（1890）年であると伝

えられている。箸をたててかき混ぜると粘りが出るのが特徴である。蒸した大豆か茹でた大豆に納豆菌をまぶして発酵・熟成させたものである。この間に大豆のたんぱく質はアミノ酸やペプチドのようなうま味成分に分解する。これに醤油をかけることにより、醤油のアミノ酸と食塩によるうま味の相乗効果により、より美味しく食べられる。今や納豆は、ナットウキナーゼや粘質物の糖たんぱく質の健康効果が注目され、健康食品として欠かせない食品となっている。茨城県の奥久慈地方には、船形の経木に容器に入れた小粒大豆から作る舟納豆がある。水戸納豆は常磐線の水戸駅で藁つとに包んだ糸引き納豆であったが、藁つとの衛生上の問題から発泡スチロールの容器に入れて販売するようになった。

- **サトイモのゴマ味噌煮** もともと赤穂藩士・浅野家の所領であった笠間地方は、良質のサトイモの栽培が盛んである。茹でたゴマ味噌をかけて煮る。独特な調理法が伝えられている。
- **ダシとしての「寒ヒラメ」のエンガワ** 大洗海岸に近い那珂湊市場は、平成23（2011）年の東日本大震災による被害を受ける前までは、近海で漁獲される魚介類の市場として栄えていた。東日本大震災の津波によりこの市場も壊滅状態になった。震災後2年目には、簡易建築による市場も完成し、近海ものだけでなく、全国で水揚げされる魚介類だけでなく、全国の加工食品・野菜類・果物が集まり、大勢の買い物客で賑わっていた。冬に漁獲される寒ヒラメの中で小さい形のものや漁獲時に傷がついて商品とならないものは、市場内の食堂でヒラメのエンガワだけをぶつ切りにし、吸い物の具にする。この時期のヒラメのエンガワ、うま味もありあぶらものっているので、刺身でも十分に食べられる価値がある。吸い物に入れたヒラメのエンガワからは、十分なだしが汁の中に溶出してくるので、特別にカツオ節や昆布からのダシを用意しなくてよいのである。那珂湊の市場だけの贅沢な一品である。

# 9 栃木

## 地域の特性

▼宇都宮市の1世帯当たりの調味料の購入量の変化

| 年　度 | 食塩 (g) | 醤油 (ml) | 味噌 (g) | 酢 (ml) |
|---|---|---|---|---|
| 1988 | 4,193 | 14,626 | 13,199 | 716 |
| 2000 | 2,806 | 8,807 | 7,737 | 2,420 |
| 2010 | 2,683 | 6,730 | 5,874 | 2,100 |

　かつては栃木県と宇都宮県があった。その時の栃木県の県庁所在地は、栃木市であったために県名が栃木と名付けられた。明治6（1873）年6月15日に栃木県と宇都宮県が合併したときに、県庁は宇都宮市に移した。大部分が山地で、内陸特有の寒暖の厳しい気候の地域である。栃木県に古くから伝わる郷土料理の「しもつかれ」は、2月の初午赤飯とともに稲荷神社に供える料理である。内陸地であるから海産物はなかなか手に入らない。しもつかれは、正月用に用意した塩ザケの頭部、野菜類、油揚げや大豆を煮たものである。塩ザケを使うので塩味の料理であるが、酒粕を加えることによりサケの臭みが感じなくなり、アルコールを含む酒粕そのものが調味料としての効果を示している。栃木県には「塩原」という地名の地域がある。現在は那須塩原市となっているが、「塩」のつく由来は、塩を運搬する街道か塩の生産地のどちらかに関係していることが多いので、栃木県の塩原も食塩と関係があったのではないかと考えている。

　那須地方に古くから伝わる郷土料理の「芋串（いもぐし）」は、素朴な正月料理でもある。蒸したサトイモを30cmほどの長い串に刺して、甘味噌を塗って囲炉裏で焼いたものである。昔は、サトイモは主食の代わりに食べることが多かったので、飽きのこないような調理形態として甘味噌にユズ、サンショウ、ネギなどを混ぜる工夫がされたらしい。

　海産物の入手の難しい地域では、川魚のヤマメ・イワナ・サンショウウ

オ・アユの串焼きを囲炉裏で作り、塩や味噌を塗って食べる。鹿・熊・山鳥の肉は味噌仕立ての鍋で食べる。昔は、山間部は塩が大切であったから、塩を入れて作った自家製の味噌は、保存食でもあると同時に大切な調味料であった。山間部では、保存食として「酢豆」を用意している。これは、大豆より大きく平たい鞍掛け豆や青肌豆といわれる豆を軽く茹でてから、酢・醤油・砂糖の液に一昼夜漬け込んだものである。酢の酢酸や醤油の塩分により煮豆の保存が可能となり、酒の肴・茶漬けに利用される。伝統的な調味料が、味付けだけでなく保存食の製造にも使われている例である。

### 知っておきたい郷土の調味料

## 醤油・味噌

- **栃木県の醤油・味噌の特徴** 栃木県の醤油・味噌の関係では、日光の「たまり醤油」は日光の「たまり漬け」に欠かせない材料となっている。ラッキョウやダイコンのたまり漬けがある。宇都宮で寛永2（1625）年に創業した青源味噌という会社は300数十年にわたり、とろりとしたくせのない天然醸造の白味噌を作り続けている。日光の味噌・醸造会社では「日光味噌」のブランドをつけたものもある。麹や大豆の粒を残した「つぶ味噌」、麹や大豆の粒を濾した「こし味噌」などもある。

  栃木県内の醤油・味噌の醸造会社には、醤油よりも、それぞれの会社特有の味噌を製造販売している傾向がみられる。
- **佐野ラーメンと醤油** 栃木県のご当地ラーメン「佐野ラーメン」は、町おこしとして佐野市にとっては重要な観光資源となっている。スープはコクのある醤油味が特徴とされている。スープのだしは鶏がらからとる店もあるし豚骨からとる店もある。透き通った醤油スープの店が多い。
- **益子焼と醤油さし** 栃木県の有名な陶器に益子焼がある。醤油と味噌の普及を兼ねて醤油メーカーと陶器の窯元が協力して醤油と醤油さしのコラボレーションにより互いに発展することを計画している。

## ソース

- **いもフライとソース** 佐野の人々が気軽に食べるものに、茹でたジャガイモを串にさし、衣をつけて揚げる「いもフライ」がある。これを美味

しく食べるには、店独特のソースか佐野市内の会社で作ったソースが欠かせない。製造会社やフライの店で特別な素材で作られているらしい。
- **佐野ニンニクソース** 「いもフライ」専用の佐野特産のソースである。生のニンニクをすり下ろし、地元産のタマネギ・トウガラシを入れて作ったソースである。とろりとした粘性があり、スパイスの辛味のきいた、甘味と酸味のバランスはよいが、複雑な味わいと深みのあるソースである。早川食品㈱だけが作っている。コロッケ、野菜炒めにも合う。

### 郷土料理と調味料

- **栃木納豆と調味料** 栃木県の那須町にはいろいろな納豆が販売されている。表面の白い「干し納豆」、弁当箱のような大きな容器に入れた「でか納豆」、納豆に麹を入れて塩でじっくり漬け込み、砂糖、みりんで味付けした「雪見漬け」がある。さらに、納豆をより美味しく食べるための「納豆のたれ」（あづま食品㈱）もある。
- **ラッキョウのたまり漬け** たまり漬けの「たまり」の原点は、鎌倉時代中期の慶長6（1254）年に宋から帰朝した禅僧・覚心が、紀州の湯浅で径山寺味噌を伝えたときに、桶に溜まった液体のことである。独特の香味のある調味料として使われている。栃木・茨城・群馬ではラッキョウ・ダイコン・キュウリ・ウリ・ナスの漬物に使われる。日光のラッキョウの溜り漬けは300年以上の伝統があり、香味とバリバリした食感がよい。
- **はっと汁** 水団、団子汁の一種である。ダイコン・ニンジン・ジャガイモ・サトイモ・キノコを煮込んだ中に小麦粉を熱湯で捏ねた団子を入れ、味噌で調味したもの。あまりにも美味しいので食べ過ぎはご法度という意味で「はっと汁」も名が付いたといわれている。
- **すむつかり** 鎌倉時代初期から関東一円で正月の料理としてつくられている。正月の残りのものの塩サケの頭、節分の炒り大豆の残り、鬼おろし器で粗くおろしたダイコン・ニンジン・油揚げ・昆布・酒粕を入れ、醤油・味噌・砂糖で調味して煮込んだもの。名の由来は、下野（しもつけ）の国の祝いの料理から、下野嘉例（しもかれい）の訛った説、酢をあけることもあるからという説がある。昔の料理としては栄養的なバランスのとれた料理である。

# 10 群馬

## 地域の特性

**▼前橋市の1世帯当たりの調味料の購入量の変化**

| 年　度 | 食塩（g） | 醤油（ml） | 味噌（g） | 酢（ml） |
|---|---|---|---|---|
| 1988 | 5,246 | 18,052 | 12,812 | 763 |
| 2000 | 3,492 | 9,782 | 6,825 | 2,351 |
| 2010 | 2,312 | 7,652 | 5,363 | 3,249 |

　群馬県は海をもたない内陸県で、大部分は太平洋式気候であるが、山間部は日本海側の気候の影響を受けるためか、特有の「空っ風」が舞うことで有名である。群馬県のコンニャクの生産量は、全国の約9割を占めていて、コンニャクの食べ方も工夫されている。家庭の味噌や醤油の購入量が他の県に比べてやや多いのはコンニャク料理と関係があるのではないかと思われる。

　館林は、現在の美智子皇后の実家である正田家の発祥の地である。正田家は醤油醸造会社という関係から、調味料の関係からは興味ある地域である。

　群馬県は平地が少なかったので、江戸時代から農地の開発が進められているが、稲作に適さなかったために、かつての群馬県の住民は、小麦が食生活の中心であった。館林うどん、水沢うどん、味噌饅頭、すすり団子、つみっこなど小麦粉を利用した郷土料理が多い。これらの小麦粉の麺類や饅頭、焼餅、団子は、味噌をつけるか、味噌仕立てか醤油仕立ての汁で食べるので、各家庭の醤油や味噌の購入量も多い。群馬県出身の人々は、うどんとキンピラという組み合わせで食べる。海の内陸地であるので海産物の入手が難しかったためにコイ・フナ・アユなどの川魚の利用が重要なたんぱく質源であった。保存食・行事食にフナの甘露煮・コイの飴煮をつくることから、調味料としての醤油・砂糖・みりんなどの購入量にも関係が

あると考えられる。

　上州焼餅は、コメの栽培の難しい山間部の小麦粉でつくった餅で、冷やし飯を混ぜることもある郷土食である。一つまみの重曹と味噌・ゴマを入れた小麦粉の生地で、塩味の餡を包み、ほうろくで焼いて作る。この焼餅だけでも、調味料として味噌・食塩が必要となる。味噌饅頭は味噌付け饅頭ともいい、味噌ダレ付きの串焼き団子である。古くから沼田地方に伝えられている饅頭の生地は、小麦粉に麹を入れて発酵させて作られている。ここでの麹は小麦粉の中のでんぷんの糖化と発酵に関与している。

　水沢うどんや館林うどんは、群馬の良質の小麦粉でつくる麺で、付け汁をつけて食べることが多いので、薬味となる香味野菜や具の山菜の天ぷらなどにも特徴がある。

## 知っておきたい郷土の調味料

## 醤油・味噌

　群馬県は関東を代表する利根川とその支流に潤されている。この水を利用した醤油・味噌などの醸造会社だけでなく、清酒やビールの製造会社も存在している。群馬県の醤油・味噌の醸造会社の協同組合には13社が所属し、群馬県内で日本の食文化としての醤油と味噌の伝承を守っている。

- **老舗の「正田醤油」**　美智子妃殿下の縁戚にあたる「正田醤油」は明治6（1673）年創業で、醤油をメインに、時代のニーズに合わせてスープ類、みりん風調味料、各種ソース、タレも製造・販売している。味のバランスのとれた「特級しょうゆ」は、伝統的味を保った本醸造醤油である。丸大豆しょうゆ、土佐しょうゆ、「つゆ類」も製造・販売している。
- **もろみ醤油**　群馬県の味噌・醤油醸造会社では新鮮な野菜の「もろみ漬け」用の「もろみ醤油」も製造・販売している。味噌・醤油の醸造メーカーの吾嬬味噌・醤油㈱は、味噌や醤油の製造工程の中で生産される「もろみ」を使ったダイコン・ゴボウなどのもろみ漬けを群馬県の土産品の一つとして製造販売している。
- **老舗の醤油**　創業天保3（1832）年の「有田屋」は、昔ながら天然醸造の方法で作っている「丸大豆醸造醤油」「再仕込みしょうゆ」「バター飯しょうゆ」などを製造販売している。有田屋は、群馬県の西部に位置し、

長野県軽井沢町とした接した地域に位置する。この地域は、江戸時代には中山道の宿場町として栄え、榛名山・妙義山・浅間山に囲まれ、これらの山々からの伏流水、秋田産の丸大豆、群馬県の小麦、オーストラリア産の原塩を使い、熟成期間は2～3年かけて仕上げている。

- **通販の醤油・味噌** 青唐辛子醤油がある。

## ソース

- **tonton汁・ソースカツ丼** 群馬県は養豚の盛んな県で、前橋市は豚肉を利用したtonton汁の名で町おこしをしている。豚肉の存在感のある「豚汁」や「麺料理」などが工夫されている。また、「ソースカツ丼」は豚肉のヒレ肉のカツに老舗のそば処などが秘伝のタレを添えて、前橋市の活性化に貢献している。豚カツ用のソースはそれぞれの麺類の店で作っている。豚汁や麺料理の味付けは醤油、味噌などで工夫されている。

## 食酢

- **ユズ醤油酢** 群馬県産のユズを使用したユズ醤油酢は、和風ドレッシングとして使われやすい。

## 蜂蜜（甘味料）・ジャム

- **絹子のケチャップ** 群馬県特産のハチで自然交配した「ぶんぶんトマト」を使用した「絹子のケチャップ」がある。完熟したトマトのサラリとした食感、爽やかな酸味と甘味を生かしたジャムである。オムレツには最も適したケチャップである。
- **特産の蜂蜜とその利用製品** 群馬県特産の蜂蜜を使ったアカシア蜂蜜、かりん蜂蜜漬け、ゆず蜂蜜、ゆずジャムなどがある。群馬県の吾妻川支流の須川渓谷一帯にアカシア（マメ科）が繁茂していて、6～7月には小花を房状につける。この花のつぼみを衣をつけて揚げる「アカシアの天ぷら」は、この地方の郷土料理である。アカシアが採れるのでアカシアを使った蜂蜜漬けが作られるのである。

### 郷土料理と調味料

- **フナの甘露煮** 群馬県内の利根川や渡良瀬川に生息する天然のフナを、

清水に数日間し飼育してドロを吐かせてから、即殺・血抜きしてから醤油・砂糖・みりんで調味し、3〜4日間をかけてじっくり煮上げる。飴煮ともいう。海のない群馬県では貴重なたんぱく質供給源と保存食になっている。コイもドロを吐かせてから、即殺・血抜きしてから筒切りにし、フナの甘露煮と同じように醤油・砂糖・みりんで調味してじっくり煮あげる。群馬県の名産には、水沢うどんがあるが、うどんのおかずとして食べる。醤油・砂糖・みりんは欠かせない調味料となっている。

- **水沢うどん・館林うどんのつゆと薬味** 群馬の人々の食事にはうどんは欠かせない。うどんを食べるときにはフナやコイの甘露煮、キンピラゴボウが添えられる。麺つゆは、だし入りの醤油仕立てのものが多い。薬味にシソの葉・ゴマを使い、季節によっては山ウド・山吹・その他の山菜の天ぷらが添えられる。

# 11 埼　玉

### 地域の特性

**▼浦和市の1世帯当たりの調味料の購入量の変化（2010年はさいたま市）**

| 年　度 | 食塩 (g) | 醤油 (ml) | 味噌 (g) | 酢 (ml) |
|---|---|---|---|---|
| 1988 | 3,299 | 13,325 | 11,686 | 2,169 |
| 2000 | 1,859 | 6,467 | 7,455 | 2,058 |
| 2010 | 1,163 | 5,368 | 6,708 | 3,253 |

　埼玉県は、海のない内陸県である。西に秩父山地があり、中央を荒川が流れていて、荒川沿いに秩父盆地が開けている。北の県境に利根川が西から東に流れている。江戸と京・大阪を結ぶ中山道は、埼玉の中央を南北に縦断し、県の北部は日光街道、西部は川越街道が通っている。これらの街道には多くの宿場が置かれ、往来する人によって宿場文化というものが生まれたといわれている。

　埼玉県の食の基盤は農業である。夏と冬は降水量が少なく、しばしば陸稲や野菜が旱害に見舞われる。江戸時代から新座地区は、ダイコン、ゴボウ、カブ、サトイモの栽培が盛んである。明治時代になるとレンコンとクワイの生産にも力を入れるようになった。かつては、埼玉の食を支えていたのは大麦を米に混ぜた「麦ご飯」であった。麦ご飯を中心とした日常食の中に、小麦粉を使ったうどんやすいとん（「つめっこ」とよんだ）が供された。お盆、祭りの日などのハレの日には白米も赤飯も利用されたが、小麦粉を使った饅頭やうどんが多かった。おやつの主役は、川越いもともいわれたサツマイモで、江戸中期から栽培されていて、天明の飢饉（1782〜87）のときには、非常に役立った食品であった。

　埼玉県の醤油や味噌の購入量は、関東の他の県の購入量に比べると少ないのは、醤油ベースのつゆで食べるうどんや、味噌を塗って食べる焼き饅頭などの利用が少ないからと推察する。

埼玉県の郷土料理の「おめん」は、手打ちうどんのことで、「煮込み」や「切り込み」で食べる。うどんはハレの日に食べ、群馬県のようにうどん食に執着していないようである。近年になって、東京のベッドタウンになり、東京のいろいろな国の料理が取り入れられていることも、醤油や味噌の購入量が少ない一因かもしれない。

　川越のサツマイモは、芋餅、芋団子、武蔵野焼き、芋煎餅、芋煎餅などいろいろに加工している。武蔵焼きとは、埼玉独特の芋の加工品である。生イモの中身をえぐりだした中に、栗・ギンナン・百合根・ムカゴ・マツタケなどを詰め、味噌・醤油で調味し、天火で焼いたものである。小麦粉の加工品でもサツマイモの加工品でも醤油や味噌の使用量はそれほど多くないのが、埼玉県の調味料の利用状況と考えられる。海がないから川魚が動物性たんぱく質源となる。古くから県庁所在地の浦和市（現在のさいたま市）の郊外の「大田窪地の鰻」は有名である。現在のように養殖ウナギが普及する前は、遠方からもこの地の天然ウナギを食べにきたそうである。蒲焼きのタレは秘伝のタレで通しているに違いない。

　秩父地方で栽培しているしゃく菜は、この地方では最盛期の1〜3月は各家庭で塩漬けにする。県庁所在地のさいたま市の1世帯当たりの食塩の購入量には反映しないが、この時期の食塩購入量は多いようである。1世帯でしゃく菜の漬物は、一度に約30kgほどをつくり、漬物はそのまま漬物として食べるなり、塩抜きして油炒めや白和えなどにも利用している。秩父地方のスーパーでは茹でた内臓（小腸）を発泡スチロールのトレイにのせ、包装して普段の食べ物のように売っている。各家庭では、味噌煮こみにして食べる習慣があるらしく、味噌の購入量も多くなると思われる。秩父の名物に、「豚肉の味噌漬け」があるので、食肉会社での味噌と味の調製に使う調味料の購入も多いと考えられる。

　調味料の種類や味付けの好みは、地域、個人によって千差万別である。地方を調べれば面白い食文化が形成されているかもしれないと信じるところである。

## 知っておきたい郷土の調味料

### 醤油・味噌

　埼玉県は荒川・利根川の2大水系に潤わされ、近県からの大豆、米の仕入れも便利だったこと、大消費地の江戸に近かったので、古くから醤油・味噌・清酒などの醸造の盛んなところであった。

- **埼玉県の醤油・味噌の特徴**　埼玉県には古くからの醤油醸造会社が多い。例えば、文政年代（1818〜30）に創業した合名会社・松本醤油商店（川越市）、寛政元（1789）年に創業した笛木醤油㈱本社（比企郡）、深井醤油㈱（所沢市）などがある。松本醤油商店は、蔵の中で日本古来の手法により発酵・熟成させた手作り醤油「初雁しょうゆ」、もろみの「初雁の里もろみ漬け」などを製造・販売している。笛木醤油は時代に合わせて「だし醤油」を作り、深井醤油は醤油（本むらさき）のほかにたまり漬け、だし醤油（昆布だし入り）を製造・販売している。栄徳屋（秩父郡）は、大豆・米・麹だけの手作り味噌を製造・販売している。秩父の水を使ったこだわり味噌に「秩父みそ」（新井武平商店）とご当地の名を入れた味噌もある。

### たれ・ソース

- **焼き鳥のたれ**　埼玉県東松山市は、関東地区では焼き鳥（焼き豚）の店が多いことで有名である。そのために店独特のタレの種類は多い。調味料会社も特製焼き鳥用タレを開発している。東松山市の焼き鳥の特徴は、かしら（豚の頭部の肉）をみそダレで食べるのが東松山流食べ方のようである。各店や消費者の意見を参考にしてつくられたのが、「ひびき」製「秘伝みそだれ」である。原料は味噌・砂糖・醤油・日本酒・ニンニク・ショウガ・トウガラシ・ゴマ・うま味調味料であり、ニンニクの香りと舌先で感じるトウガラシの辛さ、ゴマの豊かな香が特徴の味噌だれである。焼き鳥だけでなく、生野菜のスティックにつけてもよい。
- **みそだれ**　自宅での焼き鳥、焼肉、野菜炒めラーメン、漬物の調味料として販売されている（市川商事）。
- **たまごかけご飯のたれ**　たまごかけご飯用に開発されたタレ（金笛醤油

製の醬油系のタレ）である。

## 香辛料

- **柚子コショウ**　柚子コショウの生産地の有名なのは大分県であるが、近年、各地で柚子コショウやかんきつ類とコショウを混ぜた香辛料の種類が増えた。埼玉県でも、地元の柚子と青トウガラシ、塩を練り合わせた香辛料を「ゆずこしょう」の名で販売している。鍋物、湯豆腐、冷奴、漬物の香辛料に適している（越生特産物加工研究所）。

## だし

- **干ししいたけ**　埼玉県は古くからシイタケの栽培で知られている県である。平成23（2011）年3月11日の東日本大震災に伴う東京電力の福島第一原子力発電所の事故による放射性物質の飛散は、埼玉県の野地栽培のシイタケの放射線量が基準値より高くなり一時は出荷ができなくなったこともあった。近頃は放射線量も減少し、だし用の乾燥シイタケも流通するようになっている。埼玉県のスライスした乾燥シイタケは、だしを取りやすくなっている。

### 郷土料理と調味料

- **イノシシ鍋**　牡丹鍋、しし鍋ともいわれている。秩父山系にはクマ・シカ・イノシシが生息している。イノシシの肉は味噌仕立てのなべ料理や味噌漬けは秩父盆地の郷土料理となっている。肉には野生動物の特有の臭みがあるので、赤味噌で臭みを緩和して食べるのがよい。肉には寄生虫がいるので、生食は禁止である。山間部の開発により、山にはイノシシやシカ、クマなどの餌がなくなり、畑の野菜、果物などが荒らされている地域は、神奈川県の丹沢山系、静岡県の伊豆・天城、兵庫県の丹波篠山などその他各地にみられている。

# 12 千葉

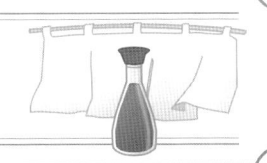

## 地域の特性

▼千葉市の1世帯当たりの調味料の購入量の変化

| 年　度 | 食塩 (g) | 醤油 (ml) | 味噌 (g) | 酢 (ml) |
|---|---|---|---|---|
| 1988 | 3,652 | 14,837 | 12,907 | 2,423 |
| 2000 | 2,279 | 8,186 | 7,456 | 2,064 |
| 2010 | 2,495 | 7,062 | 6,945 | 3,592 |

　千葉県は、江戸時代から関東地方における醤油の生産地として有名である。なかでも野田地域と銚子地域は代表的生産地である。醤油づくりに必要な気候、原料、消費地に十分な水・土・環境であったことが、醤油の醸造が発達したといわれている。年間の気候が一定して湿度も高く麹カビの生育に適していること、醤油の原料である大豆や小麦の栽培にも適していること、醤油づくりに必要な食塩は、かつては江戸前の行徳塩の入手が容易であり、さらに関西で作った食塩は海路や利根川や江戸川の水路を経由して届くという交通の便利であること、出来上がった醤油は利根川、江戸川の高瀬舟で消費都市の江戸（現在の東京）へ運ぶことができた。

　16世紀頃、野田で作り始めた醤油が、江戸へ運ばれたことは、江戸の料理の味付けや江戸の人々の味覚に大きな影響を及ぼした。兵庫県や和歌山県の醤づくりの影響を受けている銚子の醤油も野田とともに江戸に進出し、江戸の味覚に影響を与えた。

　千葉県は、地形的には房総半島が注目される。房総半島の沖は黒潮が寄せる日本屈指の好漁場に恵まれ、イワシ・サンマ・サバ・カツオなど海の幸を生み出している。利根川流域は水田が拓け、北総の台地には麦・落花生・サツマイモなどの栽培が盛んである。これらの食材を利用した郷土料理は多い。南房総市には近海のクジラを対象とした小規模な捕鯨基地がある。南房総の郷土食の「クジラのたれ」は、江戸時代に房総沖で捕獲され

たクジラの保存食として開発されたものであった。ツチクジラの赤身を薄くスライスし、醤油・みりんに漬け込み、干し板に並べて天日乾燥したものである。醤油の産地である銚子に近い地域であるからできた郷土食と思われる。

九十九里浜一帯は、イワシ料理が発達している。「いわしのさんが」「いわしのすり身汁」のような漁師料理には、味付けや汁の調味に醤油は必要であるが、ショウガ、ネギのような香辛野菜も必要となる。「さんが」には、生臭みを緩和するために香辛野菜のほか、味噌を加えている。千葉市の1世帯当たりの醤油や味噌の購入量が、埼玉県に比べるとやや多いのは魚介類を食べる機会が多く、その時に調味料として醤油や味噌を使うからとも思われる。

流山地区では江戸時代からみりんの製造が盛んである。みりんは焼酎に、蒸したもち米と麹を混ぜて糖化させて作る。蒲焼き、照り焼き、甘露煮、みりん干しには欠かせない調味料である。

## 知っておきたい郷土の調味料

### 醤油・味噌

千葉県が醤油の生産地となったのは、江戸時代初期に紀州の湯浅（今でも「湯浅醤油」は醤油の発祥地として知られている）から漁船で銚子に醤油が運ばれたことによると伝えられている。

- **千葉県の醤油・味噌の特徴**　銚子は気候温暖で醤油の原料の大豆・米・行徳塩の生産に適していること、麹の発酵作用に適した温度であるなど、醤油づくりのための立地条件が醤油に適していた。醤油工場は利根川に近いところにつくられたので、大消費地の江戸へ醤油を船で運ぶのに便利であった。野田の地域で醤油づくりが始められたのは、永禄元（1558）年であった。野田での本格的な醤油醸造は、寛永元（1624）年に、高梨兵左衛門が始めたといわれている。天明年間（1781～89）になると、高梨、茂木、その他の人々が集まって、醤油の生産が軌道にのり、江戸の需要に応じられるようになった。当時の醤油醸造家の高梨兵左衛門（キッコーマン）、茂木七左衛門（キッコーマン）、茂木左平治（キッコーマン）、第6代茂木七郎右衛門（野田醤油初代社長）、第2代茂木啓三郎（飯

田勝治）たちは、江戸の人口増加とともに野田の醤油醸造を拡大し醤油が幕府御用達の指定を受けるほどに活躍した。後に、醤油醸造のほかに味噌醸造も始めた。明治20（1887）年に野田醤油組合が結成され、大正6（1917）年には茂木一族と高梨一族の8家合同による「野田醤油株式会社」が設立された。

野田の醤油は、濃口醤油とし関東各地を中心に普及していく。濃口醤油が普及した一因として、江戸の料理は醤油と砂糖で調味できる万能調味料の効能があったことがあげられている。兵庫県龍野を中心に発達した淡口醤油は野菜のうま味や色を生かす関西料理には適していた。野田・銚子の濃口醤油は千葉県独特の醤油として全国的に認められている。

- **県内の醤油・味噌会社**　千葉県には醤油・味噌の知名度のある会社が多い。キッコーマン、ヒゲタ（元和2［1616］年）、ヤマサ、キノエネ、宮醤油店（天保5［1834］年）、宝醤油などがある。小説やNHKの朝のドラマでとりあげられた「澪つくし」は、大きい会社ではないが、大豆・小麦・塩水の配合により、伝統的仕込み法で作り、「澪つくし醤油　入正醤油」の名で販売している。露崎農園（露崎糀店、袖ヶ浦）は、君津産の米や大豆を原料とし、自家製糀を使って「手作り長熟味噌」を提供している。藤巻商店（印西市）は江戸時代から味噌を製造・販売していて、「こうじやの手作り味噌」「三五八漬け用味噌」を作っている。平甚酒店（香取郡）は味噌（田舎味噌）のほか奈良漬け用も製造している。窪田味噌醤油は「田舎みそ」「米こうじ味噌」の商品名で販売している。

## みりん

- **流山のみりん（白みりん）**　利根川の水運を利用して発達した野田・銚子の醤油とともに、流山のみりんも発達した。利根川の流域の会社や住民は、穀物や塩などの原料の集荷や江戸への物質の出荷に便利であった。穀物を利用したものとして清酒・みりんも発達した。江戸時代のみりんは調味料としてよりも甘い酒として飲用されていた。

みりんは焼酎に蒸したもち米と麹を混ぜて糖化させ、上澄み液をろ過して作る。料理に使われるようになったのは、明治時代後期であった。醸造家が澄んだ「白みりん」の醸造に成功した。関西のみりんは赤色系であったので、千葉の特産品ともなった。みりんは、正月の屠蘇や白酒

に用いられた。料理には甘味や光沢をつけるのに、現在でも使われている。

## たれ・ソース

- **たれに欠かせないみりん**　みりんは日本料理の蒲焼き甘露煮、焼き鳥や焼肉には、甘味料としてあるいは照りをだすために欠かせない調味料である。
- **液体調味料**　流山市にある味泉（あじせん）という会社は、オーダーにより作る「ひしおみそ」、「デミグラソース」「カルビのたれ」「チリソース」「トマトガーリックソース」などを作っている。
- **ひしお**　銚子の名産品。大豆、小麦、麹、塩を混ぜて3年間発酵。つぶつぶが残っている。グルタミン酸が多い。そのままご飯のおかずにしても美味しい。マヨネーズやオリーブ油とまぜると、揚げ物やサラダのたれ（万能だれ）になる。

## だし

千葉県は漁業基地が多く、サバ・サンマ・イワシ・アジなどの回遊魚などのほかに沿岸の魚、底魚の魚が水揚げされ、新鮮な魚介類料理および魚介類加工の材料には不自由しない。

- **関東の麺つゆとサバ節**　房総半島は魚介類加工場の多いところである。かつて、紀州から移ってきた漁民によりカツオ節の作り方を伝授されたと思われるが、鹿児島、四国、紀伊、静岡の漁港に水揚げされるカツオに比べると脂質含有量が多いので、節類の原料には適しなかったと推測している。カツオ節の原料となるカツオは脂質含有量が少ないほうが製造中や保存中に節の脂質の酸化が起こらなく、良質の節ができる。房総は、大消費地江戸（東京）に近く、利根川を利用できるので、地理的には物流の便利な地域であった。関東の麺つゆは、醤油・砂糖で調味するのでだしの味も調味料に負けないものでなければならなかった。房総沖で漁獲されたゴマサバは脂質含有量が少なく、煮熟・くん煙・乾燥・カビ付けの工程を経ることにより、サバのうま味の多いサバ節ができる。

関東のそば店の麺つゆの作り方は、カツオ節やサバ節を長時間煮込んで得ただしを使う。関東の麺つゆは節類の風味よりもうま味のあるもの

に仕上げた。かつては、房総地区ではサバ節を作る工場があったが、現在は非常に少なくなっている。南房総市の千倉町、館山市、鴨川市で千葉ブランドの「房州産鰹節鯖」として製造・販売している。また、サバ節は削り節の「花カツオ」になるか、醤油会社が作る「だし醤油」「麺つゆ」の原料として利用されている。

## 食用油

- **芳香落花生油**　焙煎した落花生を搾って調製した香り高い油。ピーナッツから想像するこってり感はなく、サラリとして芳香がある。焼きナス、揚げ物のドレッシングによい（サミット製油）。
- **ごま油のラー油**　創業350余年の老舗製油メーカーの製品。ゴマ油をベースにしたラー油で、すりゴマ、トウガラシ、桂皮など8種類の香辛料が入っている。生シラス、ワカメのサラダの調味料として適している。

### 郷土料理と調味料

- **クジラのたれ**　この「タレ」は焼肉や焼き鳥にかけるタレとは違い、ツチクジラの赤身を薄く切り、醤油・みりんの漬け込み液で漬け込んでから乾燥したもの。房総沖で漁獲されるツチクジラは、千倉の魚市場で解体され、小さなブロックにして食品工場、料理店や家庭に販売し、各自が独自の手法で作る。南房総市、館山市地区の保存食である。
- **イワシのさんが**　銚子を中心として九十九里浜地区はイワシの水揚げが多い。この辺りの漁師料理の「イワシのさんが」は、イワシを丸ごとたたき、シソ・ショウガ・ネギ・砂糖・味噌を混ぜて、アワビの貝殻に詰め、経木に挟んだりして焼く。弾力と味噌の香ばしさが楽しめる郷土料理の一つである。

# 13 東京

## 地域の特性

▼東京都の1世帯当たりの調味料の購入量の変化

| 年　度 | 食塩 (g) | 醤油 (ml) | 味噌 (g) | 酢 (ml) |
|---|---|---|---|---|
| 1988 | 3,462 | 14,269 | 12,785 | 2,382 |
| 2000 | 1,869 | 3,443 | 7,447 | 2,096 |
| 2010 | 1,730 | 6,032 | 5,155 | 2,007 |

　東京の食文化に注目するとき、江戸前といわれる、現在の東京湾で漁獲された魚介類の料理があげられる。東京湾は房総半島と三浦海岸に囲まれた浅瀬で、さらに隅田川、多摩川、荒川、中川、江戸川から魚介類の豊富な餌が流れ込むところであるから、魚介類の宝庫であり、江戸前の魚介類は美味しいとの評判であった。東京の都市化が進むにしたがい東京湾は生活排水や工場からの排水、東京湾を航行する船からの排水や燃料により海底も水域も汚染され、海産生物が生息できなくなるまでに汚れてしまった。最近になって海底や水域の浄化が進み少しは江戸前の魚介類が生息するようになったが、江戸っ子が自慢するまでには至っていない。

　代表的な江戸前の魚介類の料理は、すし、天ぷらがある。すしに使う調味料は食塩、食酢、醤油があり、天ぷらに使う調味料として、つけ汁には醤油、だしを使い、天ぷらを揚げるには植物油を使う。最近の天ぷら店では塩をつけて食べることをすすめる店もある。

　東京風の佃煮は、アサリ・ハマグリ・シジミ・ハゼ・小エビ・小ブナ・イカナゴ・シラウオなどの小形の魚介類を、醤油・みりん・砂糖などの調味料で煮詰めてつくるので、調味料がなければ長期間の保存ができる佃煮が誕生しなかったといえよう。佃煮の味付けは、時代とともに変化し、店によって特徴ある味付けとなっている。東京惣菜や弁当の味付け醤油の味が強調されているのは、汗を流して働く江戸時代の職人向けの味付けの名

残であると思われる。古くから日本橋や築地で営業している料理店の弁当の味付けは、醤油の味付けの名残のあるものに出会うことがある。江戸の佃煮の原形は、漁師たちが徳川家康に献上して余った雑魚の塩煮を、試みに売り出しところ、保存食になると評判であったことから、後に醤油味の佃煮になったといわれている。

東京のお好み焼きのルーツは、昭和6～7（1931～32）年頃に東京の花柳界で評判であった「ドンドン焼き」といわれている。昭和6～7年頃以降はそれほど普及しなかったようである。本格的に普及したのは第二次世界大戦後の昭和24～25（1949～50）年頃から米不足の代用食として小麦粉の食べ物としてお好み焼きが復活し、昭和30年代になってさまざまな家族の間や友達の間で盛んになった。お好み焼きの美味しさは、ソースが決め手のことが多い。

さまざまな流動性を示すソースが出回るようになったのは、東京で流行ったお好み焼き、豚カツを洋風スタイルで食べさせようとして考案されたとも考えられる。カレーライスにソースをかけて食べるスタイルも第二次世界大戦後の食料不足の時代であった。

## 知っておきたい郷土の調味料

## 醤油・味噌

東京都区内には、大豆やコメの栽培や醸造に適した水の確保が難しく、東京都内の醤油や味噌を作る蔵は多摩地区に集中している。また、製塩は島嶼地区に集中している。東京も明治時代の頃は荒川、江戸川、中川、綾瀬川、多摩川なその河川を利用した田畑もあり、地下水を利用した清酒、醤油、味噌などの醸造場もあった。東京で生活している人々は、ほとんどが東京以外から上京している。東京にある会社もその本社だけは東京あるいはその近郊にある。食品表示で本社の所在地が東京でも、製造場所が東京近郊や地方にある場合が多い。

- **東京都の醤油・味噌の特徴** 現在、東京の醤油・味噌のメーカーは都区内に存在している会社もある。宝醤油（本社は中央区、工場は銚子）、佐野味噌（江東区）、ログハウス味噌（足立区）、大塚青木商店（豊島区）、宮坂醸造（中野区）、ちくま味噌（江東区）、郡司味噌漬物（台東区）、

やままん明治屋醤油（江東区）などがあるが、所在地がビルの場合もあるので、製造場所は都区内ではないことも推測できる。

　これらの醸造会社は、手作りを強調していることが多い。立川市の北島こうじ店は、米糀の製造販売の専門店である。北海道の大粒大豆、赤穂の天塩、自家製の米麹を使って「手作り「米こうじ味噌」」を製造・販売している。都区内にある醸造会社も伝統的な味噌づくりを手作りで行っているところが多い。㈱ちくまは、元禄元年の創業で300余年にわたり伝統的手法で「ちくま味噌」を製造・販売している。醤油については、千葉県の大手企業の製品のシェアが広いためか、都区内の醸造会社は醤油よりも味噌に力を入れている。また、この会社は「こぶだし（赤）」というみそ汁向きの味噌の製造・販売をしている。

①あぶまた江戸甘味噌は江戸時代から愛好されている味噌。塩分濃度は通常の辛口味噌の半分である（中野区の㈱あぶまた味噌）。

②かねじょう江戸味噌は光沢のある茶褐色で、大豆の香りと糀の甘味の調和のとれた味噌（神田の日本味噌㈱）。

③金紋江戸みそは麹をたっぷり使い、高温で熟成させた味噌（港区海岸の㈱日出味噌醸造元）。

④キッコーゴ丸大豆醤油は明治41年創業の会社で、奥多摩の伏流水を使って醤油を醸造している（あきる野市の近藤醸造㈱）。

● **だし醤油**　こぶだし、カツオ節だしを入れため「だし入り醤油」は醸造の大手企業やだしメーカーが製造・販売している。カツオ節の老舗の「にんべん」（日本橋）は、元禄時代に創業してから300年以上、だしの材料であるカツオ節の製造・販売している。だし入り醤油とし「つゆの素」を製造販売を始めた。それ以来、企業体の大小の区別なくいろいろな会社で「だし入り醤油」を製造・販売を始めている。

　現在、万能調味料が各料理店や料理研究家の肩書きのある人が開発し普及しているが、「だし入り醤油」「めんつゆ」は万能調味料の前身といえる。その後、動物の内臓、植物性たんぱく質の分解物、カツオ節やサバ節の抽出物に由来するうま味物質の濃縮物や乾燥物が「だしの素」という形で手軽に利用できる「だし」が開発されている。だし入り醤油やだしの素の製造は、都区内では難しいので都区内以外の工場で行い、都区内の会社が販売を担当しているケースが多い。

カツオ節のだしの主な主成分がイノシン酸、昆布のだしの主な成分がグルタミン酸、干ししいたけの主なうま味成分はグアニル酸であることが明らかになっていることから、だし入り醬油やだしの素の原料はカツオ節、昆布、干ししいたけのような高価な食材の代わりに、安く手に入る食材からうま味成分を抽出して利用している場合が多い。

## 食塩

- **製塩は島嶼で** 東京都に属する伊豆七島で製塩している。外洋の海水を汲み上げて、平釜で煮詰めるので適量の苦汁や水分が存在し、イオン交換膜法による「塩事業センター」のものに比べるとうま味もある。
  ① 小笠原の塩　小笠原の二見湾の南側は珊瑚礁があり海洋は透明感がある。その周辺の潮流から汲み上げた海水を加熱して作る。
  ② ひんぎゃの塩　青ヶ島の沖合いの黒潮から海水を汲み上げ、平釜で15日間かけてゆっくりと火山の地熱で加熱し、蒸発させて塩の結晶を調製する（青ヶ島村の青島村製塩事業所）。
  ③ ピュアポニンソルト　小笠原諸島の周辺の外洋の海水を汲み取り、火力で時間をかけて煮詰めて、塩の結晶を調製する。
  ④ 海の精あらしお、海の精やきしおなど　伊豆大島の沖合の黒潮を汲み上げて伝統的製塩法で作り出したものである（本社は海の精㈱）。海の精ハーブソルト、海の精ペッパーソルトもある。微量の苦汁成分が甘味のある塩辛さを感じさせる。
  ⑤ しお・海の馨　伊豆大島の地下200数メートルから汲み上げた地下塩を含む深層水を30時間以上ゆっくりと煮詰め、乾燥、結晶させた塩である（大島町の㈲阪本海水研究所）。
  ⑥ 深層海塩ハマネ　伊豆大島周辺の海域の地下300mの深さから海洋深層水を汲み上げて製塩したもの（大島町の深層海塩㈱）。
- **塩の利用**　塩は味付けや漬物に欠かせないが、最近出店が多くなった駅構内のスープ専門店では、塩スープも用意している。日本の国民食となったラーメンには、「塩ラーメン」がある。塩味ラーメンのつゆに使われる。
- **東京駅のラーメンストリートと塩**　東京駅八重洲口の改札口を出ると、商店街が目に留まる。東京駅のラーメンストリートにはスープの味付け

に塩を専門に取り扱う塩専門店がある。

## ソース・たれ・食酢・その他

都内には都区内または周辺の大手食品会社が開発した焼肉「たれ類」をはじめとし、各種のタレやソース、ドレッシングが流通している。量販店にはあまり出ていないソースを紹介する。

- **生ソース（ウスタータイプ・中濃タイプ）** 東京ソース工業組合と東京都立食品技術センターが共同で開発したソースである（葛飾区の東京都ソース工業協同組合）。
- **生ソース（ウスター・中濃・濃厚）** 熱を加えずに生の野菜を酵素で分解し、熟成させたソースである（北区滝野川のトキハソース㈱）。
- **真黒酢** 中国に古くから伝わる固体発酵法により熟成度が高く、濃いうま味のある黒色の食酢で、全国的に貴重な酢である。食酢の香りは弱く、ほんのりと甘味がある。原料は玄米と小麦で、酢酸菌で発酵熟成させてつくる。揚げ物のタレ、イワシの甘辛煮の調味液として使う。魚の生臭みが緩和される（江東区・横井醸造工業㈱製）。
- **炒り酒** 日本酒に梅干しと花カツオ（削り節）を入れて、ゆっくり加熱し、煮詰めたもので、江戸の住民には欠かせない調味料であり、最近、復活した。塩の含有量は醤油より少なく、素材の味を生かし、まろやかなうま味がある。

## だし

- **ダシ一筋の「にんべん」** 東京でカツオ節を専門で販売しているのは、日本橋の「にんべん」である。日本橋三越の近くにある会社であるが、最近は日本橋三越の前の「COREDO室町」という商業施設と会社のあるビルディングで営業している。ここでの営業を開始と同時に、有料でだしスープを飲ませるドリンクバーを設け、だしの美味しさのPRも行ったら、独自の店を構えて営業していたときよりも繁盛するようになった。

「にんべん」は元禄12（1699）年に江戸の中心地の日本橋で鰹節や乾物の商いを始めた。それ以来、300年以上も鰹節を中心に日本の味を伝えてきた。鰹節や昆布などだしの材料は、東京では築地魚市場という銀

座に近いところで買うことができるが、一般の消費者が築地魚市場にだしの材料だけを買い求めにでかけるには、何となく遠慮してしまう。そこで、日本橋や銀座にでかけた時に、専門店の「にんべん」で品質の良い鰹節や昆布などだしの材料を買う人が増えている。「にんべん」は鰹節の製造する工場をもっていないが、産地の生産者との間の信用と品質を選ぶ長い経験から、「にんべん」は品質のよい「本枯鰹節」を選び販売し、江戸の食文化の伝承に貢献してきている。便利性を求める最近の食卓事情に合わせ、「削り節」「麺つゆ」「だし醤油」のほか、「厚切り鰹節」「シート状の鰹節」なども開発・販売している。

## 食用油

大島の椿はよく知られており、大島の土産品として化粧品向き、食用向きの椿油を製造販売している。
- **食用つばき油**　小さな利島も、椿油の生産量が多い。椿油を食用油に調製したもので、料理にも使われる（東京島しょ農業協同組合利島店）。

### 郷土料理と調味料

東京都内のデパートの食品売り場にある調味料コーナーには、日本中の調味料が用意されている。もちろん、外国産の調味料も用意されている。
- **東京の佃煮**　佃島の佃煮は東京の名産の一つである文久2（1862）年に、日本橋室町の鮒屋佐吉が魚介類を醤油で煮詰めたものが最初であると伝えられている。健康のために食塩の摂りすぎないようにしている現代でも、昔ながらの醤油の味を強調した塩辛く色の濃い佃煮をつくっている会社もある。保存食として発展した佃煮は、お茶うけ、酒の肴に合うように調味されたものが多くなった。

# 14 神奈川

## 地域の特性

### ▼横浜市の1世帯当たりの調味料の購入量の変化

| 年　度 | 食塩（g） | 醤油（ml） | 味噌（g） | 酢（ml） |
|---|---|---|---|---|
| 1988 | 3,979 | 14,920 | 12,251 | 2,482 |
| 2000 | 2,353 | 8,417 | 7,981 | 2,558 |
| 2010 | 1,380 | 4,902 | 4,830 | 3,602 |

　安政6（1859）年、日本の玄関口として外国にその門戸を開放した横浜は、神奈川県の中心地として発展してきた。江戸時代まで半農半漁の横浜は、外国からの公使・領事らの居留地であったことから、中国人をはじめとする外国人が住むようになった。中国人の居留地には中華街があり、横浜の日本人の食事内容にも影響を及ぼすようになった。文明開化を意味する牛鍋も横浜で生まれた。明治2（1869）年には西洋人のための西洋割烹が誕生している。このような食生活の変化は、日本独特の調味料の醤油や味噌のほかの調味料も普及したと推定される。

　神奈川県の伝統的な食品には、小田原の蒲鉾、曽我の梅などがある。蒲鉾をつくるには魚肉に塩を加えて摺ることにより魚肉は糊状になる。これを加熱して固めたのが蒲鉾である。梅は梅干しに加工し、立派なお土産となっている。梅干しをつくるにも大量の塩を要する。小田原の目立たない名物の「いかの塩辛」も塩を必要とする。このように塩の消費量の面や、海水からの製塩のためには地の利などからか、かつては小田原に製塩工場があった。横浜市の1世帯当たりの食塩・醤油・味噌・酢の購入量は、東京と同じ傾向がみられる。これは都市生活者の傾向なのかもしれない。食塩が含まれている調味料の購入量が少なくなっているのは、他県とも同じ傾向である。

　文久2（1862）年に、横浜に最初の牛鍋屋が現れた。伊勢熊という居酒

屋で、牛肉の煮込みを始めたところ大盛況であったと伝えられている。調味料の面では、醤油ベースの味付けをしたと考えられる。明治元年に横浜で本格的な牛鍋を始め、現在も盛況な老舗の「太田なわのれん」の牛鍋は味噌仕立てである。丹沢の麓の温泉地の名物にはイノシシ鍋（牡丹鍋）がある。イノシシの獣臭さを緩和するには味噌仕立てがよいので、この牡丹鍋は味噌ダレで煮込む鍋である。

　鎌倉は寺院の街として知られている。寺院の精進料理をイメージする。仏教での精進とは、美食を戒め素食をし、悪行を去り善行を修めることであるという。そのために、魚介類・肉類は取り入れずに、穀類・野菜・海藻だけの料理をつくり、精進入りをするという非常に質素な食事である。この質素な食材を美味しく食べるのに工夫したのが「だし」である。海藻のだし、野菜のだしを上手に生かしたのが精進料理であり、その工夫は寺院の料理役の典座（てんぞ）である。かつては、鎌倉の海で漁獲した魚介類は江戸へ運んだ・その残りの魚介類を酢・砂糖・みりん・酒で調味し、漬け込んだ「鎌倉漬け」があった。

## 知っておきたい郷土の調味料

### 醤油・味噌

　神奈川県に酒の醸造の蔵元が10軒もあるのは、相模川、中津川の上流や中流があり、発酵に必要な水が潤沢であるからと思われる。このことは、神奈川県内の醤油・味噌などに使われる麹の酵素作用にもよい影響となっていたに違いない。酒の蔵元は、丹沢山麓など神奈川県の西部に集中している。醤油・味噌の醸造場は横浜市内だけでなく、相模原、小田原、厚木、清川村などに集中している。

- **古くからの横浜醤油**　神奈川県には丹沢山系の湧水の恩恵を受けた醤油蔵や味噌蔵は多い。神奈川県内には、醤油醸造会社は13社がある。横浜港に近い神奈川区には横浜醤油㈱があり、古くからの伝統を守って製造しているほか、時代の流れに沿って醤油をベースにした食べる調味料も製造販売している。醤油づくりは丹沢山系に由来する水でなくても醤油づくりができるようである。茅ヶ崎市の熊沢醸造は、古くから地ビール、清酒を醸造し、地元に密着して発展してきている。海に近い葉山町

でも葉山商店が醤油を作っている。
- **味噌づくりも横浜市内に**　神奈川県内には、味噌蔵は10社がある。横浜市内の味噌蔵は4社であり、ほとんどの味噌蔵は厚木、相模原、伊勢原など西部の山間部に集中している。神奈川区の合資会社小泉糀屋は自社の糀を使った甘味のバランスのよい味噌を「横浜こうじ味噌」のブランドで販売している。工場が神奈川区（本社は品川区）の日本味噌㈱は、創業明治14（1881）年で、赤系または白系の「江戸甘味噌」、粕漬けの漬け床の味噌・粕なども製造している。

## たれ・ソース

- **神奈川県のソース・たれ**　神奈川県内の食品会社も料理店もそれぞれが独自にソースを開発している。ハンバーグ類の肉料理のたれ、トウガラシを入れた辛味のソースやたれ、パスタに合うトマトソースなど多彩である。また、既製のサラダドレッシングも会社やデパートへ出店している店でも開発している。
- **薬膳ソース**　鎌倉市の三留商店が中国の医食同源に基づいたソースである。ソースの原料には、野菜・果実トマト・リンゴ・醸造酢・砂糖・食塩・香辛料（ハッカク・桂皮・ローレル・タイム・ウコン・タイソウなど）が含まれている。コクと甘味が口中に残り、後味がさっぱりしてキレがある。フライものに合う。

## 食塩

かつて、小田原には現在の塩事業センター（旧専売公社）の製塩場とその研究所があった。国の組織改善や製塩事業の民営化に伴い廃止された。小田原の沖から汲んできた海水を煮熟して水分を蒸発させてから、塩の結晶を調製した。

- **鎌倉の塩**　小規模な手作りの塩である。鎌倉市大船の山間部に住んでいる五十嵐という方が、定年後、鎌倉市の小坪（相模湾で漁獲された魚介類の水揚げ漁港がある）の水産会社が水揚げした魚の生け簀用に汲み上げてくる海水を分けてもらって、家庭で手作りした食塩。使用する海水は、小坪の漁港から200m沖の水深5mの位置で水揚げしたものである。
- **鎌倉山のシェフの塩**　鎌倉市の「鎌倉山」という料理店のローストビー

フは人気の料理である。ローストビーフは、調味料は塩かシンプルなソース（おろしショウガを添える）で賞味する。食塩のようにシンプルな調味料で食べるのがベストな食べ方である。そのために、牛肉のうま味を引き出す食塩にこだわるシェフは多い。鎌倉山のローストビーフ用の食塩は、鎌倉山のシェフと沖縄の㈱青い海と共同で開発した食塩である。食塩の粒子はやや大きく、サラサラしていて美味しい。牛肉のステーキやローストビーフは、普通の塩に比べてやや大きめの粒の塩を肉の上にのせて、塩が馴染んだタイミングで食べるのが、牛肉を美味しく食べる方法である。

### 郷土料理と調味料

- **蒲鉾と塩**　蒲鉾は魚のすり身を加熱し、弾力性のある食品となったものである。すり身は、細かくした魚肉に食塩を加えて摺ると、魚肉たんぱく質が糊状になる。魚肉に食塩を加えて摺っている間にたんぱく質のミオシンやアクトミオシンが糊状になるのである。これによって加熱すると糊状のたんぱく質は、網目構造を形成するので弾力性が発現して蒲鉾となる。
- **梅干しと塩**　小田原の梅干しは、梅の果実を塩漬けし、乾燥を繰り返してつくる。特有の酸味はクエン酸やリンゴ酸である。梅干しの塩分濃度が高いので、食べ過ぎは塩分の摂り過ぎとなり、健康に悪影響を及ぼすといわれ、最近は塩分濃度は少なくなっている。

# 15 新　　潟

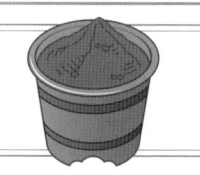

## 地域の特性

▼新潟市の1世帯当たりの調味料の購入量の変化

| 年　度 | 食塩 (g) | 醤油 (ml) | 味噌 (g) | 酢 (ml) |
|---|---|---|---|---|
| 1988 | 6,500 | 16,460 | 13,283 | 1,983 |
| 2000 | 3,866 | 8,244 | 10,008 | 2,100 |
| 2010 | 1,380 | 4,902 | 4,830 | 3,602 |

　新潟の名物には、村上市の「塩引き鮭」である。正月に出回る塩引き鮭は、江戸時代から村上藩の収入源になっていた。12月上旬に村上の三面川を遡上するサケは、体の栄養分は生殖のために卵や精子に移行しているので、海で生活している体と違って、脂肪分がなくなっている。このサケの体の表面と内臓を除いた腹部に食塩をたっぷりすり込み、ムシロに包んで塩漬けし、1週間後に水洗いし、再び塩をまぶして塩漬けし、再び水洗いする。これを繰り返して、最後に尾を上にして屋内に吊るし、乾燥と熟成を行う。塩の使用量はサケ4kgに対して容量で1ℓほどであった。上記の表でも明らかなように、新潟市の1世帯当たりの食塩の購入量は、食生活の多様化や健康志向により1988年から2010年の22年の間に約4分の1に減少している。この傾向は、新潟県全体にみられる。名産の塩引き鮭の塩味にも影響し、甘塩の傾向がみられている。現在の村上の塩引き鮭は塩味は少なく、うま味がある。スーパーで見かける塩ザケに比べると美味しさに違いがあるが、高価である。

　新潟県は、世界でも有数の雪国である。雪国の冬の野菜類は、春から秋の間に収穫した野菜や山菜の漬物であった。かつては、冬の食生活として多種類の惣菜や酒の肴に野菜や山菜の塩漬けが用意されていた。野菜の栽培法の進歩や輸送法の発達から、一年中野菜類が入手が容易となっている現在では、野菜や山菜の漬物を冬の野菜として用意しなくてもよくなった

のが、食塩の購入量の減少の理由とも考えられる。

塩を使う郷土料理には「タイの子の塩辛」がある。寛保年間（1741～43）に岩崎で開いた食品の老舗が、大正の頃に刺身に用意したタイの卵が残るので、この卵に麹を加えた塩漬けで、一種の魚醤に似ている。サバやスケトウダラの腹子からも作られている。

新潟の代表的味噌には「佐渡味噌」がある。米を主原料とした赤色辛味噌で、塩分は12～13％である。大豆のうま味と米の甘味の調和がとれている。味噌を使う郷土料理には、6月にアユ釣りが解禁になると、佐渡の川原ではアユを石の上で焼く。味噌で土手を作り、その中にみりん・酒を入れ、その中でアユを入れて焼く「アユの石焼き」がある。

佐渡の郷土料理の「どじょうそば」は、そば粉に水を加えて捏ねたものを厚手にのばして、ドジョウのように太い麺線にしたそば切りで、夕食が物足りないときに作った。これは塩味の小豆のあんをかけて食べたものである。また、醤油味をベースにした麺つゆで食べる郷土のそば切りとして小木蕎麦、片木蕎麦は郷土食品として知られている。小木蕎麦は、佐渡産のそば粉の手打ちそばで、見かけは黒っぽいがコシがあり、風味もよい。片木蕎麦は、日本海から離れた小千谷市は、信濃川沿いに舟運で栄え、縮織りを特産とする街であった。ここの縮織りに必要なフノリ（布海苔）をつなぎにした蕎麦である。どろどろの糊状に加工したフノリをそば粉に混ぜてつくるそば切りである。滑らかな食感である。片木は、そばを入れる大きな器のことで、茹であげたそばは、この片木に盛り付ける。フノリの入ったそばは福井にもある。

## 知っておきたい郷土の調味料

### 醤油・味噌

新潟県の人々の間には、日本海に面している地域の人々、北部の山間部の人々、日本海に位置する佐渡で生活して人々では、食生活に違いがある。県境の山間部に源を発し、信濃川や冬の間に積もった雪の雪解け水は、広大な越後平野を潤して肥沃素な大地と美味しい米づくりに適した地質を形成している。新潟県はコメ、大豆、小麦の栽培に適しているために、清酒の醸造会社が多い。したがって、清酒だけでなく味噌の製造会社も多い。

- **新潟県の醤油・味噌の特徴** 新潟県には文政3(1820)年創業の㈱吉文、明治39(1906)年の菱山六醤油㈱、大正2(1913)年創業の石山味噌醤油㈱など古くから伝統的な醤油・味噌づくりを受け継いでいる会社が多い。醤油や味噌のほかに、味噌漬け、調味味噌などを作っている会社もある。新潟県内で醸造された醤油・味噌は発酵や熟成に長い時間をかけるので、その間に起こるアミノ・カルボニル反応により赤色系の味噌となる。
- **代表的醤油** 扇弥商店（新潟市内）は、100年以上も前からの味噌・醤油造の老舗である。樽一本店（新潟市）は、昔のままの天然酵母を使って発酵・熟成をさせて作っている。新潟醤油㈱（新潟市）は、第二次世界大戦終戦ころから味噌・醤油づくりを続けている。
- **越後・佐渡味噌** 別名「越後麹味噌」といわれている。米どころの新潟の代表的味噌である。新潟のコクのある赤色系の辛口味噌の米味噌である。精白した米を原料としているため、米粒が味噌の中に浮いたように見えるのが特徴である。
- **大葉みそ** 新潟県の大葉（＝青じそ）と越後味噌と合わせたもので、大葉独特の香りと越後味噌の香りと強調している調味料である。大葉みその材料は、米味噌、ブドウ糖果糖溶液（甘味料）、米発酵調味料、大葉、砂糖、植物油、酵母エキス、香料などを混ぜて作る。
- **雪太鼓** 新潟県魚沼市の居酒屋の経営者が考案したニンニク風味の辛味噌である。口コミで評判になっていて、現在は販売もしている。材料は味噌（大豆・米・食塩）・ショウガ・ニンニク・トウガラシ・みりん・清酒である。舐めるとピリッと辛い。野菜スティック、焼きナス、鍋物の汁、温かいご飯、焼きおにぎりなどの調味料に使われる。
- **青トウガラシ味噌** 新潟県津南町の青トウガラシを使った練り味噌風万能調味料。スティック野菜、焼き白身魚の調味料、惣菜パンの具、肉のしゃぶしゃぶの付け味噌として便利である。プラスティックフィルムの袋に詰めてレトルトになっているが、小さなキャップがついているので、保存性もよく、使いやすい。

## 麺つゆ

新潟県内の醤油・味噌の醸造会社は、醤油の他に「めんつゆ」や「食べ

る調味料」なども製造している。

- **麺つゆ** 老舗の醸造会社の菱山六醬油㈱の麺つゆは国産丸大豆を使い、「丸大豆麺つゆ」も作っている。長岡市の㈱イノマタが販売元となっている「新潟の生造り醬油」は、昔ながら手作りの色と香りのある風味醬油である。大正時代（1913～25）に設立した野沢食品工業㈱は丸大豆と国産小麦を使い、木桶で1年間ゆっくりと発酵させた醬油を「雪っ子」の商品名で販売している。

## 酸味料

- **黒酢米** 黒酢は、米を原料として長時間壺の中で発酵・熟成させて作る。長時間の発酵・熟成の間に、米の中の糖とアミノ酸が反応してできた色により、黒色に変化する。長時間の発酵・熟成により、白色～黄色の透明な米酢に比べるとまろ味と甘味も感じる酢となる。新潟市の「樽一本店」は、黒酢の原料となる黒酢米を取り扱っている。新潟県には、このような黒酢の原料となるコメを用意している会社もある。

## 食塩とその他の調味料

- **海の塩塩** 岩船郡山北町の海藻や貝類が生息する透明な海水（塩分濃度2.5％）をポンプで取水し、平釜でゆっくりと加熱して得た塩。㈲日本海企画海産部製造は、このほかに「玉藻塩」「越の塩」も製造販売している。

- **藻塩** 沖の海水をポンプで取水し、ホンダワラをこの海水に浸し天日で乾燥し、この上に沸騰した海水をかける。これを7～8回繰り返す。この工程によりホンダワラの中のミネラル分が海水に溶出する。ミネラル分が溶け込んだ海水を平鍋に入れて薪の火力で乾燥する。ヨウ素を含んだ塩として販売されている。藻塩は万葉集でも謡われているので、古い製塩法といえる。中浜観光物産は、この塩のほかに海の塩（枝条架流下式で作った「海の塩」）がある。海水を平釜に入れて低温で長い時間をかけて「元祖　花塩」も作っている。

- **白いダイヤ** 岩船郡山北町で山からの「真水が海水と交わる海水」を汲み上げ、これを平釜で塩分濃度2.5％の塩水になるまでゆっくり加熱する。これに塩分を除いた濃度32％の苦汁を加えて混ぜ、時間をかけて

加熱・蒸発させて作る食塩。

- **醤油麹** 「醤油麹」は、「新潟産の米」と「天日乾燥により調製した塩と麹を合わせた塩麹」を合わせてつくった調味料でわる。刺身、卵かけご飯、焼肉、野菜スティック、冷奴、焼きおにぎりなど、いろいろな料理の醤油ベースの万能調味料である（石山味噌醤油㈱）。
- **燃えめし** この商品のキャッチコピーは、健康イメージを強調している。この調味料と朝食のご飯を食べることにより、朝から元気になることを期待していることから「めざましごはん」「燃えめし」の商品名がつけられている。原料は「トウガラシ・醤油・水飴・食酢・ゴマ・山椒」などを混ぜて仕上げたものである。トウガラシの辛味成分のカプサイシンの健康効果が期待された一品である（石山味噌醤油㈱）。
- **かんずり（寒作り→かんずり）** 巨大唐辛子を、雪の上で数日間熟成させ、唐辛子は粉にし、麹、ユズ、味醂などを加えて3年間熟成させたものは、ペースト状の「かんずり」となる。唐辛子の辛味もあるが丸みもある。乳酸菌醗酵により生成した乳酸が、唐辛子の辛味成分のカプサイシンの味をまろやかに感じさせてくれる。トン汁、鍋、豚カツなどとのアクセントに向いている。
- **塩麹** 麹に含むアミノ酸や糖質と食塩との相乗効果により、醤油にもない、麹にもない新しいうま味をもつ調味料である。野菜の一夜漬けの調味料、焼き肉や焼き魚の塩味料として使うこともできる（石山味噌醤油㈱）。

# だし

- **ふりだし、純だし、あじつゆ、万能中華だし** 丸三食品は新潟、富山など北陸地方にティーパックや濃縮スタイルの各種だしを販売している。原料にアミノ酸系のうま味成分が使用されているので、カツオ節や昆布など単品のだしとは違い、だしの各種材料のうま味成分により総合的なうま味を感じることができる。

## 郷土料理と調味料

- **沖汁** 新潟の漁師料理の一つである。生きたままのスケトウダラをぶつ切りにし、味噌仕立てにした冬に作る鍋もの。スケトウダラは漁獲後の

鮮度低下が早いので、漁船内もデッキでも寒く、漁獲したばかりのスケトウダラの鮮度は非常によいので漁師の特権料理である。
- **酒が調味料となる「サケの酒びたし」**　新潟の三面川を遡上するサケを塩引きに加工し、さらに屋内に吊るして、翌年の夏ごろまで乾燥させる。乾燥したサケの身は薄く刺身のように切り、容器に入れて、これに日本酒を注いでおく。軟らかくなったら酒の肴、またはご飯の惣菜にする。

# 16 富　山

## 地域の特性

▼富山市の1世帯当たりの調味料の購入量の変化

| 年　度 | 食塩 (g) | 醤油 (ml) | 味噌 (g) | 酢 (ml) |
|---|---|---|---|---|
| 1988 | 6,500 | 16,460 | 13,283 | 2,378 |
| 2000 | 2,855 | 8,092 | 12,183 | 2,460 |
| 2010 | 2,418 | 7,229 | 7,168 | 2,818 |

　富山県の農業は米の栽培が主体でコシヒカリを中心に栽培されているが、富山平野は砂地や砂利質なので水田に必要な水の保持状態が悪く、雪解けの水が低温なので、米の収穫量はよくない。海の幸にも恵まれているので、海産物の名物も多い。

　富山地方の郷土料理に魚の昆布締めがある。昆布締めに必要な食酢を必要とするためか、1988年から2010年の22年の間の1世帯当たり食酢の購入量は、年々増加しているが、他の地域のような大きな変化はみられない。

　食酢を使う富山の郷土料理には、「ますのすし」がある。木で作られた円形の容器の中に笹を敷き詰め、マスを食酢で味付けし、富山米で押しずしにしたものである。マスずしは、享保2（1717）年に富山藩士・吉村新八が初めて作り、8代将軍・徳川吉宗に献上して絶賛を得て以来、富山名物となったといわれている。富山の「ますのずし」は、輸送や保管が進展したので富山だけでなく、関東でも関西でも流通し、デパートの物産展でも人気の食品となっている。全国的規模に流通するようになったので、食酢の利用も増えていることが、酢の購入量が増加している理由とも思われる。

　食塩を多く使う富山県の名物には、イカの塩辛（白造り、赤造り、黒造り）があり、かぶらずし、昆布巻きに代表される富山スタイルの蒲鉾などがある。近年の健康志向に伴う塩分摂取の控えめと食生活の多様化などか

ら塩辛は甘口傾向の傾向がみられている。

　富山県の名物の氷見うどんは手延べうどんといもいわれている。夏には氷見そうめんとして細い麺も出回る。うどんもそうめんもコシが強く、喉越しもよい。麺つゆには、富山湾のシラエビ（シロエビともいう）のだしの入ったものが使われている。

　富山市の農作業の合間に食べるものに「焼きつけ」というだんごがある。これを食べるための調味料は、ゴマ味噌である。1988年から2010年の22年間の富山市の1世帯当たりの味噌の購入量が減少しているのは、味噌を使う郷土料理をつくらなくなったからとも考えられる。

　富山県の水田の地質は水の保持が悪いといわれているが、急峻な北アルプスや立山連峰をかかえ、高い山から海までの距離の短く急流な川が多く、名水を採取する場所が多い。この名水と酒用の米の「五百万石」の栽培に適した地質は、品質のよい日本酒が醸造されている。酒蔵が多いということは、酒粕の製造も多く、麹の利用も多いのでこれらを使った料理もある。とくに、麹は北陸各地でつくられる「かぶらずし」「だいこんずし」に使われる。

　魚介類の種類も量も多い富山湾に面し、また、北アルプスや立山連峰を背にしている富山県は、山海の味覚にこと欠かない。春には「ホタルイカの料理」、秋には「マスの押し寿司」（かつては神通川のマスを使ったが、流通や貯蔵の技術が発達したため、富山でなくても通年食べられるようになった）、冬には「氷見の寒ブリ」、昆布を敷いたり、昆布で巻いたり昆布を使った料理もある。富山湾を囲む山々からは雪解け水が神通川、常願寺川、庄川、黒部川となり富山湾を流れ、やがては富山湾へ注ぐ。山々を源とする伏流水は、米の生育に必要ではあるが、味噌・醤油・酒の醸造にも必要な地下水となっている。

### 知っておきたい郷土の調味料

## 醤油・味噌

- **富山県の醤油・味噌の特徴**　富山県には醤油や味噌のいずれか、または両方を製造販売している会社が15社ほどある。味噌はコメ味噌を製造している会社が多く、醤油は丸大豆醤油を作っている会社が多い。

- **富山の米味噌（地産地消をアピールしたものもある）** 富山県産の大豆（エンレイ大豆）と米麹（北陸コメを使った麹）を原料としている。豊かなうま味が料理を引き立たせる。富山県のほとんどの味噌醸造会社が富山産の大豆と米麹を使っている。山元醸造米味噌では、トウガラシやみりんを加えた調味味噌、紀州産南高梅や山田村産の柿酢を入れたさっぱりした調味味噌、富山の米麹味噌をベースに七味トウガラシ、四川省豆板醤、富山の柿酢を加えた調味味噌を製造している。富山の地元の材料を使い、「地産地消」をアピールしている。

- **富山の醤油（混合醤油）** 富山県の醤油には「混合醤油」といわれるものが多い。混合醤油は、アミノ酸液を混ぜることにより甘味の強く感じる醤油がある。アミノ酸には甘味のあるアミノ酸としてグリシン、ベタインなどがある。グリシンは保存性のあるアミノ酸であるから、醤油の保存によい。グリシンは糖質と一緒に存在しているとアミノ・カルボニル反応により褐色の物質となる。醤油の色は茶色なので、グリシンと大豆や米麹に含まれる糖類（ブドウ糖など）によりアミノ・カルボニル反応が起こり茶色のメラノイジンができるのである。醤油の色はメラノイジンによるといわれている。とくに、海に近い地域の人が甘い醤油を求めるといわれている。その理由は、海の潮風にあたると甘いものが欲しくなるという生理的な要因があるのではないかと推定されている。醤油の甘味は砂糖ではなく、麹に含まれるアミノ酸に由来する。味噌の発酵・熟成により米の中のでんぷんから麦芽糖やブドウ糖が生成されるので甘く感じるのである。

  富山県の西部に位置し、石川県との県境にある畑醸造㈱は、「幻醤」「田舎醤油」という古くからの伝統ある醤油をイメージするネーミングの醤油を製造販売している。

- **富山のもつ煮込みそ（ピリ辛みそ味）** 国産豚を使い、ニンニクと唐辛子を効かせたピリ辛みそ味のもつ煮込みであるが、野菜や豆腐などの具の入った鍋料理の汁に加えて、味付けと同時に豚もつも、つまめるピリ辛の鍋となる。

## 食塩

- **ブルーソルト** 富山湾沖の海洋深層水をポンプで取水し、逆浸透膜装置

で濃縮食塩水をつくり、低温で乾燥の後、備長炭を入れて天日乾燥して作った食塩。

## ソース

ソースやタレは、料理店や調理師が、自慢のものを考案しているので市販品は参考にするものと考えている人は多い。

- **越中高岡コロッケソース**　コロッケは惣菜だけでなくおやつでも利用する人は多い。コロッケはB級グルメに登場してくる揚げ物である。静岡県の三島はコロッケで町おこしを仕掛けている。コロッケ用のソースの味付けはピリッとした食感のあるものやトロリとした粘りのあるものがある。越中高岡はコロッケの消費量が多いといわれている。その人気の秘密にはコロッケソースも関係している。このソースは、甘い香りに、きりっとした酸味がある。高岡市の山元醸造㈱は、ソース類、タレ類も製造販売している。

## だし

- **だしの素**　新潟の食品店でみかける丸三食品のだし製品が富山県でも使われている。「純だし」の原料は魚類、海藻類、キノコ類、野菜類などから抽出したエキス分、うま味調味料も使用されている。
- **昆布**　富山県は昆布の消費量は全国で1、2位を占めている。昆布巻き蒲鉾、魚の昆布占めは、昆布が蒲鉾や魚のサクに直接触れているので、昆布から直接グルタミン酸が蒲鉾や魚のサクに浸透していくので、だしを使わなくても美味しくなる。富山市内のスーパーの魚介類のコーナーには、昆布締めの白身魚のサクを販売している。

### 郷土料理と調味料

富山には郷土料理が多い。ホタルイカの沖漬け、燻製、塩辛、佃煮など。スルメイカは塩辛（とくにイカの墨汁を入れた黒作りは、富山の名物）、沖漬けなどがある。麹を使ったかぶらずし、糠を利用したイワシのぬか漬けなどもある。昆布の消費量が多い。昆布のだしが浸み込んだ白身魚、昆布巻きの蒲鉾などは昆布の味を生かした郷土食品である。

- **いかの黒づくり**　イカの塩辛の一種である。11〜12月に富山湾で漁獲

したスルメイカは、イカの塩辛とする。スルメイカの胴(上身)は細く切り、塩辛とするときに、イカの墨汁、肝臓も入れて熟成をさせたものである。墨汁にはグリシンなどのアミノ酸を多く含むので、甘味のある塩辛となるが、墨汁や肝臓のアミノ酸によりうま味とコクのある塩辛が出来上がる。

- **塩ブリのかぶらずし** 石川県、富山県の正月料理の一つである。富山県の名物は、氷見に水揚げされるブリを塩漬けし、薄い刺身状に切り、輪切りしたカブの横に塩ブリが挟めるように横に奥のほうまで切り目を入れて、そこ薄く切った塩ブリを挟む。漬け込み用の容器に塩ブリを挟んだカブを何段にも重ね、塩・米麹で漬け込み、正月に食べる。カブの代わりにダイコンを使う場合もあり、魚はブリのほかにサケやサバが使われる。

# 17 石川

## 地域の特性

▼金沢市の1世帯当たりの調味料の購入量の変化

| 年度 | 食塩（g） | 醤油（ml） | 味噌（g） | 酢（ml） |
|---|---|---|---|---|
| 1988 | 6,496 | 20,076 | 13,188 | 3,224 |
| 2000 | 3,352 | 11,093 | 8,135 | 2,534 |
| 2010 | 2,596 | 6,889 | 7,281 | 2,442 |

 石川県の郷土料理として注目されているのは「加賀料理」である。ただし、「加賀料理」という呼称は、昭和30年頃から大衆娯楽雑誌や旅行会社の企画に「食べ歩き」の記事が多く紹介されるようになってかららしい。それまでは、「石川の冬の料理」「金沢・能登の冬の料理」などと紹介されていた。

 江戸時代には、加賀藩では絹織物が盛んで、さらに友禅染も盛んで「加賀友禅」が成立した。加賀料理という呼称は、加賀友禅に並んでつけられたのではないかといわれている。加賀友禅に対して京友禅がある。技法的には両者の間には異なるところがないといわれている。このことから、金沢の文化は京都の文化の影響を受けて、加賀料理は京料理の影響を受けていることが推測されている。

 加賀料理といわれる前の代表的「石川県の冬の料理」としては、じぶ煮（料理）、かに料理、たら汁、このわた、ニシンずし、ドジョウ地獄（豆腐1丁に穴をあけ、水に酒を加え、鍋の中にドジョウを入れて熱する。熱いのでドジョウが豆腐にもぐり込み、ドジョウが煮えたら食べる料理）などが紹介されていた。現在では、「金沢の料理」は「加賀料理」と同じものと考えられ、「じぶ煮」「ゴリ（ハゼ科の魚）の料理」（佃煮が多い）、「能登の寒ブリ」「鯛の唐蒸し」「かぶらずし」などが代表的料理となっている。「じぶ煮」の薬味にはすり下ろしたワサビが添えられ、その辛味をアクセ

ントとして楽しむ食べ物である。加賀料理には醤油、食塩は欠かせない。表から明らかなように1988年から2010年の22年間の食塩、醤油の購入量の減少から、味付けには塩分を少なくしていることが推測している。

　古くから能登半島には魚醤油の「いしる」がある。「いしり、よしる、よしり」ともいわれている。イワシの身肉と内臓やイカの内臓に食塩を加えて発酵・熟成させる。日本海に面した外浦沿岸ではイワシを、内浦沿岸ではイカの内臓を原料としている。発酵・熟成によってできた混濁液の上澄み液が魚醤油の「いしる」である。イカのいしるはイカの風味が残っていて、イワシのいしるは美味しくてクセがない。能登の郷土料理に貝に醤油の代わりに、いしるを用いた「いしる貝焼き」がある。

　能登は製塩の盛んなところである。夏場は揚げ浜式塩田の方法の製塩工場がある。また奥能登の輪島沖の海水を室内の水槽に取り入れ、ライトや扇風機を利用し低温で製塩している工場もある。低温で調製した食塩には、加熱されていないので天然の海水に存在している状態で、ミネラルが含まれているという特徴がある。

　石川県は、保存食として魚介類のぬか漬けがつくられる。原料にはイワシやフグが使われる。とくに、フグ（ゴマフグ、サバフグ、シマフグなど）の身肉とフグの卵巣のぬか漬けが注目されている。ぬか漬けには食塩を使うが、1世帯当たりの食塩の購入量が年々減少しているということは、ぬか漬けの製造量が少なくなったと推測できる。このフグのぬか漬けをつくる場合の食塩使用量は、原料に対して30％も食塩を使うので、相当に塩辛く、お茶漬けなどで食べる。

　日本海に面し、日本海に突き出ている能登半島も含め、海の幸にめぐまれている地域である。能登半島の北部の輪島は、古くから西廻りの航路の寄港地であり漁業の基地ともなっている。輪島の朝市は新鮮な魚介類が売られているので人気のマーケットとなっている。金沢市の近江市場は金沢市民の台所として魚介類をはじめ各種食品の購入のマーケットとなっている。また、金沢は京都と交流していたため、加賀百万石時代には潤爛な食文化の花を咲かせた。金沢地方の特有の野菜も栽培販売している。

### 知っておきたい郷土の調味料

## 醤油・味噌

- **石川県の醸造場** 金沢市の大野町中心に醤油・味噌の醸造場が多い。能登半島の七尾市、小松市などにも醤油・味噌の醸造場はある。醤油・味噌の醸造場は石川県内には10社以上ある。白山の菊谷から流れる菊水川、金沢市を流れる朝野川などに流れる伏流水は石川県の美味しい清酒造りに関係している。石川県の醤油・味噌づくりにもこれらの川の水源となっている地下水が関係していると考えられる。
- **老舗醤油醸造場の製品** 創業文政8（1825）年の直源醤油㈱は、丸大豆醤油の「源兵衛」を作るほか、現代の志向を合わせた「もろみの雫」「このまんまつゆ」「白だし」などを作っている。小松市の㈱直味は宝暦2（1752）年の創業で、「加賀の本仕込み」「北前仕込み（昆布醤油）」など歴史のあることを示す醤油を製造している。
- **いわし魚醤油（いしる）** 能登半島で作られる魚醤油で、「いしり、よし る、よしり」ともよばれている。イワシ丸ごとかイカの内臓を高い塩分濃度の環境のもとで自然熟成させたものである。毎年11月頃から5月ごろまでの寒い時期に作る。「イカのいしる」はイカの風味が残っているが、「いわしのいしる」はうま味が濃厚で、クセもない。「いしる」のうま味成分は、遊離アミノ酸として主にグルタミン酸である。その他にアラニン、リジン、アスパラギン酸、バリン、トレオニン、セリン、ロイシンが含まれている。有機酸の乳酸や酢酸は風味に関与し、イノシン酸などの核酸関連物質や臭気成分も明らかになっている。
- **石川県の味噌の特徴** 「加賀・能登の味噌」の名で流通している味噌は、米麹、大豆、塩からつくる米味噌である。「加賀・能登の味噌」は、金沢の尾山御坊をはじめ加賀・能登の寺院でつくられていた。前田利家公（1538～99）が金沢城に入城してから、戦時のための貯蔵品として、より一層盛んに作られるようになった。「加賀・能登の味噌」は、水分が多く軟らかく、塩辛いのが特徴である。軟らかい味噌なので「たまり醤油」の代用として使われている。「加賀・能登の味噌」は塩辛いので、料理に際しては最適な水分を加え、食味のよい塩分に調整して使う。石

川県の醤油・味噌は長期発酵・熟成のものが多いので、褐色が濃い褐色の味噌や濃口醤油が多い。

## 食塩

- **能登の塩**　能登半島には製塩どころが多い。珠洲市地方の海岸に塩田をつくり、海水を塩田に導いてつくる「奥能登揚げ浜塩」、流下式と揚げ浜式で作る「珠洲の塩」、すだれを使った流下式で作る「のと珠洲塩」などがある。
- **わじまの海塩**　わじまの海塩は、輪島沖約50kmの舳倉島周辺で取水した清浄な海水に特殊なライトを照射し、40度未満の低温で10日間の時間をかけて塩を結晶化させる。低温でおだやかに結晶化させたもので、結晶は大きくても水に溶けやすい。塩辛いだけでなく、ミネラル分が豊富で甘味を感じる（㈱美味と健康）。

## その他の調味料

- **太古楽**　粘りがあり、醤油よりも味噌のイメージのある調味料。甘味とうま味があり、激辛が伴う調味料である。トウガラシは白山市特産の「剣崎南蛮」を使う。このトウガラシは辛味が強く、特有のうま味を持っている。やや粘りがあり、味噌のイメージよりも醤油のイメージがある。和風料理、中華料理の辛味調味料としても使われる。

### 郷土料理と調味料

- **じぶ煮と調味料**　金沢らしい料理の一つである。江戸時代の前期の『料理物語』（寛永20［1643］年）で、すでに紹介されている。肉にかたくり粉をまぶして煮る料理である。肉としては鶏肉を使う。江戸時代には鴨の皮を使ったから、現代では鶏肉としているといえる。シイタケ・ゴボウ・タケノコ・セリ・シュンギク・百合根・マツタケ・すだれ麩を入れ、醤油・みりん・砂糖・酒・煮だし汁で調味して煮る。ワサビ・柚子などを添える。
- **ドジョウの蒲焼き**　金沢市の近江市場では、夏になるとドジョウの蒲焼きが売られる。ドジョウを丁寧に開いて串に刺し、蒸さないでそのままタレをつけて焼く。タレは濃い目のものである。

# 18 福井

地域の特性

▼福井市の1世帯当たりの調味料の購入量の変化

| 年　度 | 食塩 (g) | 醤油 (ml) | 味噌 (g) | 酢 (ml) |
|---|---|---|---|---|
| 1988 | 5,413 | 15,015 | 8,608 | 2,424 |
| 2000 | 2,465 | 8,896 | 7,524 | 2,019 |
| 2010 | 3,716 | 5,406 | 6,183 | 1,774 |

　福井県の越前東部には、曹洞宗の本山である永平寺がある。このために福井県の人々の生活には永平寺の僧侶たちの生活の影響を受けているところが大きいといわれている。曹洞宗の開祖・道元は、寛元2（1244）年に越前に永平寺を開き、日本的な精進料理を広めた。永平寺の精進料理は、道元の『典座教訓』に基づいて、典座という料理の責任者が、永平寺の食事を総括している。常に、健全な修行僧を育てるために、栄養的にも調和のとれた献立が工夫される。豆腐類・タケノコ・シイタケ・ニンジン・ゴマ豆腐・キノコ・レンコン・ギンナン・コンニャクなどの植物性の食材で、一汁三菜や二汁五菜などに仕上げる。精進料理の美味しさの基本は、コンブ、シイタケのだしのほかに、その他の植物性食材のもつうま味成分を生かすことである。永平寺の精進料理のだしについては、関東地方や関西地方の料理人が参考としているところが多い。

　道元は、心でつくり心で味わう料理を訴えている。調味については、「五味」として辛味・酸味・甘味・苦味・塩辛味を示している。これらの味を組み合わせて、飽きない変化のある料理をつくることを訴えている。

　福井県には繊維関係の企業が多い。その繊維と関連している海藻の利用も多い。繊維に使うフノリは、麺類にも応用し、食感の滑らかな麺類を作っている。福井のそばの食べ方は、辛味ダイコンのおろしを麺にかけ、さらに麺つゆをかけて食べる。福井県の人々の中には、麺類の好きな人が多

い。麺類の産地では、贈答用の麺類には独自の麺つゆを添えて販売している。福井も同様に、フノリ入りの麺類用の麺つゆを贈答用麺類に添えているが、一般に流通している麺つゆに比べて特別な違いのあるものではないようである。

若狭地方に伝わる伝統的な保存食として「へしこ」という魚のぬか漬けは、江戸時代が起源であると伝えられている。とくに有名なのは、サバの「へしこ」である。新鮮な魚を水洗いしてから塩漬けをした後、ぬか漬けとし1～2年間、重石をのせて漬け込む。冬の漁獲のない時期に備えて工夫された冷凍庫のいらない長期保存食品である。イカ・イワシ・ニシン・フグなどのぬか漬けもある。塩辛いので、お茶漬けなどご飯のおかずとして利用されることが多い。

銘柄米としての「コシヒカリ」は昭和31（1956）年に福井県で誕生したといわれている。越前和紙や繊維工場が多いのは、これらの製造に適した良質の水をもつ地域である。同時にコシヒカリが栽培でき、酒米の栽培にも適し、小規模な酒蔵が多い。精米の際に出た糠の利用として魚のぬか漬けが発達したとも考えられる。

福井県は、ズワイガニの産地で有名である。この地では、エチゼンガニ（越前がに）とよんでいる。11～3月の日本海で雪の吹き荒れる頃に、産卵のために浅いところに移動するので、これを底引き網で捕獲する。カニの食べ方の定番は、二杯酢・ポン酢などで食べることである。カニの利用に酢を使うけれども、県内の1世帯当たりの酢の購入量は、他の地域とは大差がみられていない。

福井県の水質は、清酒の醸造に適している軟水であるので、清酒の醸造会社が多い。このことは、醤油や味噌の醸造にも適している水といえる。福井県吉田郡永平寺町にある「大本山永平寺」の精進料理とだしについては、料理専門の雑誌や書物で紹介されている。精進料理においては、殺生を戒めると同時に、すべての食材を尊ぶ心構えが重要で、素材の気持ちになり無駄を出さないようにする。昆布のだしをとった後の昆布も利用するのである。永平寺の精進料理の心構えは、福井県の人々の精神的支えになっているということもいわれている。今日、お寺の住職が人生観について書いた書物が多く、また読者が多いのは、住職の話のほかに精進料理が健康によいといわれているからであると思われる。

## 知っておきたい郷土の調味料

### 醤油・味噌

- **雲丹醤油** 福井県は昔からウニの漁獲される地域で有名である。ウニを塩漬けにした「ウニの塩辛」は、熊本（天草）や北海道の礼文島のウニと同様に高級珍味として評価されている。古来、若狭には、「浜醤油」という魚醤油があった。生で美味しく食べられる新鮮なウニを原料にした魚醤油が「雲丹醤油」である。現在は小浜市の「小浜海産物」が製造販売し、東京のデパート（銀座三越）の調味料コーナーでも販売されている。原料はウニ、食塩のほかに何種類かの調味料が入っている。そのままパスタのソースにしてもよく、ご飯にかけても美味しく食べられる。イカの刺身と和えるだけでも、ワサビ醤油で食べるイカの刺身よりも濃厚な美味しさが楽しめる。このウニ醤油は21世紀の「だし魚醤油」として人気となっている。

- **大本山永平寺御用達味噌** 福井県内の醤油・味噌の醸造会社は天保年間から大正年間に設立した会社が多い。その中で、天保2（1831）年創業の㈱米五の味噌は大本山永平寺の御用達として、永平寺でも使われている。醤油を製造・販売し、塩・その他の調味料も販売している。江戸時代末期にはヒゲコ醤油味噌醸造元が設立され、明治32（1899）年には山元菊丸商店が醤油・味噌の醸造を始めた。大正7（1918）年にはフク醤油㈱が醤油だけの製造を始めた。昭和31（1956）年にコメの「こしひかり」は、福井県で誕生していて、米どころとしても知られている。昔から米の生産に力を入れていたから、福井県の味噌は米味噌が主体である。醤油の原料の大豆は、北海道の十勝産大豆の醸造会社が多い。米五は米味噌のほかに、越前麹、赤だし味噌、白粒味噌なども永平寺に納めている。

### だし

- **越前そばとだし** 福井の人々はそばをよく食べる。関東風にいえば「もりそば」である。冷たいそばの上に辛味ダイコンのおろし、刻みネギ、花鰹（削りかつお節）をたっぷりかけ、そばつゆ（醤油ベースの昆布だ

しのきいたつゆ）を豪快にかけて食べる。福井には海藻のフノリを混ぜたそばがある。これを「越前おろしそば」という。フノリが入っているので喉越し、食感が滑らかである。これも越前そばと同じようにして食べる。

- **大本山永平寺のだし**　永平寺では昆布だし、シイタケだし、精進だしを用意する。昆布だしは、だしをとった後、沸騰した水の中で昆布が軟らかくなるまで煮て、煮物の材料に使う。「シイタケだし」は干しシイタケをたっぷりの水に入れて、一晩置いてだしをとる。シイタケのだしは、風味が強いので、濃い味付けのだし汁に使う。だしをとった後のシイタケは煮物に使う。「精進だし」は2種類の昆布（利尻昆布と日高昆布）、干ししいたけを出しパックに入れて、弱火でゆっくりとだしをとる。

### 郷土料理と調味料

- **精進料理**　越前に永平寺を開いた道元の「典座教訓（てんぞきょうくん）」に基づいて料理をつくる僧侶の典座が定められた材料で、栄養学的にも調和した献立をたて、僧侶のための食事をつくる。飛竜頭（ひりょうず、がんもどきのようなもの）・タケノコ・シイタケ・ニンジン・ゴマ豆腐・キノコ・レンコン・ギンナン・コンニャクなど豊富な植物性の食材を使う。煮物のだしは精進だしなどを使う。
- **へしこ漬け**　イワシ・スケトウダラ・サバ・ニシン・コウナゴなどがたくさんとれたときに、糠と塩で重石をかけて漬け込む。これを「へしこ漬け」という保存食である。一般にはサバのへしこ漬けが流通している。薄くスライスし、1枚ずつ包装して販売されている。糠を除いて、そのまま酒の肴として食べるか、お茶漬けの具にする。非常に塩辛いので、たくさんは食べられないが、熟成したサバの身肉が美味しく食べられる。

# 19 山　梨

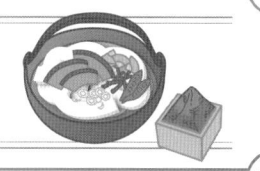

## 地域の特性

▼甲府市の１世帯当たりの調味料の購入量の変化

| 年　度 | 食塩 (g) | 醤油 (ml) | 味噌 (g) | 酢 (ml) |
|---|---|---|---|---|
| 1988 | 6,627 | 32,300 | 12,668 | 1,925 |
| 2000 | 2,533 | 6,826 | 7,272 | 1,996 |
| 2010 | 2,136 | 5,970 | 5,104 | 2,787 |

　山梨県は、ブドウ・モモ・スモモなどの果実の生産量の多い地域として知られている。山梨県の第一次産業は農業で、なかでも果樹栽培が6割以上を占めている。なかでもブドウ栽培の歴史は古く、1,300年以上も前に行基上人（奈良時代の僧。668～749）は、養老２（718）年に諸病予防の薬としてブドウ（ヨーロッパ種の甲州ブドウ）を勝沼に植えた。かつては、果実を生産し、販売することを業としていたが、時代の流れでワインの醸造をはじめ、山梨県のワインの品質は世界で認められるようになっている。山梨県でワインの原料として利用されている品種は日本で育種した交配種であるマスカットベリーＡなどである。ワインを原料として酸味料のブドウ酢が作られるが、その生産量は多くないようである。

　山梨県は、平野が少なく、山国の厳しい自然環境であった。米作には適さないので、かつては雑穀を栽培し、山野の産物を食用とするなどの貧しい生活であったといわれている。そこで、そばやうどんの郷土料理が多い。うどんに似た代表的郷土料理には「ほうとう」がある。うどんを作る場合には、小麦粉に食塩と水を加えて練り強い弾力をだすが、ほうとうを作るには食塩を加えないので、弾力性の弱い生地となる。小麦粉の中のたんぱく質によるグルテンの形成ができないからである。これをうどんのような麺線にしたものが「ほうとう」である。ほうとうは、煮込むことにより汁がほどよく麺線に浸み込み、また麺線のでんぷんは汁のほうに溶け出すの

で、寒さの厳しい季節には、体の温まる食べ物となる。汁は醤油仕立ても味噌仕立てもある。具材には、必ずカボチャを入れることになっているので、カボチャのビタミン類が摂取でき、現在は健康食ともなっている。

雑穀の栽培の盛んな山梨県身延山地方の郷土料理には、「せりそば」「大根そば」がある。ほうとうの作り方は、地域によって若干の違いがある。牧丘町のほうとうは、耳たぶくらいの柔らかさの麺線で、野菜たっぷりの具材をいれて味噌仕立ての汁で食べる。甲府市内のほうとうは、1年間を通して、熱々のカボチャほうとうを食べる。麺線は幅広く、具材にはカボチャのほかに、大根、人参、サトイモ、青菜、油揚げを利用する。

この地域のそばは、そば粉に対して小麦粉を3割ほどの量を加えて作る。せりそばは、セリの青みと香りが春一番のご馳走として喜ばれている。大根そばは、大根のせん切りをそば切りをのせて食感を楽しむ食べ方となっている。そばつゆは、油揚げ、ニンジン、鶏肉などを入れた醤油仕立ての汁である。昇仙峡一帯でとれるソバの粉で作る手打ちそばは、「御岳そば」という。おろし大根や味噌を入れたそばつゆで食べるという特徴がある。

煮込みうどんの中に、冷や飯を混ぜて煮たもの。米の栽培が難しいことから、小麦粉から作るほうとうと組み合わせた食べ物で、貴重な米のご飯の食べ方として工夫されたものと思われる。

### 知っておきたい郷土の調味料

## 醤油・味噌

山梨県は八ヶ岳連峰、富士山、赤石山脈などに囲まれ、中央には甲府盆地である。盆地内は笛吹川、釜無川が流れ、この2つの川が合流する富士川に沿って清酒の醸造の蔵があるのは、豊かで清冽な水が必要であるからである。同様に、醤油・味噌の醸造も周囲の山々からの清らかな伏流水が必要である。

- **創業は明治時代**　山梨県内の醤油・味噌の醸造会社は16社である。その中でも老舗といわれる㈱テンヨ武田は、明治5（1872）年に武田伝右衛門が西山梨郡に醤油醸造会社としてテンヨしょうゆを製造・販売している。さらに「テンヨしょうゆ」をベースにめんつゆや、和洋中華などいろいろな料理に使われる「だしつゆ」を開発している。

- **甲州みそ**　五味醤油㈱や井筒屋醤油㈱などが製造している味噌である。甲州みそは山梨県の伝統的な食文化として受け継がれた味噌で、山梨県の麺類である「ほうとう」を使った料理との相性がよい。特徴は米麹を使った味噌と麦麹味噌を使った味噌を半々ずつ合わせた「合わせみそ」である。

## 食酢

- **ぶどう酒とぶどう酢**　日本で初めてのワインの醸造は、明治10（1877）年に、フランスに渡った高野正誠により、山梨県の勝沼で誕生した。ワインビネガー（ぶどう酢）も勝沼産の甲州ブドウで醸造されたぶどう酒から作る。これが「かつぬまぶどう酢」である。赤と白がある。クセがなくすっきり、爽やか、香りも穏やかで、洋食だけでなく、和食にも中華料理にも使える。

[郷土料理と調味料]

- **「ほうとう」と味噌**　「ほうとう」は山梨県の麺類の一種である。小麦粉に食塩を加えると強いグルテン形成ができるために弾力性の強い麺ができ、食塩を入れなければグルテン形成が弱いので弾力性の弱い麺ができる。山梨県の「ほうとう」は、食塩を加えないので軟らかい。煮込むことにより、うどんよりも軟らかくなり、汁がほどよく浸み込み美味しい「ほうとう」となる。山梨の「ほうとう」にはカボチャを入れるのが特徴である。その他にサトイモ・ダイコン・ニンジン・ゴボウ・シイタケ・タマネギ・ネギ・ナメコ・油揚げなど、山梨の人々の生活に密着した食材が利用される。調味料は味噌味に仕立てる。武田信玄が陣中食として好んで作ったという説もある。
- **煮貝と醤油**　江戸時代に静岡県の沼津近くの海岸で漁獲されたアワビを醤油で煮しめ、馬の背に乗せて甲府の武田信玄のもとへの運搬中に、馬の背で揺られているうちに熟成して美味しい煮貝ができたのである。味はやや濃いが、アワビは軟らかくなり、独特の風味である。

# 20 長　野

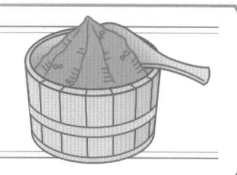

## 地域の特性

▼長野市の1世帯当たりの調味料の購入量の変化

| 年　度 | 食塩 (g) | 醤油 (ml) | 味噌 (g) | 酢 (ml) |
|---|---|---|---|---|
| 1988 | 10,144 | 20,907 | 18,390 | 2,296 |
| 2000 | 4,196 | 12,490 | 9,604 | 2,270 |
| 2010 | 2,441 | 5,213 | 7,773 | 2,448 |

　中部地方のほぼ中央にある長野県は、いくつもの盆地を中心とする小さい地域に分けられている。長野県の佐久を中心とした地域では、江戸時代中期の文化・文政年間（1804～29）頃からコイの養殖が始められている。千曲川の綺麗な水は、コイの飼育に適しているのでその水を水田に入れコイの水田養殖が盛んとなった。田植えの後に、水田に水を入れて幼魚を放ち、9月に養殖池に移してから2～3年の間の飼育により、食べ頃のサイズとなる。佐久のコイは泥臭くなく、肉質もしまり脂肪が少ないので、佐久のコイ料理は昔から評判がよかった。コイ料理には、コイの洗い、コイの糸造り、コイ濃く、うま煮（甘露煮）などがある。甘辛い醤油味のしっかりした味付けのコイの甘露煮は、関東圏のデパートで行われる「長野県の物産展」では、必ず出店される。関東地方で生活している長野県出身の人にとっては、ふるさとの味を賞味するよいチャンスとなっている。

　長野の代表的な調味料には「信州味噌」がある。味噌の全国消費の80％は、煮熟した大豆に米麹を混ぜて発酵させて作る淡色味噌である。平安時代の後期から稲作が普及したことが淡色の米麹味噌が作られるようになったといわれている。すなわち、蒸したご飯に麹菌をふやしたバラ麹と煮熟して磨り潰した大豆を混ぜて発酵させ、低温で乾燥したところで発酵・熟成を行う。長野県は、冷涼で乾燥していて、朝夕の温度差が大きく、麹菌の発育に適した気候・風土となっている。長野県の味噌の購入量は、他

の地域に比べれば多い。

「信州」は長野県の別称で、「信州味噌」「信州そば」の呼び名は長野県の食べ物の代名詞となっている。長野県の経済を支えているのは、信州味噌、信州そばのほかに、涼しく乾燥した空気を利用した高野豆腐、高原野菜、寒天などの食品産業の発達によるところも大きい。

かつては、長野県は関東と関西の文化の境界であったといわれた。正月の魚については、関東ではサケ、関西ではブリとされた。この風習は、江戸時代に始まったといわれている。長野県内では、長野市などの県の北東部の正月の魚はサケで、松本などの県の中西部の正月の魚はブリであった。交通の不便な地域であったため、サケもブリも塩蔵したものを利用した。

長野県には「長野の三大漬け菜」というのがある。冬の野菜として漬物の材料となる漬け菜である。三大漬け菜とは野沢菜・稲核菜（いねこきな）・羽広菜（はびろな）を指す。野沢菜は、江戸時代の宝暦年間（1751～64）に、僧侶が現在の大阪から長野に持ち帰った天王寺カブから改良されたものであるという説はよく知られている。同じ長野県内でも、伊那谷地域では源助蕪菜（げんすけかぶな）の葉の漬物をよく食べる。

長野県は、味噌、漬物などを多く利用するので、血圧の高い人の多い地域であった。行政の健康に関する指導・教育によりみそ汁の塩分濃度をうすくし、食塩や味噌の使用量を多くしないようにしたため、県民の血圧はほとんどが正常値であるという結果を出している。長野県の県民性として辛抱強く、勤勉であるということから、このような健康意識の向上を示す結果になったと思われる。

### 知っておきたい郷土の調味料

## 醤油・味噌

長野の郷土料理のお焼の餡は、もともと味噌や刻んだ味噌漬けを入れていた。今は、餡としては小豆、カボチャ、野沢菜などいろいろなものが工夫されている。長野の名物である「信州そば」は、そばを美味しく食べるためのそばつゆは醤油をベースに昆布やシイタケ、カツオ節のだし汁を入れてこってりした食感のめんつゆも開発されている。長野県には醤油・味噌の醸造会社は約20社がある。その中には醤油だけか味噌だけを作って

いる会社もあれば、醤油も味噌も作っている会社がある。
- **信州（長野）の醤油の特徴**　「信州むらさき」ともいわれている。信濃川の源流の天然水で仕込むのも特徴の一つである。信州の醤油は、長野の夏は暑く冬は寒い典型的な内陸型気候である。朝晩の気温差が大きい。とくに冬は晴天が続くので乾燥した環境となる。そのため醤油の醸造は熟成期間が長く、一般の醤油よりも淡い色でまろやかな味に仕上がる。千葉の大手メーカーの醤油よりも穏やかな香りがあり、まろやかな塩味とうま味がある。刺身やすしのつけ醤油に最適の醤油である（すし飯には約1％の食塩が加えられているので、すしを食べるときには醤油をつけなくても美味しく食べられる）。
- **信州味噌の特徴**　長野県（信州）を中心に生産されている味噌は信州味噌といわれている。信州味噌は、米麹と大豆で作る味噌（すなわち米味噌）で、淡色で辛口が特徴である。長野県の味噌づくりは、信濃国といわれていた戦国時代から盛んに行われていた。信州味噌が全国に普及したのは第二次世界大戦後で、現在は全国の生産量・消費量とも40％を占めている。大手味噌の醸造会社が長野県に集中している。仕込み水は、信濃川の源流の天然水である。大手会社のマルコメ㈱の創業は安政元（1854）年、㈱竹屋（タケヤみそ）の創業は明治5（1872）年に創業してから140年以上も続いている。各企業とも独自の味噌を製造している。信州味噌は、山梨県の「ほうとう」と同様に、武田信玄が荒廃地での大豆の栽培を奨励したことに始まり、兵糧食として利用したと伝えられている。淡黄色で少し酸味がある辛味噌で、塩分濃度は11～12％である。
- **唐辛子味噌**　農家の家伝の味を守っている。長野県小川村の農家・大西明美さんに伝わる作り方を受け継いでいる。原料は唐辛子、きゅうり、フキ、豆味噌、みりん、ブドウ糖液糖、米麹、鰹節エキス、醤油（大豆も小麦も含む）、菜種油、梅酢（㈱小川の庄）。

## ソース

- **カツ丼とソース**　長野県の駒ケ岳周辺はカツ丼にソースを味付けた「ソースカツ丼」がソウルフードである。昭和初期の頃、駒ケ岳の料理店主が、浅草で食べた「カツレット」をヒントに考案した料理と伝えられている。駒ケ根市の明治亭が家庭でも美味しいソースカツ丼を考案したの

が「カツ丼ソース」である、12種類の野菜や果実を加えたソースは長時間熟成させて作る。

　原料は野菜類（トマト・タマネギ・リンゴ・ニンジン他）、醸造醤油、醸造酢、糖類、食塩、香辛料、ポークエキス、チキンエキス、コーンスターチ、増粘用の多糖類、甘味料、うまみ調味料など）である。万能ソースのようにほとんどの料理に合う。

### 郷土料理と調味料

- **善光寺七味唐辛子**　長野の善光寺前の八幡屋は、七味唐辛子の老舗として知られている。信州そばに合うように調製されたものである。
- **信州そばと信州みそ**　信濃高原の寒冷な気候と痩せた地質が、良質のソバの栽培に適していて、戸隠、乗鞍、松本がソバの名産地となっている。ソバは石臼で挽いてそば粉をつくる。そば粉はそば切り・そばがき・そば饅頭・そばぼうろうにして食べられる。信州のそば切りは、すり下ろした辛味ダイコンと信州味噌仕立てのタレにつける食べ方があり、美味しい食べ方なのである。信州そばを食べるときには、古漬けの野沢菜を添えることもある。

---
**長野県のデパートでの掘り出し調味料**

- **しょうゆ豆**　「しょうゆの実」ともいう。食べる調味料の元祖といわれている。麹や大豆を生醤油に仕込み、長時間、発酵・熟成させたもの。
- **豆畑の肉ソース系のソースカツ丼味**　明治亭が開発したソースカツ丼専用のソース。

# 21 岐　阜

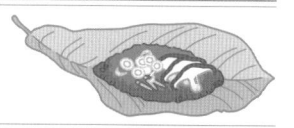

## 地域の特性

### ▼岐阜市の1世帯当たりの調味料の購入量の変化

| 年　度 | 食塩 (g) | 醤油 (ml) | 味噌 (g) | 酢 (ml) |
|---|---|---|---|---|
| 1988 | 3,020 | 14,391 | 12,819 | 2,217 |
| 2000 | 1,933 | 10,578 | 9,197 | 2,815 |
| 2010 | 1,025 | 7,281 | 6,417 | 3,091 |

　岐阜県は、海に面していない内陸県であり、平野と山地の地域に分かれている。「飛山濃水」といわれているように、山間部の飛騨地方と木曽、長良、揖斐の河川が流れている美濃地方が組み合わされている。2つの異なる自然環境は同時に、そこで暮らす人々の食文化に影響を与えている。例えば、飛騨高山の正月には富山から運ばれる塩ブリ（現在は、流通や保存が発達しているから鮮魚も届いている）の料理が用意される。美濃地方を流れる長良川はアユの鵜飼で有名で、アユ料理については刺身、吸い物、姿ずし、塩焼き、甘露煮、田楽、煮びたし、その他の料理がある。

　岐阜県南西端に位置し、伊吹山と鈴鹿山に挟まれた小さな盆地の関ケ原は、慶長5（1600）年に徳川家康の東軍と石田三成の西軍が激突した地域で、「天下分け目の関ケ原」といわれているが、味付けについても関ケ原が東の味付けと西の味付けの境目だという説もあった。すなわち、麺類の汁の色の違いが関東風の濃い汁と関西風の薄色の汁の境目であるといわれたことがあった。麺つゆの色は、食塩濃度とは関係ない。色の濃い関東の麺つゆの塩分濃度は、うすい色の関西の麺つゆの塩分濃度より低いのである。これは、使用する醤油の塩分濃度の違いによる。関東で使う濃口醤油の塩分濃度は17〜18％（容量比）で、関西で使う淡口醤油の塩分濃度は約19％と高いためである。

　岐阜県の中でも飛騨高山は、「小京都」と名乗るほど古い街並みが残っ

ている。飛騨高山の年取魚の寒ブリは富山の氷見から塩ブリの形で運ばれる。街並みは京都を模してつくった町なので風情のある街並みであると同時に食文化も京都の影響を受けているので、味付けも京風の淡口の味付けが多い。

揖斐郡徳山村（現・揖斐川町）では、旧12月8日は、8日吹雪といい、そば粉にぬるま湯を加えて練り、そば切りは太めに切って神棚に供えた。これをたまり醤油で味付けた小豆汁に入れて食べる。古くから自家製の味噌を作り、熟成中に出てくるたまり醤油を調味料として使っていた。同じ徳山村では、客のもてなしにそば切りを提供するのは最高のもてなしであった。そば粉にすり下ろした山芋をつなぎとして混ぜて練り、細めの麺線とし、そばつゆをかけ、薬味をのせて客に供した。薬味にはワサビを使い、麺つゆには醤油を使っている。山間部の農家では自家製の味噌を作るので、食塩の購入量は岐阜市の家庭よりも多いと推定できる（現在はダムのためほぼ水没）。

飛騨高山では、朴（ほお）の木の葉を利用した郷土料理が多い。朴の木はモクレン科に属する落葉高木で幅が広く長楕円形で柔軟な葉がついている。この葉は食べ物を包みやすいので、ほおば飯・ほおばずし・ほおば餅などにも使われる。飛騨高山で目に付くのは「ほおば味噌」である。朴の枯葉の上に厚めの味噌を塗りつけ、おろしショウガ・きざみネギ・シイタケ・ミョウガを混ぜて炭火で焼く。この焼いている時の朴葉（ほおば）の香味を嗅ぎながら、焼き味噌に浸み込んだ素朴な風味を楽しむのが高山の郷土料理である。この時の味噌は、調味料ではなく、副菜としての役割を果たしている。

海のない地域であるから、当然海の幸には恵まれない。このような地域では動物性食品として川魚が食卓に供される。岐阜の長良川の鵜飼という漁法でとったアユ料理は有名である。アユ料理には、刺身（背越し）・吸い物・姿ずし・塩焼き・煮びたし・田楽・フライ・雑煮・甘露煮などがある。元禄年間（1688〜1703）から卵を塩漬けにする「アユうるか」があった。田楽には味噌、煮びたし・甘露煮には醤油、塩焼きには食塩などのように、美味しく食べるには各種の調味料が必ず使われていた。高山地方の郷土料理として、川魚に味噌を使った「フナ味噌」がある。胃袋だけを除いたフナを7〜8時間、弱火でゆっくり煮込み、赤味噌・砂糖・みりんで調味したもので、生臭さや泥臭さもなく、保存食としてつくられていた。

山間部に置いても味噌、砂糖、みりんなどの調味料は古くから使われていたことを教えてくれた郷土料理である。

## 知っておきたい郷土の調味料

### 醤油・味噌

岐阜県の醤油・味噌の仕込み水としては長良川の伏流水や、北アルプス山系に源とする湧き水などが使われている。

- **岐阜県しょうゆ協業組合のしょうゆ**　昭和47（1972）年に岐阜県東濃地方の味噌・醤油のメーカー14社が醤油の協業を始めている。木曽川の水脈を仕込み水として、遺伝子組み換えでない丸大豆を原料としている。

- **岐阜のたまり醤油**　たまり醤油は愛知・岐阜・三重地方で製造・消費されている。昭和18（1943）年創業の岐阜の山川醸造㈱は、「たまり醤油」つくりに主力をおいている（ブランド名「たまりや」）。大豆：小麦／8：2で、仕込み水（長良川の伏流水）の量は原料の大豆と小麦の合計の50％で、醸造期間を2年間かけて「大豆たんぱく質のうま味」と「とろりとコクのある味」が表現できる「たまり醤油」を作っている。たまり醤油は、東海地方独特の食文化なので、これを継承すべく伝統的な濃口醤油とたまり醤油づくりを継承している。商品名には「みのび」や「漆黒」がある。

　たまり醤油とマメ味噌を製造している㈱芋慶は明治10（1877）年に創立した老舗である。

- **ほおばみそ（朴葉味噌）**　モクレン科の朴の木の葉は、幅が広く長楕円形で柔らかい。この朴の木の枯葉の上に厚めに味噌を塗りつけ、おろしショウガ・刻みネギ・シイタケ・ミョウガを混ぜ、炭火で焼いて香りを嗅ぎながら食べる。朴葉の香りが焼き味噌にしみこみ風味のある焼き味噌となる。ご飯や酒の友として利用されている。㈲糀屋柴田春次商店は朴葉味噌用の味噌や「ほおば味噌セット」を販売している。朴葉味噌は県内のスーパーでも販売している。

- **飛騨味噌／岐阜味噌**　味噌の醸造会社が飛騨味噌や岐阜味噌のブランドをつけて販売している。飛騨味噌については、今井醸造合名会社、日下

部味噌醤油醸造㈱がそれぞれブランドをつけて販売している。飛騨味噌については、寒暖差の激しい飛騨の自然水の中で北アルプス山系に源を発する湧き水を利用している。岐阜味噌については、岐阜県内のメーカーが利用しているネーミングである。

- **郡上（ぐじょう）の地味噌**　郡上八幡を流れる水はきれいで美味しいので知られている。仕込み水として郡上の水を使い、原料の大豆を加熱しして塩・麹とともに樽に入れて発酵・熟成させてつくる。郡上八幡内の醸造場により配合や熟成法に若干の違いがあるが、郡上八幡で作った味噌を「郡上味噌」とよんでいる。長良川源流に近い地域の岐阜県郡上地方独特の味噌であり、この地域の大坪醤油㈱の登録商標である。麦麹と大豆麹を使用し、独自の製法で他に類を見えない種類の味噌である。この地域の家庭の手作り味噌の長所を取り入れた大坪醤油㈱が作り上げた味噌である。この地方の特徴のある味噌ではなく、大坪醤油㈱が商標登録した味噌であり、商標の契約によって一般には流通していない。岐阜の郡上八幡の郡上味噌を使った簡単な家庭料理として、食べやすい長さに切った長ネギをフライパンで炒め、これに郡上味噌で味付けたものがあり、酒の肴として非常に美味しい。

- **高山味噌**　袋に飛騨高山のお祭りには欠かせない山車のデザインが印刷されている味噌。この味噌の発酵・熟成にはクラシック音楽を聴かせながら行うというユニークな味噌。創業してから100年はたっているという㈱丸昌醸造場が、高山の豊富な伏流水を仕込み水として作っている。杉の大きい桶で発酵・熟成させているのも特徴である。

## みりん

- **福来純三年熟成本みりん**　地元産のもち米に白扇酒造㈱が使っている特別の米麹、同社醸造の米の焼酎で仕込んだみりんで、老舗蔵元が昔ながらの製法で、3年間熟成したものである。琥珀色でとろっとしていて、ほんのりとした甘みがあり。後口がすっきりしている。洋食のステーキの味付けに醤油と一緒に使うとより美味しく仕上がる（岐阜県川辺町・白扇酒造㈱製）。

## 郷土料理と調味料

- **鮒みそ**　鮒味噌は岐阜ばかりでなく滋賀にもある。海の魚に恵まれない地域では、川や湖沼で獲れるフナを利用した鮒味噌をつくるようである。岐阜県の鮒味噌は高山地方に伝わる鮒の味噌煮である。フナの胃袋だけを除き、7～8時間コトコト煮詰め、辛みそ・砂糖・みりんで調味したもの。大豆を一緒に煮込むこともある。
- **美濃田楽**　岐阜地方の郷土料理には、茹でたサトイモ、豆腐などを串に刺し、甘味のある味噌を塗り、囲炉裏で焼いて、味噌がこんがりと焼けたものを食べる。材料は、入手できる材料を適度にアレンジして用いている。茹でたタニシを串に刺して焼いて、味噌をつけた田楽は「つぼでん」という。

# 22 静　岡

## 地域の特性

▼静岡市の1世帯当たりの調味料の購入量の変化

| 年　度 | 食塩 (g) | 醤油 (ml) | 味噌 (g) | 酢 (ml) |
|---|---|---|---|---|
| 1988 | 4,229 | 16,122 | 15,134 | 2,612 |
| 2000 | 2,415 | 8,350 | 7,865 | 2,656 |
| 2010 | 1,772 | 7,227 | 8,073 | 3,081 |

　静岡県の長い海岸部の気候は、相模湾や駿河湾の沖を流れる暖流の影響を受け、年間を通じて温暖である。北部に位置する赤石山脈に源を発する伏流水は大井川に通じ、富士山麓からの伏流水は柿田川（駿東郡）、富士五湖、白糸の滝、楽寿園（三島市）などの湧水となっている。

　静岡県の伊豆半島や駿河湾には、多くの漁業基地がある。その中でも、伊豆の田子（現在の西伊豆市）や焼津はだしの材料となるカツオ節の生産地となっている。江戸時代～明治時代前半の伊豆の田子で作られる「伊豆節（田子節）」、焼津で作られる「駿河節（焼津節）」は二流とされていた。しかし、明治末期以降、製法の改良と、カツオ漁が動力船を使い、漁港へは氷蔵で運ぶことにより鮮度のよいカツオが入手できるようになった。とくに、焼津節については、製造工程の機械化が進み、東海道線の開発は、良質のカツオ節を作るための社会的背景も後押しする要因となった。機械化の普及は、大量生産ができるようになり、鹿児島と並ぶ主要産地となった。伊豆節の製造会社は、大きな製造会社の協力工場として頑張っている。田子のカツオ節を作る際に作るカツオの塩蔵品は、年取り魚として利用されている。

　伊豆半島の観光地の土産物には、魚介類の加工品が多い。加工品をつくるには食塩が必要になるためか、静岡市の1世帯当たりの食塩の購入量は、岐阜県のそれと比べるとやや多い。

静岡県は、気温が穏やかで、漁港が多いので魚の水揚げ量は他の地域に比べれば多い。気候、水は富士山の山麓にある水源から発する河川や地下水は野菜や果物の栽培の好条件となっている。静岡県は住みよい地域であるというのは、海に面している地域では魚が豊富に入手でき、富士山の裾野から海岸までの斜面部分ではコメ・野菜・果物が収穫できるからであると考えられている。最近は、イチゴの最盛期は、12〜2月といわれているが、これはハウス栽培が発達したため、12月のクリスマスにはイチゴを飾ったケーキを用意するというケーキ屋の戦術に合わせて、公的な農業試験場などの指導のもとに、イチゴ栽培農家が12月にはイチゴを収穫し、出荷できるように開発された。本来の静岡の石垣イチゴの最盛期は夏であった。現在は、イチゴの旬は冬であると図鑑などでも説明している。江戸中期の天保年間（1830〜43）にオランダイチゴがオランダ船により長崎に伝えられた。その後、日本の気候・風土は、イチゴ栽培に適することがわかり、定着した。静岡県の久能山（くのうざん）の南斜面一帯が面する駿河湾の沖は黒潮（暖流）が流れているため、久能山や有度山（うどさん）が寒い北西風を遮り、冬でも10℃以上の温暖な気温を保っている。静岡県のイチゴは「石垣イチゴ」といわれているのは、玉石を積み上げた石の間に早生種の福羽イチゴの苗を植えると、石が太陽熱を吸収して夜も暖かいので、栽培によい温度が保たれていることになる。この石垣での栽培は、明治38（1905）年から始められている。

　静岡県の名物の一つにイノシシ鍋がある。伊豆の内陸部は富士山の延長上にあり、森林に覆われた山並みとなっている。古くから、イノシシを入手すると大名焼き、オイル焼き、お狩り場焼き、イノシシ鍋などで食べた。味噌は、イノシシの獣特有の臭みをマスキングする調味料として必須であった。近年は、イノシシが増え過ぎ、農作物が荒らされていることが多い。

### 知っておきたい郷土の調味料

## 醤油・味噌

- **富士山麓の湧水で仕込む醤油**　御殿場は富士山麓の湧水の豊富な地域である。この湧水を仕込み水とし、澄んだ空気と高冷地という酵母の生育に適している環境で醤油、味噌を醸造している会社が、天野醤油㈱で「甘

露醬油」「仕込み味噌」などを製造・販売している。甘露醬油は、一度できた生一本の醬油を食塩水の代わりに、再び麹の中に入れて発酵・熟成を行う。米麹を追加するのが甘露醬油の特徴である。発酵・熟成の期間は2年以上で、原料も2倍を使っている。刺身、豆腐、すしなどの「つけ醬油」として使われることがある。キャラメルのような香ばしさや濃厚な味の醬油である。天野醬油には「本丸亭」「富士泉」「グリーンラベル」などのブランドがある。

- **金山寺みそ／金山寺こうじ**　金山寺みそ（きんざんじみそ）は、径山寺味噌とも書く。和歌山県、千葉県、静岡県等で作られている。大豆・米・麦・野菜等から作られ、熟成期間は1週間のものもあれば3カ月のものもある。調味料として使われるよりも、おかずや酒の肴として利用されることが多い。和歌山県の特産品として推奨されているが、静岡県の鈴木こうじ店は金山寺味噌の材料の一つである「米こうじ」を「金山寺こうじ」として製造・販売している。

- **江戸時代創業の栄醬油醸造**　㈲栄醬油醸造は江戸時代の末に創業し、丸大豆、小麦、塩を原料とし、昔ながらの木桶を使った長期熟成により独自の「甘露栄醬油」「さしみたまり」を製造・販売している。創業してから130年余りも続けている静岡醬油合資会社は、「白寿」というブランドの高級生醬油を作っている。

- **相白味噌（あいじろみそ）**　相白味噌は静岡県を中心に作られている米味噌である。関西の白味噌と信州の淡色辛味噌との中間的性質の味噌で甘口味噌である。しかし、米麹の使用量によって甘味と塩辛味の2種類が用意されている。米麹を多く使った味噌は甘みを強く感じる。塩分の濃度は7～12％で、醸造・熟成期間は5～20日と短い。

## 食塩

静岡県は、海岸線が長いので、製塩場も多い。

- **西伊豆戸田塩　天然塩**　戸田は日本一深い駿河湾に面した伊豆半島にある。戸田沖合100ｍ、水深4ｍの海水を船のポンプで取水する。平釜に入れ、薪を燃料として24時間かけて煮つめる煎りごう塩。戸田建設㈱から独立したこだわり工房が製造している。

- **太陽と風の塩／西伊豆の塩**　駿河湾に面した八木沢で製塩している。製

塩場の目の前の磯浜にパイプを常設し、満潮時の海水を汲み上げる。屋根つきハウス内で、流下ネット式でかん水（海水を塩分濃度の高い塩水につくる）をつくり、これを天日乾燥して食塩を結晶化する。「西伊豆の塩」は、多段式の鉄製平鍋にかん水を入れて、薪で加熱し煎ごう塩とする。

- **その他の製塩会社**　静岡は海に面しているところが多いので製塩会社が多い。あらしお㈱（駿河区）、伊豆中塩工場（伊東市）、㈱こだわり工房（沼津市）、汐彦（駿河区）、静岡塩業㈱（葵区、清水区）などである。

## みりん・ポン酢

- **鳥居食品のみりん**　原料は米と米麹と合わせ、長期熟成し、うま味を増し、フルーティーな香りあるみりん。
- **栄醤油醸造のポン酢**　掛川市の㈲栄醤油醸造が作っている「ゆずポン酢」は木桶で仕込む本醸造醤油に醸造酢、みりん、カツオ節だし、天然ゆずの果汁を加えて作ったもの。野菜サラダ、冷奴、鍋物のつけ汁に使われる。

## ソース

- **トリイソース**　浜松市の鳥居食品㈱の手作りこだわりソース。「ウスターソース」は国産の生野菜を一昼夜煮込み、香辛料を原型のまま樽の中で熟成させたもの。コロッケ、フライなどに使われる。「完熟ソース」は完熟トマトと完熟リンゴをたっぷり使い、素材の色で着色された天然素材のソース。

## だし

- **液体調味料・粉末調味料**　調味料の原料を加熱または酵素などの作用で調製したうま味調味料。焼津水産工業が開発している。
- **焼津節・伊豆節**　焼津と伊豆は、カツオの水揚げ漁港で、水揚げされたカツオの一部は鰹節工場に運ばれ、鰹節となる。焼津で作られた鰹節は「焼津節」、西伊豆の田子で作られる鰹節は「伊豆節」または「田子節」として流通している。伊豆節の生産量は少なくなり、パック詰めの「削り節」や「花かつお」の生産が行われている。焼津節は関東地方の鰹節

の老舗販売店が取り扱っている。
- **なまり節とその缶詰**　新幹線の静岡駅内のショッピング街の食料品店にはお土産として「なまり節」が売られている。その数の多さから、静岡県でなまり節の利用が多いと察することができる。静岡の家庭では、煮物の材料になまり節を使うと、鰹節のようなだしが出るので、煮物の材料と同時にだしの材料となっている。このなまり節の缶詰が、町の活性化の一品として開発された。缶詰の中身を丸ごと使えば、鰹節のだしも得られるという一石二鳥の役目をする食品である。なまり節は、原料のカツオから鰹節の製造工程で、下処理・蒸煮・整形・焙乾・風乾までは同じだが、カビ付けは一度しか行わないので、軟らかく長持ちしない。最近は、真空包装し、低温で流通している。

## 食用油

- **緑茶油**　お茶どころ静岡ならではの考えた食用油。緑茶の脂溶性成分がたっぷり含まれている食用油。きれいな緑色、無臭に近く、舐めるとほのかにお茶の風味を感じる。野菜のお浸しに塩と一緒に利用する。冷奴にも合う。

郷土料理と調味料

- **しいたけ**　伊豆地方は気温が10℃くらいの冷涼な土地を好むので、とくに伊豆天城地方はシイタケの栽培に適している。シイタケは生のまま利用する料理があるが、日干しした干ししいたけにはうま味成分のグアニル酸が多く含む。ダシには干しシイタケを使う。
- **わさび漬け**　わさび漬けはそのままでも美味しく食べられるが、香味野菜のわさびの代わりに蒲鉾やさっぱりした料理のアクセントに利用するのもよい。伊豆天城の山中でワサビが栽培されたのは、江戸時代中期であると伝えられている。本格的な栽培は大正3（1914）年の頃である。ワサビの栽培は、狩野川の支流一帯で、秋から春にかけて収穫する。

# 23 愛　知

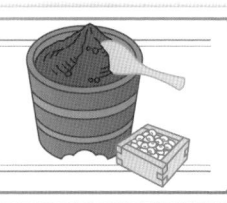

## 地域の特性

▼名古屋市の１世帯当たりの調味料の購入量の変化

| 年　度 | 食塩 (g) | 醤油 (ml) | 味噌 (g) | 酢 (ml) |
|---|---|---|---|---|
| 1988 | 2,519 | 16,672 | 14,333 | 3,262 |
| 2000 | 2,040 | 8,210 | 8,728 | 2,296 |
| 2010 | 1,859 | 6,551 | 6,459 | 2,802 |

　愛知県の西部は、木曽・揖斐・長良の３大河川によって形成された濃尾平野が開けていて、米や麦の生産量は多いので、米味噌や麦味噌が発達する条件が整っていたにもかかわらず、豆味噌（または八丁味噌）が発達した。豆味噌は、徳川家康（1543～1616）が三河武士の兵食用としてつくり始めたともいわれ、後に民間用に改良された。愛知県に米味噌や麦味噌が定着しなかった理由としては、この地方は高温多湿で酸敗がおこりやすいため、米麹や麦麹を使わないで大豆に麹菌を直接かつ安全に生育させる味噌玉製麹という伝統的な技法が守り続けられ、発展してきたためといわれている。

　愛知県のよく知られている調味料は岡崎味噌または八丁味噌の名で知られている、大豆を原料とした豆味噌である。名古屋の人々は、八丁味噌を使うことにより、同時に原料の大豆のうま味（主成分はグルタミン酸）もみそ汁の味付けとなっているので、あらためて昆布やカツオ節からだしをとらなくても済む。十分おいしいみそ汁となるので、だしをとらない家庭が多い。

　八丁味噌の歴史は古く、７世紀の飛鳥時代に遡る。朝鮮半島から渡来した高麗の帰化人が尾張・美濃周辺に住み着いて大豆で豆味噌を作ったのが、愛知の八丁味噌の由来であるといわれている。八丁味噌は、蒸して潰した大豆に麹菌を付着させてから２～３年の長い期間の熟成を行うが、八丁味

噌の色が赤～黒みを帯びた褐色であるのは、この間に大豆に含まれているたんぱく質由来のアミノ酸と糖質との間で起こるアミノカルボニル反応により生成したメラノイジンという物質による。この物質は、反応時間（熟成時間）が長いほど重合して色調は黒みを帯びてくる。渋味・苦味を感じながらも独特の風味があるので、料理店のみそ汁には、この八丁味噌と、信州味噌のような甘味のある米味噌と合わせた「赤だし」として、味も風味も調製したものが提供される。塩分濃度は10～12％で少ないが、水分含有量が少ないので、保存性がある。

愛知県の「きしめん」は、小麦粉に塩を入れないで練った生地の平打ち麺である。軟らかい歯ざわりに仕上げ、名古屋の「味噌煮こみうどん」に使われる。味噌煮こみうどんは、八丁味噌で味付けた汁の中で、きしめんを煮込む食べ方がある。また茹でたきしめんを容器に入れ、これをカツオだし汁を利かした淡口醬油の仕上げに、雉肉の代わりに油揚げ・青菜（小松菜・ほうれん草）を入れ、花カツオをたっぷりのせた醬油味の食べ方もある。

醬油の始まりは、紀州湯浅（和歌山県）であると伝えられている。鎌倉時代の建長6（1254）年に禅僧・覚心が宋から径山寺味噌の技法を日本に伝えた。これを紀州湯浅で作っているときに、桶に溜まる液体が美味しいことを発見した。これが「たまり」醬油である。この「たまり」から醬油へと発展している。後にこの液体がうま味の成分であるアミノ酸を含む醬油へと展開していく。濃厚でうま味のある醬油の原形の「たまり」は、日本列島の中央部に当たる愛知・三重・岐阜で作られるようになった。食文化的には、愛知県は味噌や醬油の発展と深い関わりがあると推定できる。

直径1～2cm、長さ1m以上の宮前大根（別名、守口大根）の奈良漬け風の「守口漬け」は、愛知県の特産物として知られている。この漬物は、塩漬けしてから酒粕と味醂で漬けるものである。この漬物には、調味料として酒粕やみりんを使用しているところに興味がある。

名古屋周辺の郷土料理のウナギの「ひつまぶし」は、蒲焼きのようであるが味付けは濃い。蒲焼きやお茶漬けなどとしていろいろな食べ方があるので、調味料の点からはいろいろな食べ方に合うタレに興味を引かれる。このような食べ方は、派手な面を持ちながら節約の意思ももつ名古屋人の性格が生み出した食べ方のように思われる。

## 知っておきたい郷土の調味料

## 醤油・味噌

- **たまり醤油（尾張のたまり）** 東海地方では醤油といえばほとんどが「たまり醤油」を使うほど、日常の食生活に密着している。愛知県の知多半島に位置する武富町には、「たまり醤油」の蔵元が多く、「たまり」の産地といわれている。メーカーとしては「丸又商店」（創業は天保14［1843］年）、「野彦醸造」（創業は明治時代後期、約120年の歴史がある）などがある。原料は大豆のみである。濃口醤油の麹は「大豆・小麦・種麹」で作るが、たまり醤油の麹は、味噌づくりの工程でつくる蒸煮した大豆の「味噌玉」に種麹を繁殖させて「味噌玉麹」をつくる。杉桶に味噌玉麹と濃度の濃い食塩水を入れて仕込む。味噌玉麹に食塩水を加えたものを諸味（もろみ）という。諸味に上に石をのせて熟成する。重石をのせるので、桶の底には液体が溜まる。この液体を汲み取っては、諸味にかけて6カ月～3年の間、諸味や桶の底の液体（醤油）を発酵・熟成させる。大豆のうま味が濃縮した濃厚なコクが特徴。すし、刺身などのつけ醤油に使う。また、加熱すると赤みがかった色がでるので、照り焼き、せんべい、佃煮の味付や色つけに使われる。

- **白醤油** 江戸時代後期1800年頃に「嘗味噌（なめ）」の一種の径山寺味噌（金山寺味噌、きんざんじみそ）の上汁が色が淡く、美味なので調味料として利用されるようになった。三河国新川（現在の愛知県碧南市）で、最初に作り出されたと伝えられている。現在は、色は淡く、独特の風味をもつこの「白醤油」は東海地方（とくに愛知県）の特産物となっている。原料はほとんどが小麦で、大豆は少量だけ使われる。でんぷん含量の多い小麦を使うので、糖分の含量が多い。加熱殺菌をしていないので麹菌（酵母）は生きているので、賞味期限は他の醤油に比べると短い。茶碗蒸し、おでん、丼物、吸い物、鍋物、麺類のつゆの調味料として使われる。お菓子、蒲鉾などの練り製品、ハム・ソーセージなどの畜肉加工品、漬物など農産加工品、佃煮、めんつゆ、たれ類にも使われる。

- **豆味噌** 豆味噌は、江戸時代前期（正保2［1654］年）に徳川家康が三河武士の兵食として作り始め、後に民間用に改良された。豆味噌は、日

本の味噌の原形であるとも考えられている。豆味噌は大豆とごく少量の香煎以外の原料を使用しないため、色は濃褐色で、こし味噌と粒味噌がある。製法の違いや生産地域などにより八丁味噌、三州味噌、三河味噌、名古屋味噌、溜り味噌などとよばれている。

　原料の大豆は、洗浄・浸漬・蒸煮（加圧蒸煮）する。蒸煮して軟らかくなった大豆は、60℃前後に冷ましてから拳ほどの大きさの塊（味噌玉という）にして、これに直接麹菌を植えて培養する。味噌玉製麹のポイントは、空中のBacllusなどの雑菌の増殖を抑えつつ、麹菌を味噌玉の内部にまで浸透させ、プロテアーゼ（たんぱく質分解酵素）の強力な豆麹をつくることである。味噌玉の内部には通性嫌気性の乳酸菌が多量に繁殖する。乳酸菌の増殖によりpHが低下する（味噌玉が酸性になる）ので雑菌の増殖を抑えることができる。豆味噌の熟成期間は、天然醸造では春に仕込み6カ月、秋〜冬仕込みでは1年間が普通である。熟成期間が長いのでアミノカルボニル反応により濃褐色の豆味噌となる。

- **赤だし／赤だし味噌**　「赤だし用味噌」を「赤だし味噌」とよんでいる。「赤だし」は、主に関西地方では「赤味噌」を指している。「赤だし」という味噌はない。八丁味噌などの豆味噌に米味噌を合わせたものを「赤だし」ということから、豆味噌をベースに米味噌、昆布やカツオ節のだし汁を配合した調合味噌を「赤だし」ということもある。田舎味噌に赤味噌を入れることを、「赤ざし（赤差し）」といい、これから転訛して「赤だし」とよぶようになったともいわれる。
- **つけてみそ／かけてみそ**　名古屋の家庭の食卓には欠かせない「みそだれ」といわれている。赤だしベースの甘めの味噌だれで、どろっとした粘性があり、マヨネーズのような使い方ができる。八丁味噌独特の香りとコクがある。スティック状のキュウリ、ナス・ズッキーニ・ピーマンなどの味噌いための味付けに向いている。名古屋の郷土料理の「みそカツ」にかけることができる。
- **尾張赤だし**　明治7（1874）年創業の佐藤醸造㈱は、味噌づくりの伝統を受け継いで「尾張赤だし」のブランドで販売している。
- **最近人気の味噌関連商品**　八丁味噌用焼きネギ地味噌、味噌カツたれ、八丁味噌入りせんべい、煮込みうどん用の八丁味噌、赤だし味噌カップなど用途に向いた合わせ味噌が開発され、販売されている。

## 食塩

- **愛知県の塩づくりの歴史** 愛知県は古くから塩づくりの盛んな地域であった。奈良で発掘された神亀4(727)年の木簡には、愛知県の名が残っている。これは、税として地域の特産品を中央に納入したときの塩の荷物に愛知県の名がついていたものと推察されている。愛知県内では塩づくりが伝わったのは3世紀末と推定されている。7世紀には知多半島や三河湾沿岸で塩づくりが始められたが、平安時代の11世紀ごろは衰え、三重や和歌山のほうに伝わった。塩づくりには、土器製塩の技術が発達が関係していた。知多半島の松崎遺跡や上浜田遺跡、渥美半島の西の浜一帯にドウツン松遺跡や岬1号製塩遺跡(8世紀)などから製塩用の土器(「土器製塩」)が出土している。平安時代以降、愛知県での塩づくりは消滅したが、江戸時代になって再び製塩が盛んになった。江戸時代後半には塩田による瀬戸内海での製塩が盛んになり土器製による塩づくりは少なくなり、昭和47(1972)年には完全に姿を消した。

　塩の専売法がなくなってから愛知県でも塩を製造している会社が設立され、現在10社以上の会社がある。主として碧南市に集中している。

## みりん

- **愛知のみりん醸造** 愛知県は、江戸と京都・大阪の中間にあることから、古くからこの地域の酒は「中国酒」とよばれて親しまれていた。そのためにみりんも醸造している醸造会社も多い。八丁味噌やたまり醤油という比較的濃い目のものを好んでいるためか、濃厚なみりんを製造するのは得意だったようである。醸造には豊かな木曽川の伏流水を利用している。春を告げる国府宮神社の神事にはみりんは欠かせない。みりんを製造している醸造会社は10社以上ある。
- **三州三河みりん** 碧南市の角谷文次郎商店は200年余の伝統技術を守り、原料にコメのみを使って長期熟成により作った本物のみりんとの評判である。熟成後は加熱殺菌をしないで生のまま瓶詰めしている。ほんのり甘く、香りがよく、まろやかな味である。

### 郷土料理と調味料

- **味噌煮込みうどん**　小麦粉に塩を入れないで練った生地を薄く伸ばして麺線状にし、これを茹でないで、八丁味噌仕立てのかつおだし汁の中で、鶏肉・ネギ・卵・油揚げと一緒に土鍋に入れて煮込む「煮込みうどん」。沸騰しているうちに食べる。夏も熱い煮込みうどんを食べるのが名古屋流。
- **かしわ料理（黄鶏料理）**　鶏肉をかしわ（黄鶏）というのは、羽毛の色が柏の枯れ葉に似ているからといわれている。代表的かしわ料理は、名古屋コーチンを用いた「とりすき」である。「かしわ鍋」「かしわのひきずり」ともいう。白菜・サトイモ・ダイコン・ネギ・ミツバ・コンニャクを鉄鍋に入れ、醤油・みりん・酒を混ぜた「割り下」で調味し、八丁味噌で仕立てる。

―――― 愛知県のスーパーの人気商品 ――――

- **カクキュー・即席赤だし**　岡崎市の合資会社八丁味噌は味噌づくりひとすじ360年の老舗。カクキュー・即席赤だしはみそ汁1杯分のフリーズドライの袋詰めで名古屋セレブ御用達。
- **矢場とん・みそだれ**　「矢場とん」は名古屋で人気の名古屋めしの店。味噌カツのみそだれが人気。みそだれだけが販売。
- **ヨコイのソース**　スパゲッティヨコイは名古屋名物あんかけスパゲッティの店。ここのブランドのソース。具にベーコン・ハム・ウインナーや野菜が使える。洋風とも和風ともつかないソース。コショウの辛さが特徴。

# 24 三 重

## 地域の特性

▼津市の1世帯当たりの調味料の購入量の変化

| 年　度 | 食塩 (g) | 醤油 (ml) | 味噌 (g) | 酢 (ml) |
|---|---|---|---|---|
| 1988 | 4,303 | 16,210 | 13,112 | 2,566 |
| 2000 | 2,016 | 9,339 | 7,984 | 2,877 |
| 2010 | 2,764 | 7,065 | 5,069 | 2,529 |

　三重県に伊勢神宮がある。皇居関係の祀りごとを行うための最高の社格の位置づけの神社であり、ここだけが「神宮」といわれている。江戸時代の参勤交代においては、東西から人々が「伊勢参り」をしたことにより東西の文化交流の地点でもあった。紀伊半島の東側半分を占め、その海岸はリアス式海岸となっていて、漁港も多く、水産物が豊富であった。近海で獲れた魚介類は伊勢神宮の神饌として利用されている。また、志摩半島の沿海の静かな海面では、魚介類の養殖が盛んに行われている。カキやマダイなどの海の幸に恵まれ、松阪牛という銘柄牛の美味しい牛肉料理もあり、食べることに興味のある食通にとっては注目されている地域である。

　江戸時代には、伊勢参りの街道筋には旅人を相手にした「伊勢うどん」の店があった。また、四日市の大矢知地方には「伊勢そうめん」（別名、大矢知そうめん）がある。四日市地域は、昔から良質の小麦を生産し、冬の冷え込みが厳しく、雨量が少なく乾燥した気候の日が多いので、素麺の乾燥に適している。江戸時代から、大矢知で作るそうめんは、「伊勢白子そうめん」として知られている。伊勢うどんは軟らかく少し太めであるのに対して、素麺は三重の糸といわれるように細い麺である。麺類が発達すれば、麺を食べるための「つゆ」が必要となる。三重県では、「伊勢醤油」という「溜り醤油」が発達している。「溜豆油・豆油（たまり・たまり）」ともいわれている。伊勢醤油は、豆味噌を作る過程で、味噌玉に種麹（たねこうじ）を撒布（さんぷ）して得た溜り麹に、

塩を混ぜて発酵させると味噌の溜り液ができる。この味噌に近い醤油が伊勢醤油である。伊勢醤油の製造には鈴鹿山系の良質な地下水が適していることから、三重県の地産地消として注目したい醤油である。

　三重県桑名のハマグリの美味しさは、古くから知られている。桑名は、木曽川・揖斐川・長良川の河口にあたる。各河川の河口では海水と淡水が交わり、内湾の浅い砂地は貝類の生息に適している。桑名のハマグリが非常に美味しいといわれるのは、桑名の河口の砂地は栄養豊富な砂地であるからである。「桑名の殿さん時雨で茶々漬け」とあるように、醤油の煮汁でつくるハマグリの時雨煮は江戸時代から有名であった。時雨煮をつくるにも醤油が必要となり、とろりとした粘性のある醤油が必要だったのである。

　三重県の篠島には、海岸の岩に付着している小さな貝をみそ汁に仕立てる漁師料理がある。調味料としては味噌だけで、だしは具にしている貝から出ているので、わざわざだしをとらなくてもよい味噌汁である。

　三重県の県庁所在地の津市の1世帯当たりの食塩や醤油の購入量は、同じ近畿地区に属する大阪、京都のそれと比べると、やや多い傾向にある。津市の食塩購入量から三重県全体の食塩購入量を推察するのは難しいが、三重県の保存食品の「伊勢たくあん」「タカナ漬け」などの食塩を使う食品との関係を推測している。

### 知っておきたい郷土の調味料

　三重県は南北に長く、伊勢平野、伊賀盆地、紀州に大別され、それぞれが独自の食文化をもっている。また、伊勢神宮の所在地であるから神宮のしきたりの影響もみられる。

## 醤油・味噌

　三重県の伊勢市は「美し国」というキャッチフレーズで、市全体の活性化を試みている。醤油については、伊勢平野は中京地区に接し、味の濃厚な「たまり」、「豆味噌（八丁味噌）」の利用が多い。上野（伊賀）盆地は関西圏に属し、京風の味付けが多く、この味付けに適した米味噌、淡口醤油を利用することが多い。紀州は甘味のある「麦味噌」と濃口醤油の利用が多い。

- **三重県の醤油・味噌の会社** 三重県の醸造会社は、醤油だけを醸造している会社もあるが、食酢、赤だし味噌、たまり醤油、たれ類を作っている会社がある。伊勢で生まれた伊勢醤油は、伊勢参宮街道、伊勢の食文化にもなくてはならないものである。伊勢醤油奉納式もある。安政3（1856）年創業の下津醤油㈱、伊勢醤油本舗㈱などが作っている。

 ㈱糀屋は、プロの料理人を納得させる「職人仕様」の濃口醤油や赤だし味噌（豆味噌）を製造している。仕込み水は宮川の水を使い、非遺伝子組み替え丸大豆を使い、じっくりと発酵・熟成させた滋味あふれる味噌を作っている。

 伊賀の㈱福岡醤油店は創業して100年間伝統を守り続けて醤油を作っている。発酵・熟成は木桶で行い、すべてを手作りを続けている。福岡醤油店には「混合醤油」というのがある。これは醸造した醤油にアミノ酸液を加えて味を調整した醤油である。主に、九州地方で流通している。

 糀屋の味噌も非遺伝子組み替えの大豆を原料とし、豆味噌を作っている。

- **伊勢醤油** 大豆だけで仕込む伝統的な醸造法で作る「溜り醤油」。溜豆油（たまり）、豆油（たまり）といい、愛知県と同様に溜り醤油の生産地である。蒸煮して軟らかくなった大豆で作った味噌玉に種麹を撒布する。この状態の味噌玉は溜り麹といい、これを食塩水とともに桶に入れ、重石をのせて発酵・熟成させる。味噌の溜り液ができる。味噌に近い醤油で、香り、味ともによい。伊勢神宮に伊勢醤油を奉納する儀式に使う。伊勢地方の小粒丸大豆と仕込み水の鈴鹿山系の良質の地下水がとろりとした伊勢醤油を作る。

- **さんま醤油** 熊野灘はサンマ漁発祥の地といわれている。水揚げされるサンマは産卵を終えたもので脂肪が少ない。脂肪の少ないサンマを海洋深層水塩だけで漬け込む。麹は使わず、じっくり発酵・熟成させることによりうま味が増加する。魚醤油の一種である。匂いはおだやかで、上品な味わいである。他の魚醤油と比べると塩分濃度は低く、アミノ酸含有量が多い（熊野市の財団法人紀和町ふるさと公社の製造）。

- **三重県も味噌カツ** 三重県も豆味噌が多く、名古屋名物の味噌カツも三重県津の料理店でも提供されている。

- **豆味噌とみそ汁** みそ汁をつくる場合、京都、大阪、東京では昆布のだ

しやカツオ節のだしを使うが、豆味噌の場合には豆からだしの成分のうま味が出るので、だし汁は用意しない。
- **地味噌の煮みそ**　東紀州で水揚げされた新鮮な魚の身と、季節の山野草を地元の味噌で煮た素朴な料理。昔から東紀州の家庭では、普通に食べる保存食の一つである。

## 食塩

伊勢神宮に奉納される食塩は、御塩といい三角錐の型に入れて奉納する。
- **岩戸の塩**　伊勢神宮のみそぎ浜として知られている二見浦の近くで、神宮林の地下水と伊勢湾に入る満ち潮の流れと出合う位置からポンプで海水を取水し、鉄の平釜で7～8時間に詰めて荒塩を作る。
- **真珠の塩**　熊野灘に面したリアス式海岸、五ヶ所湾の入り口の相賀浦から、海水をポンプで海水をポンプで取水。海水を釜で煮詰めるときに真珠とアコヤガイを一緒に入れる。

## みりん

三重県には50を超える清酒の醸造場がある。とくに、伊賀盆地や四日市から松阪市にかけての伊勢平野に多い。清酒を醸造するところは、みりんも醸造できることが推察できる。
- **四日市の古い製造場**　弘化3（1846）年に創業した宮崎本店は清酒のほかにみりんも焼酎も造っている。この会社の建物は、平成8（1996）年に文化財建築物に登録された。
- **みりん干し**　みりん干しは、腹開きや背開きした魚を、みりんも入れた醤油タレを塗りながら干したものである。各地に名物がある。三重県ではサンマ、アジ、タチウオ、ゴマサバなど三重県の漁港に水揚げされる魚のみりん干しを作る。

### 郷土料理と調味料

- **伊勢うどんと麺つゆ**　伊勢うどんは手打ちで軟らかく太めである。溜り醤油（伊勢醤油）をつけながら食べる。江戸時代には伊勢参りの街道筋で人気であった。現在でも伊勢うどんを食べなれている人は、伊勢うどんのように軟らかくなければ美味しいうどんと認めない人も見かける。

- **伊勢うどん用「うどんつゆ」** 伊勢うどんの濃厚なつゆとして、ミエマン西村商店の「うどんつゆ」がある。溜り醤油に煮干し・カツオ節・昆布のだし汁を加えたもので、薄めずそのまま使う。
- **コウナゴ料理と調味料** 伊勢湾に春が訪れる頃には、コウナゴ漁が解禁になる。漁獲後は鮮度低下が早いので、弱火で茹で素早く釜からあげる。「コウナゴの卵とじ」は、醤油・砂糖・酒で調味して作る。「コウナゴの巻きずし」は、春祭りにつくる。
- **とんてきのたれ** 四日市で人気の料理に「とんてき」がある。厚めに切った豚肉をラードで焼き上げ、ニンニクと黒い濃い目のたれで味付けしたもの。この黒いたれとは溜り醤油をベースにしたたれ。寿がきや食品が開発した黒いたれが「とんてきたれ」である。

# 25 滋　賀

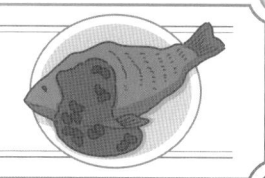

## 地域の特性

### ▼大津市の1世帯当たりの調味料の購入量の変化

| 年　度 | 食塩 (g) | 醤油 (ml) | 味噌 (g) | 酢 (ml) |
|---|---|---|---|---|
| 1988 | 4,785 | 17,833 | 7,906 | 3,459 |
| 2000 | 2,361 | 8,112 | 5,736 | 2,873 |
| 2010 | 1,102 | 5,867 | 5,335 | 3,535 |

　滋賀県の食生活は、中央に位置する琵琶湖に生息している魚介類や琵琶湖周辺の農作物の影響を受けている。太古から琵琶湖周辺に住み着いた人々は、琵琶湖の幸で命をつないできた。現在も好んで食べられているセタシジミや、ふなずしなどの保存食として利用されたフナが昔から大量に食べられていたことは、縄文時代の粟津湖底遺跡や石山貝塚からの出土品から明らかにされている。

　琵琶湖に生息している魚介類（アユ・フナ・コイ・モロコ・ビワマス・ハス・ウグイ・イサザ・ゴリ・ギギ・ナマズ・ドジョウ・シジミ・スジエビ）を食べるにあたりいろいろな調理法があるが、なれずしや佃煮などの保存食もある。これら保存食の加工には、大量の食塩と醤油を必要とする。滋賀県の県庁所在地大津市の1世帯当たりの食塩や醤油の購入量は他県の都市と比べると多い傾向がみられる。伝統食品や保存食の加工にも使用している購入量が関係していると思われる。

　滋賀県中主町に残る郷土料理の「手打ちうどん」は、小麦粉に少量の食塩を加えて練ってうどん生地を作る。この生地は伸ばして麺帯を作り、さらにこれを麺線に切ると、「手打ちうどん」ができる。このうどんの麺つゆの「だし」は、琵琶湖で漁獲された雑魚の焼き干しまたは煮干しで用意し、醤油で味付ける。熱湯で湯がいた熱いうどんを麺つゆの中に入れて食べる。うどんの生地を作る時に入れる食塩は、小麦粉のグルテンの分子間

の網目結合が生成されて強い粘弾性、すなわちコシが発現するのである。

　滋賀県の酒の肴となるものに、フナ味噌がある。味噌が調味料の役目でなく、肴としても利用されている例である。琵琶湖の源五郎ブナを、骨が軟らかくなるまで醤油でよく煮込み、さらに味噌・みりん・砂糖・ユズを入れて煮詰めると、味噌の固まりのようになる。できたものは、溶けるような舌触りに仕上がる。味噌を使った郷土料理には、「ハスの魚田」がある。彦根の名物で、淡水魚のハス（コイ科）は、姿のまま付け焼きしてから甘味噌を塗って焼き上げ、生卵をかけて食べる。「目川田楽」は田楽焼き・田楽豆腐ともいわれる。串に刺した豆腐に葛をひいてから、田楽味噌を塗りながら焼いたものである。滋賀県には味噌を使う料理が多い。家計調査によると、大津市の１世帯当たりの味噌の購入量は、近畿地方は東北、関東、東海、信越地方の県庁所在地の１世帯当たりの味噌の購入量に比べて少ない傾向がみられる。大阪や京都の購入量に近い。

　滋賀県の郷土料理としての漬物には、「紅蕪漬け」「日野菜漬け」がある。紅蕪漬けの原料の赤蕪は、飛騨高山と同じ系統の品種である。塩・砂糖・糠で漬ける。米の収穫がひと段落し、精米過程で出てきた糠の利用として紅蕪の漬物がつくられている。日野菜漬けという塩漬は、桜色がきれいなので「さくら漬け」ともいわれている。根（15〜20cm）は大根に似ているが、地上に出ている葉と根の部分は、赤紫色を帯びている。冬季に収穫した日野菜は、天日で乾燥させて熱湯をかけてから塩漬けにし、アクを抜いてから、さらに塩漬けにする。食べる時は食酢をかけて食べるという珍しい漬物である。塩漬け類が多いので食塩の使用量が多い地域と思われる。

　「家庭調査」をみると、大津市の１世帯当たりの砂糖の購入量が京都市や大阪市に比べるとやや多い傾向がみられるのは、この地域は和菓子の発達している地域と関係があるように思われる。

### 知っておきたい郷土の調味料

　滋賀県は琵琶湖に面して広がりをみせる穀倉地帯は、昔から「近江米」の産地として関西方面を代表的する米の主産地である。米の主産地であることからほとんどが米味噌を製造し利用している。味噌の出荷状況をみると米味噌のみであり、米味噌や麦味噌の出荷はみられない。

## 醤油・味噌

- **野洲川の伏流水が仕込み水** 醤油の原料の大豆や麦は近隣の県から購入し、野洲川の豊富な伏流水を仕込み水として醤油を醸造している。創業が明治18（1885）年の雲弥商店（びわ町）、大正6（1917）年の遠藤醤油㈱など、他県に比べると創業が比較的新しい会社がある。
- **ヤマキ金印しょうゆ** ㈲醤油屋喜代治商店は醒井（さめがい）の清流で仕込むしょうゆ、味噌を作っている。
- **彦根の濃口たまりしょうゆ** 彦根市の原宮喜本店が手間暇かけて作っている。濃口醤油も淡口醤油も醸造している。
- **白味噌専門の醸造** 創業明治元（1868）年の九重味噌製造㈱は、120年以上も白味噌（西京味噌）を作り続けている。塩分濃度が3.7％で、手作りの米麹の甘さと香りを強調している。甘味、香り、うま味のある「極上白味噌」は、滋賀県の「九重味噌製造」が自慢としている白味噌（西京味噌）である。糖化力の強い米麹（長白菌という麹菌を使う）を使うことにより甘味豊かな白味噌に仕上がる。手作りの米麹が完成するまで4日間かかる。
- **白荒味噌** 九重味噌が販売している西京漬け、味噌漬け専用の味噌である。漬ける具材が塩辛くならないように普通の白味噌に比べて塩分濃度を低くし、白味噌の風味が具材に残るように工夫した味噌。地元では、この白荒味噌の人気は高い。九重味噌が販売している「特撰一年味噌」は米麹の使用量を使った赤味噌である。まろやかな甘味のある赤味噌であり、飽きのこない味の味噌である。「上白味噌」は清酒を加えて保存性のある白味噌である。

## たれ

- **すき焼きのたれ** 濃口醤油をベースに砂糖やだし汁を加えた「すき焼きのたれ」（遠藤醤油㈱）は、すき焼きだけでなく肉じゃが、どんぶり物、煮魚にも利用範囲がある。おろしショウガとこの「すき焼きのたれ」をあわせると「焼肉のタレ」として使える。

## ドレッシング・ポン酢

- **花様（かよう）ドレッシング**　遠藤醤油㈱が醤油をベースにしたドレッシングやポン酢を製造販売されている。遠藤醤油㈱は、地元、守山産の『丸大豆』と『小麦』を使用し、杉の桶で2年余の発酵と熟成をし、まろやかさとコクのある天然醸造の「琵琶湖のしずく」のブランドの醤油を開発している。

## 調理味噌

- **とりやさいみそ**　滋賀県の湖北地方、北近江地方の家庭では欠かせない調理味噌。ピリ辛みそで、野菜にもご飯の惣菜にも、味噌味仕立ての鍋にも使われる。「とり」の名はあるが、鶏肉は入っていない。22種類のスパイスに、唐辛子、調味料、昆布や野菜のエキス、果汁、水飴などの入った万能調味料といえる。もともとは、戦国時代の賤ヶ岳の戦い（天正11［1583］年）で、琵琶湖周辺の藩が秀吉に献上した「味噌・野菜・肉の煮込み汁」で、秀吉の勢力が生気を取り戻したという伝説がある。この伝説を参考に琵琶湖周辺の会社（びわこ食品）によって作られた調理味噌である。ピリッと辛い中に甘味があり、一度口にするとやみつきになるという調味味噌である。

### 郷土料理と調味料

- **フナ味噌**　ふなずしの材料ともなる琵琶湖の源五郎ブナを骨が軟らかくなるまで醤油で煮込む。さらに、米味噌・味醂・砂糖・柚子を入れて煮詰める。フナは味噌の固まりのようになり、溶けるような舌触りとなる。酒の肴に利用される。
- **目川田楽**　田楽焼き・田楽豆腐ともいう。近江の目川の田楽は、串に刺した豆腐に水溶き葛粉を付けてから田楽味噌を塗り、蒸篭で蒸してから焼いたもの。江戸初期には江戸に伝えられた、古い調理法の田楽。
- **味噌煮込みうどん**　滋賀県の味噌煮込みうどんは、最近のB級グルメブームで人気である。滋賀県草津駅の味噌ラーメンもブームになっている。

# 26 京都

## 地域の特性

### ▼京都市の1世帯当たりの調味料の購入量の変化

| 年　度 | 食塩 (g) | 醤油 (ml) | 味噌 (g) | 酢 (ml) |
|---|---|---|---|---|
| 1988 | 3,296 | 14,442 | 7,044 | 2,592 |
| 2000 | 1,940 | 7,873 | 4,921 | 2,375 |
| 2010 | 1,849 | 6,660 | 4,519 | 2,545 |

　京料理は、8世紀末の平安京遷都以来千数百年に及ぶ歴史の中で育てられた。日本の料理文化は、京料理によって誕生し、継続し、進化したといえよう。徳川家康の江戸開幕（1603）によって「江戸前」と称する独自の江戸の食文化が発達したが、京都の人々は江戸町人の食生活を所詮田舎料理ととらえていた。現在でも、東京を中心とした関東の人々の中には、京都の料理は高級料理ととらえている人は多い。

　奈良時代には、日本から唐（618～907）へ遣唐使を8回も派遣し、唐文化とともに食習慣をもち込んだ。魚介類や海藻を調理加工して食べた。このときの調味には、塩、酢、味噌、酒などを使っていた。これらの調味料は四大調味料であった。桓武天皇（737～806）によって京都に都が移される。京都は奈良と同様に海に面していないので、新鮮な魚介類は隣の県の琵琶湖の淡水魚の料理が高級料理であった。現在のように低温流通や貯蔵ができなかった時代は、日本海側の若狭や小浜に水揚げされた海産魚は塩蔵の形で京都に運ばれた。

　一般に京都の料理の味付けは、素材のうま味や色を残すためにうす味といわれている。総理府の「家計調査」をみると、1世帯当たりの食塩や醤油の購入量は、東北地方や関東地方のそれと比べるとやや少ない傾向にある。

　昔は、京都の人が客をもてなす場合、茶屋や酒店に前もって一人当たり

の値段を決めておいて、客をもてなしたそうである。その理由は、家で料理をつくれば、食材だけでなく容器などいろいろな費用がかかるので、茶屋や酒店を利用したらしい。現在も京都には江戸時代や明治時代から営業している料理店や、小さなしゃれた食事処が多いのは、古くからの京都の人々のもてなしの心が残っているからとも思われる。

京都の「おばんざい」は、京都の日常のおかずの呼び名である。江戸時代中期の頃から、京都の庶民の間に普及したおかずであり、食材を無駄なく利用している。このおばんざいを提供する食事処が、多くの人々によって利用された。最近は、京都の郷土料理ともいわれている。おばんざいは京野菜などの野菜中心の惣菜ともいえる。自分の家でなく気軽におばんざいを利用することから、食塩、醤油などの調味料の１世帯当たりの購入量が少ないのかもしれない。

平安時代の京都が文化の中心として発達していた時代には、宮中の神々を祭る年中行事として、現在の日本料理の様式に影響を及ぼした有職料理(ゆうそく)（生間流・四条流など）が盛んになった。さらに、寺院の精進料理、千利休が確立したといわれる茶道の懐石料理の影響を受けながら洗練された独自の京料理が形成された。京都は新鮮な魚介類の入手が難しいので、繊細な味付けや食材の持ち味を生かすこと、盛り付けの配色、料理を仕上げる真心の生きたものを特徴として、京料理は発展してきている。

京料理の特徴として白味噌を使うことがあげられる。雑煮は白味噌仕立てで食することは、知られている。琵琶湖から運ばれた鯉の料理の「鯉こく」も白味噌で仕立て、田楽にも白味噌でベースにしたタレを使うほど、甘たるい白味噌が使われる。代表的な京料理には、懐石料理がある。

### 知っておきたい郷土の調味料

京都府は奥深い山々で囲まれて京都盆地や福知山盆地が生活の地域となっている。京都府の醸造食品の清酒は有名である。酒造りは京都市の南部に位置する伏見に酒蔵が集中している。兵庫県の灘につぐ名醸地である。伏見や灘の水は伏流水に恵まれているから名醸地となったといわれている。京都府の味噌や醤油の醸造会社は京都市内にあるので仕込み水は伏見の水と同じ系列と思われる。

## 醤油・味噌

- **老舗・澤井醤油本店**　澤井醤油本店は京都市上京区丸太町にあり京都の御所から近いところにある。伏見の酒と同じ系列の水が仕込み水となっていると思われる。上京区には醤油・味噌の醸造会社が多い。創業明治12（1879）年の澤井醤油本店は、「マルサワ醤油」のブランドで刺身用たまり醤油、濃口醤油、もろみ（「京もろみ」）、「二度熟成醤油」「都淡口醤油」などを製造・販売している。「都淡口醤油」は、素材の色を際立たせる効果があり、煮物、吸い物、だし巻き卵、クリームシチューなどに使われる。京町屋の構造は細長いのが特徴である。これに合わせて店の中には商品も醤油を仕込む細長い桶が、入り口から奥へ向かって並んでいる。麹を作るムロは、木で囲まれた部屋になっている。

　京都市から離れたところでは、豊かな自然に恵まれた丹波・亀岡市でタケモ㈱がオーダーメイドの醤油を作り、「タケモ純正京むらさき」などのブランドの醤油も販売している。丹後市の木下醤油醸造所は、「だいまるしょうゆ」のブランドで知られている。本醸造醤油、もろみ、醸造酢、みりんなどを製造・販売している。丹波には綺麗で美味しい湧き水が豊富なので、この水を仕込み水としている。

- **生麹専門店の味噌**　生麹の大阪屋は、生麹専門の京の老舗（創業してから300年余の会社）。もろみ、味噌、甘酒、からし漬けなどを製造・販売している。最近の塩麹などの麹を使った万能調味料の普及により人気の会社となっている。本社は舞鶴市であるが、京都市内に麹を使ったスイーツの店も展開している。麹の働きと甘みを利用したスイーツの店である。京都市内の上京区の「本田味噌本店」の創業は江戸時代の天保年間（1830～44）で「西京味噌」「ごま味噌」などを製造・販売している。平成11（1999）年8月に京都府田辺市に設立した非常に新しい吉兆味噌㈱は、「西京味噌」「合わせ味噌」「赤だし味噌」など、若い会社だから考えだした取り扱いに便利な味噌を製造・販売している。

　丹後半島の京都府中郡にある小野甚味噌醤油醸造㈱は、昔ながらの伝統的な手法で味噌「特撰田舎味噌」や醤油「かけむらさき」などを製造・販売している。

- **京都・大原の味噌庵**　味噌庵は明治時代から変わらぬ手法で味噌づくり

をしている。京都・大原の緑と鴨川の源流が流れる山間で作っているので、仕込み水は当然大原の山々の湧き水である。ほぼ手作りの製造工程で職人がじっくりとゆとりをもって作る。年に1回の仕込み（寒仕込み）なので、量産ができないのが欠点である。主として白味噌を作っている。つけ味噌や合わせ味噌にもよい。季節限定の漬物もつくっている。新しい感覚の「田楽みそ」「白味噌アイス」「白みそあめ」なども販売している。

## 食酢

日本で米酢が登場したのは、平安時代で、京の貴族専用の高級品としてであった。庶民に普及するようになったのは、食酢の原料の清酒が大量に生産されるようになってからである。食酢が普及してから酢味噌、ワサビ酢、芥子酢、たて酢などの合わせ酢が登場した。

- **千鳥酢**　京都を代表する食酢といわれている。製造元の村山醸酢は寛政元（1789）年頃の創業である。友禅染の色止めに食酢が使われるようになり京都には酢屋が急増したが、明治時代になり、色止めは化学薬品に押され酢屋の廃業が目だった。この苦境をのりきったのが、まろやかな酸味を特徴とする「千鳥酢」であり、京料理の店やすし店で愛用され、現在は京都を代表する食酢となっている。千鳥酢には揮発しにくいアミノ酸などの含有量が多いのがまろやかな食味となっている理由のようである。

## 食塩

- **翁乃塩**　京都府竹野郡網野町の夕日ヶ浦の海水をポンプで汲み上げ、トラックで工場へ運び、平釜で3日間直煮して濃縮し、4日目は別釜で煮詰める。海水の濾過に竹炭を使うのも特徴である。
- **富士酢プレミアム**　「富士」は「日本一」を意味するとのこと。この食酢は最高峰をめざした酢で、「日本酒の大吟醸のような繊細でうま味がある」との評価がある。製造元は丹波の山里で、昔ながらの「静置発酵」と「長期熟成」を工程に組み込んだ酢で、香りに刺激性がなく、酸味とコクがある（京都府宮津市の㈱飯尾醸造製）。

## ソース

- **オジカソース** 京都のソースメーカーとして大正7（1918）年に祇園で創業した。現在、工場は山科にあり、㈱OZIKAが販売している。原料コストを抑え、長期間販売できるように食品添加物を使わないで衛生的な環境で作っている。コクとうま味のあるウスターソースが主力商品。

## 食用油

- **玉締めしぼり胡麻油** 創業は文政年間（1818〜30）の京都市上京区の㈱山中油店の胡麻油。「玉締めしぼり」とは、ゴマを釜で焙煎し、玉締め機に入れてゆっくりと「ゴマにストレスがかからないように」して、油を抽出する伝統的製法。煎りたてのゴマの香りと練りゴマのような香ばしさがあり、ゴマのうま味もあり、まろやかな味わいのあるゴマ油。焼肉のタレの代わりに、このゴマ油が使える。

### 郷土料理と調味料

- **京雑煮** 京都の雑煮は、白味噌仕立てである。丸餅は焼かずに、別の鍋で炊いておく。アワビ・ダイコン・親芋・子芋・昆布・開きゴボウを入れる。材料が溶け込むほどに煮込む、白味噌のこってりした甘味が、京雑煮の特徴である。
- **しば漬け** 洛北八瀬大原の名物漬物。シソの葉を柴葉（しば）というところからしば漬けの名がある。ナス・キュウリ・シソの葉・ミョウガ・青トウガラシを塩漬けし、乳酸醗酵を促す。乳酸醗酵により生成される乳酸が、シソの香りを増幅させ、赤紫色になる。これを「生しば漬け」という。醤油・みりん・砂糖で調味して漬けたものを「味しば漬け」という。

# 27 大阪

## 地域の特性

▼大阪市の1世帯当たりの調味料の購入量の変化

| 年　度 | 食塩 (g) | 醤油 (ml) | 味噌 (g) | 酢 (ml) |
|---|---|---|---|---|
| 1988 | 2,875 | 13,579 | 7,150 | 3,019 |
| 2000 | 2,249 | 8,344 | 5,253 | 2,839 |
| 2010 | 1,346 | 5,693 | 3,304 | 3,062 |

　商人の町・大阪では、商い（昔は「商内」と書いた）の中に必ず食に関することが取り込まれ、独自の発展をしてきている。かつては、その商いや商談の中に信用が基本としてあり、商談がまとまれば茶屋や料理屋で飲食を共にし、最後に手合わせ（手打ち酒）を行うという習慣があった。大阪の料理はしばしば「始末の料理」といわれる。始末の精神とは、大阪商人の気質に相通ずるものがあった。「始末」とは、「始め」と「末（終り）」を意味すること、すなわち物事の辻褄がきちんと合っていること、ソロバン勘定ができていることを意味している。例えば、鮮度の悪い魚を買ってきて腐らせてしまうのでは、魚を買った意味がない。買うなら、少々値段が高くても鮮度の良い魚を買って、無駄なく食べつくすことが大阪の料理であることが、大阪の「始末の料理」の意味である。

　大阪には、京都のおばんざいというスタイルの食生活がないためか、食塩をはじめとする各種調味料の1世帯当たりの購入量は、京都よりも多い。大阪には、魚市場、青物市場などがあり、魚介類や野菜類の入手は便利なところがあった。明治時代の大阪の惣菜の特徴は山海の旬を合わせるところにある。大阪の商人の街、船場の商家の普段（「ケの日」）の食生活は、茶漬け、漬物の一汁一菜の質素な食事であった。商家で働く人々は、この食生活では、健康によくないことに気づいていたらしく、「ハレの日」を設けて、魚やアズキご飯などを食べた。ハレの日は毎月1日と15日と決

めてあった。各商家には馴染みの仕出し屋があった。各商家は、「ハレの日」のために必要なすべての器を揃え、仕出し屋は商家の台所で新鮮な魚介類や旬の野菜を料理し、商家自前の器に料理を盛る。大阪の仕出し屋の間では、月ごとに移り変わる食材を吟味調理し、料理の腕を競い合った。そんな仕出し屋の競い合いから、大阪を代表する料亭も生まれた。

　船場の家庭の毎日の食事は、野菜の炊いたもの、船場汁、海藻類の炊いたものが多かった。船場汁とは、塩サバと大根の汁もので、塩サバの塩と魚の味をそのまま「だし」に利用したものである。船場汁を煮込んだものは船場煮である。いずれも1尾を頭から尾まで捨てることがなく、栄養分の多い料理である。「ハレの日」には、普段の茶漬けのほかに汁物が用意されるが、その他に、夏はハモ料理、アジの塩焼きが供されることもある。

　大阪の人々はうどんをよく食べる。「きつねうどん」「かちんうどん」「おじやうどん」「うどん鋤き」などがある。大阪ではうどんといえば「きつねうどん」（けつねうどん、ハイカラ、信田ともいう）を指す。うどんに油揚げをのせたもので、明治の頃に考案されたものらしい。油揚げは醤油と味醂で甘く煮込んだものを用意する（1時間ほど表と裏の両面を煮込み、ふっくらと仕上げる）。これを2枚のせるのが大阪流である。だし汁は、カツオ節とウルメを入れて淡口醤油で仕上げたものを使う。うどん鋤は、具材として山の幸・海の幸15〜16種類を使う。うどんは煮込んで食べる。具材に鶏肉、焼きアナゴ、エビ、ハマグリ、ハクサイ、根菜類を使うので、煮込んでいる間にこれらの具材からだしが出る。

　食塩や醤油の1世帯当たりの購入量は、京都のそれよりも多いのは商家の街であるから家庭で惣菜をつくっていることを意味している。

### 知っておきたい郷土の調味料

　大阪市内に限れば、うどん、たこ焼き、お好み焼きなど粉食の盛んな地域である。うどんのだし、たこ焼きのタレにこだわる人も多いに違いない。一方、焼き鳥にもこだわる人がいるから、焼き鳥のタレや味付けに薀蓄を語る人も多いのだろう。したがって、粉もの向きのタレやソースの商品は多い。

## 醤油・味噌

　現在の大阪府には、他県ほど醤油・味噌のメーカーの数は多くないが、他の地域の有名な醤油・味噌を販売している店が多い。

- **大阪の醤油**　大阪で醤油を醸造している会社は目立たないが、全国各地の醤油を販売している店はある。大阪は、醤油の発祥の地・和歌山の湯浅地区の醤油が近いためか、浅野の醤油は高級醤油になっている。
- **昆布ダシ醤油**　醤油、だしはこぶだし、鰹節だしを利用している。天然醸造丸ダイズしょうゆに、10倍だしをブレンドし、風味豊かなだし入り醤油である。冷奴、お浸し、漬物のかけしょうゆとして、砂糖やみりんと一緒に煮物にも利用される。
- **大源味噌**　文政6（1823）年に創業した㈱大源味噌は、大阪市南区日本橋筋を拠点に製造販売した。昭和46（1971）年に株式会社となり、大阪市内のデパートでの販売にも力を入れ始めた。一久味噌醸造㈱は大正3（1914）年に大阪市東区広小路町に創立した。最初は小規模で製造・販売したが、後に中央区常磐町で営業を始め、つぎつぎと新商品を展開している。現在の味噌シリーズには、「大坂桜」「さくら赤だしみそ」「白みそ」「金山寺みそ」「にんにくみそ」「田楽みそ」「ぞうにみそ」がある。また麹や甘酒の販売も試みている。

　全国各地の有名味噌を扱っている阿波屋滝井商店は、梅干し、奈良漬けなども販売している。㈲田村商店も大阪天満卸市場にて、白味噌、八丁味噌、信州味噌など全国各地の味噌を取り扱いながら、漬物は会社の名物として販売している。

## ソース

- **大阪ソース**　大阪に、大阪のたこ焼きが登場したのは第二次世界大戦後（昭和20［1945］年以降）であったと伝えられている。小さなボウルに小麦粉の薄い生地を入れ、その中に干しえび・天かす・ネギ・紅しょうが・削り節などを入れて混ぜて焼くお好み焼きは、食料難時代の食べ物として好まれた。このお好み焼きには、それぞれの店で、自家製のタレを作っていたが、後に企業が作るようになる。企業が作れば売れるソース、珍しいソースの開発が急がれた。ある企業が開発した「大阪ソース」

だけで14種類もある。その名も「大阪……」「なにわ……」など、大阪のイメージがインプットされるものばかりである。ベースとなる材料は各種の野菜、果物、香辛料を組み合わせたものである。

　大黒ウスターソースは、大正12（1923）年に創業した㈱大黒屋が、大阪市内の福島で、新鮮な野菜や果物をベースに10種類のスパイスを入れて、ソースの香ばしさの奥にスパイスの香りと酸味も甘味もほのかに感じる、大阪の庶民のソースとして定着している。

- **タカワ（鷹輪）ソース**　関西独特の風味のソース。
- **オリバーソース**　かつて、醤油メーカーの浪速醸造という会社が「オリーブソース」の名で、ウスターソースを製造販売していた。和泉食品が浪速醸造を吸収し、平成16（2004）年に和泉食品とイギリスのオリバー食品が合併して、オリバー食品㈱となり、関西方面を中心に、お好み焼き用ソース、濃厚ソース、ウスターソースなどを製造販売している。
- **串かつ用ウスターソース**　熟成ウスターソース（いかり）、イカリソースウスター（イカリソース）、四代目ウスターソース（自由軒）、三つ矢ソースウスター（ハグルマ）、ヒカリウスターソース（光食品）、串かつソース・壺入り（大黒屋）、ヒシ梅ソースウスター（池下商店）、敬七郎ウスターソース（阪神ソース）などがある。
- **お好み焼き・豚カツ用濃厚ソース**　お好み焼きソース・関西（オリバーソース）、イカリソースとんかつ（イカリソース）、お好みとんかつブラザーソース（森弥食品工業）、おこのみ家（イカリソース）、大黒フルーツソース（大黒屋）、どろソース（オリバーソース）、超激辛ソース（豊島屋）、通天閣乃ソースお好み用（大黒屋）などがある。

## ポン酢

- **うらら香**　老舗割烹「冨久酢」のポン酢を商品化したものが「うらら香」。スダチの果汁の入ったポン酢である。香ばしく、きりりとべたつかず、甘すぎない。焼肉のタレ、サラダ、冷奴、魚のから揚げに向いている（大阪府和泉市の㈱こばし製）。

## 香辛料

- **極上・七味唐がらし**　明治35（1902）年に設立した和風香辛料専門店

の㈱やまつ辻田（堺市）の「七味唐辛子」。山椒と唐辛子の調和の素晴らしい上品な香りがある。

### 郷土料理と調味料

- **うどんすきと味付け**　うどんを煮ながら食べる大阪独特のうどんやその他の具の食べ方。具材に山の幸、海の幸を15〜16種類ほど用意し、太めのこしのあるうどんとともに煮ながら食べる。だし汁は昆布とカツオ節で調製し、薬味には紅葉おろし、刻みネギ、スダチ、レモンなどを用意する。
- **関東炊き（または関東煮）**　関東風のおでんのこと。関西では「煮る」ことを「炊く」というのでこの呼び名がある。食材にはコンニャク・タコ・ダイコン・ジャガイモ・ゆで卵・昆布・がんもどき・昆布・クジラの舌・コロ（クジラの脂身）・竹輪など。調味は淡口醬油・酒で淡い色に仕上げる。

# 28 兵　　庫

## 地域の特性

▼神戸市の1世帯当たりの調味料の購入量の変化

| 年　度 | 食塩 (g) | 醤油 (ml) | 味噌 (g) | 酢 (ml) |
|---|---|---|---|---|
| 1988 | 3,169 | 14,689 | 8,066 | 3,344 |
| 2000 | 1,713 | 8,568 | 5,455 | 3,242 |
| 2010 | 1,624 | 6,291 | 3,786 | 3,106 |

　兵庫県には、県の東部（尼崎市、川西市、伊丹市）、西部（瀬戸内海側）、北部（日本海側）の3地域に分けられ、それぞれに独特の食品や料理がある。また、それぞれに住む人々の気質にも多様である。東部は大阪に近く、神戸市の気質を感じる。瀬戸内海に面する神戸市は、明治政府が貿易港として統治するためにできた地域である。神戸開港により外国の文化・文明の日本上陸の玄関ともなっていた。明治5（1872）年に、これまで仏教の教えによる肉食禁止が打ち破られると、急速に庶民の食生活にも、牛鍋、牛丼、豚カツ、ビーフカツ、串カツなどの日本風肉料理が登場した。但馬地方は、豊富な牧草に恵まれ、奈良時代から役牛が飼育されていた。現在は肉用の銘柄牛の神戸牛、但馬牛、三田牛などが飼育されている。牛肉料理と調味料の関係をみれば、ステーキは塩・コショウの使い方、デミグラソースを使用する場合は、各料理店によって工夫されている。牛鍋やすき焼きは、関東と関西ではつくり方にいろいろな薀蓄を語る人がいる。味付けは醤油がベースになっている。

　兵庫県の調味料には、県の地の利を生かした醤油、塩がある。龍野醤油は、龍野地区で作られている淡口醤油である。原料は濃口醤油と同様に大豆と小麦を使っている。淡口醤油といわれるように製品の色は濃くない。醤油の着色は糖分とアミノ酸によるメイラード反応による。色を濃くしないように大豆の圧力や小麦の炒り方を加減している。製造中に糖分やアミ

ノ酸の生成量を少なくし、メイラード反応を抑えるようにしている。淡口醤油は、濃口醤油に比べて食塩の含有量が多いので、やや塩辛く感じる。主に、素材の色を生かすために、野菜の煮物や京料理に使われる。

赤穂の焼き塩は、赤穂で作っている食塩である。赤穂では江戸時代前期の元禄年間（1688～1703）である。現在、市販されている「赤穂の焼き塩」は、食塩の専売法が解禁されてから、外国から輸入した塩に苦汁などを加えて天然の塩と同じような組成にしたものである。もともと、赤穂では瀬戸内海地方の浜塩田で作っていたが、瀬戸内海の海域や沿岸の汚染により瀬戸内海の海水を汲み取って製塩する方法は不可能なため、外国の食塩を天然の塩と同じように苦汁を添加したものである。

瀬戸内海で春から初夏にかけて漁獲されるイカナゴは、神戸地方では醤油・砂糖で調味した液の中に入れて、煮汁がなくなるまで弱火で気長に煮込んだもので、イカナゴの形が釘が曲がったようになるところから、「イカナゴの釘煮」の名のつく飴煮ができあがる。神戸地方では、親戚や友人・知人への贈り物として各家庭でつくる。神戸市の1世帯当たりの醤油の購入量を「家計調査」を参考にして考察すると、神戸の醤油の購入量は、ほかの地域よりも多い傾向がみられる。醤油を使う釘煮の製造と関連がありそうに思える。

近畿地方の春に旬の魚にはサワラがある。春が旬なので、国字では「鰆」があてられている。4～5月の鯛網が終わると、サワラ漁になる。この魚の味噌漬けは京都の西京漬けが定番であると思われるが、ルーツは兵庫県の味噌漬けであったわけである。

### 知っておきたい郷土の調味料

六甲山を背景に大阪湾を望む灘地区は、六甲山からの伏流水が清酒をつくるのに適しているから、酒どころとして有名となっている。兵庫県の播磨平野の揖保川は小麦の栽培を助け、淡口醤油づくりに欠かせないものになっている。丹波高地は丹波黒や丹波クリの産地となっている。日本海の漁港にはズワイガニやホタルイカ、ハタハタが水揚げされるが、冬は積雪が多い。

## 醤油・味噌

- **龍野の里の淡口しょうゆ** 料理人の間ばかりでなく、食品を取り扱う営業関係の人の間でも、淡口醬油といえば「ヒガシマル」という会社名があげられるほど、淡口醬油＝ヒガシマルの関係になっている。播磨平野と揖保川を擁するたつの市（旧龍野市）周辺は、小麦の栽培の盛んなところである。素麺の「揖保の糸」も、たつの市の名産品である。

 おだやかに流れる清流・揖保川、白壁の土塀が残る武家屋敷が、龍野は播磨の小京都とよぶようになったと思える。龍野の里で淡口醬油のヒガシマル醬油㈱が誕生したのは、寛文6（1666）年である。小麦の生産地であることと揖保川の水を利用して淡口醬油は生まれたといえる。大豆と小麦を同量ずつ合わせて麹を作り、これに米麹も加え、食塩水を入れて仕込む。食塩の使用量は濃口醬油に比べると1割程度多い。淡口醬油は濃口醬油に比べるとやや塩辛く感じるのは、食塩の使用量が多いからである。なぜ、淡口醬油の色がうすいかは、仕込み水としている揖保川の伏流水の鉄分含有量が少ないため、製造過程における鉄分の酸化による褐色への変化が少ないからである。また、軟水であるため、だしの味、素材のうま味と色を邪魔することが少ないからである。時代のニーズに合わせ家庭での万能調味料の工夫や家庭での麺類の利用に添うよう、「白だし」「めんつゆ」「惣菜調味料」なども開発している。淡口醬油はやや塩辛いことから使いにくいといわれていたが、健康志向に合わせ塩分の少ない「低塩の淡口醬油」も製造・販売している。

- **龍野伝統の味の醬油を守る** 寛政7（1795）年創業の日本丸天醬油㈱は、揖保郡にあり、龍野の伝統の淡口醬油の味を守りながら、「たれ類」「おだし汁」「みりん」も製造・販売している。明治39（1906）年に設立した矢木醬油㈱もたつの市で淡口醬油の伝統を守りながら「こいくち」「こんぶ（だし醬油）」なども製造・販売している。末廣醬油㈱は、6カ月以上熟成した「龍野本造りうすくちしょうゆ」を製造・販売している。消費者には評判のよい醬油の一つとして紹介されている。末廣醬油は、丹波の黒豆を使った「天然醸造黒豆味噌」「天然醸造丸大豆醬油」も製造・販売し、また醬油を直接スモークした「燻製醬油」は、サーモン料理、ローストビーフ、チーズにかけるとスモークの香りが食材を引き立てる

近畿地方

役目のもつ醤油である。

　淡口醤油（丸大豆うすくちしょうゆや低塩丸大豆淡口しょうゆ）のみ製造販売だけでは、企業の発展は難しいためか、めんスープ、そうめんつゆ、ぶっかけそばつゆなどのうどんやそばに合う各種の麺つゆ（液体と粉末の種類がある）、サラダ向きのたれにポン酢も提供している。

- **和歌山の湯浅しょうゆも販売**　明石の「湯浅しょうゆ」は、醤油の発祥の地である和歌山県の「湯浅しょうゆ」を発売しているから、兵庫県でも伝統ある湯浅しょうゆを購入することができる。
- **淡路島の伝統醤油**　保地味噌醸造所は、淡路島に古くから伝わっている製法を守り、歴史とともに歩んできた味噌が「淡路味噌」である。淡路味噌は「麹田舎味噌」といい、健康によいまろやかうま味のある田舎味噌を作っている。
- **但馬・丹波の濃口醤油と味噌**　天保12（1841）年に、瀬戸内海と日本海の中間の但馬で㈲花房商店は設立し、醤油・味噌の製造・販売している。「さしみ醤油」「濃口醤油」「かつお醤油（だし醤油）」などが主力商品である。氷上郡の吉田屋味噌漬物㈱は「たんばみそ」「白みそ」などを製造・販売している。「紫蘇葉巻」は味噌を包んだ漬物の一種である。相生市の㈲金治商店は大豆醤油の「丸大豆醤油」「濃口醤油」「溜まり醤油」を製造・販売している。
- **芦屋醸造　白味噌（甘味噌）**　原料には米、大豆のほか食塩、清酒を使った米味噌（㈲六甲味噌製造所）。
- **六甲みそ**　関西地方の最高の高級住宅のある芦屋市にある㈲六甲味噌製造所は大正7年に創業している。米・大豆を原料とし、自社の米糀を使って発酵・熟成させている。まろやかな味わいと、まったりした甘味がある。甘酒、赤だし、白みそ、米味噌などを製造・販売している。最近ブームの「塩麹」も作っている。
- **兵庫県の手作り味噌の地域性**　小河拓也氏らの研究によると、兵庫県の手作り味噌は全県的にみれば比較的食塩含量は低く（平均11.3％）で、全糖含有量は高い（平均19.2％）。兵庫県北部（丹波、但馬地方）の味噌の食塩含有量が高く（12％前後）、全糖含有量の低い（14％前後）傾向がみられ、これに対して県南地域（神戸、東播磨、西播磨）の塩分濃度は低く（10％前後）、全糖含有量は多い（20％前後）傾向であると報

告している（兵庫農技研報（農業）、第48巻、50－53頁、（2000））。

## 食酢

- **食酢製造会社**　兵庫県には食酢を製造している会社がいくつかある。㈱トキワ（美方郡）、神野製造元（豊岡市）、実光商店（神戸市）などがある。これらの会社は食酢の製造だけでなく、調味料（味噌、醤油も含む）の販売も行っている。

## ソース

- **七星ソース**　兵庫県篠山市にある七星ソース㈱は、お好み焼き、たこ焼き、焼きそば、豚カツなどに向くソースを製造販売しているのは、たこ焼きやお好み焼きをよく食べる消費者の多い大阪に近いという地域性があるからと思われる。

## 食用油

- **ひまわり油**　ヒマワリは佐用町の特産物である。1本（280ｇ）のヒマワリ油を搾り取るためには、80本のヒマワリの花から16万個の種子を採取して、この種子を使うという。さらっとしてクセがなく、爽やかな風味をもつ油である。素材の味を生かす油なのでドレッシングに使われる。白身魚のカルパッチョに使うと、きれいな風味に仕上る。ヒマワリ油の構成脂肪酸は約70％がリノール酸なので、サラダ油に比べれば口当たりがあっさりして、健康にもよい。

[郷土料理と調味料]

- **「かつめし」とソース**　加古川市の郷土料理でご当地グルメの定番料理となっている。ビーフカツとご飯を一緒にして「箸で食べられる洋食」をコンセプトに考えられたという。昭和28（1953）年に加古川市の食堂で最初に提供されたと伝えられている。この「かつめし」は、ドミグラソース系の赤褐色のたれをかけて食べるのが美味しいところから、各種ソース類やタレ類が開発されたようである。
- **サワラの味噌漬け**　関西地方では春が旬のサワラは、5月頃にはサワラ漁が始まる。サワラの味噌漬けのサワラは生きたサワラを締めてつくら

ないと本当の美味しさがでないといわれている。味噌漬け用の味噌は甘い米味噌をベースに、調味をしたものを使うのが特徴で、それぞれの家庭や料理店で独特の手法がある。

# 29 奈良

## 地域の特性

▼奈良市の1世帯当たりの調味料の購入量の変化

| 年　度 | 食塩 (g) | 醤油 (ml) | 味噌 (g) | 酢 (ml) |
|---|---|---|---|---|
| 1988 | 3,795 | 11,620 | 6,379 | 3,127 |
| 2000 | 2,016 | 8,030 | 5,141 | 2,719 |
| 2010 | 1,878 | 4,588 | 4,554 | 3,627 |

奈良県の前身である大和国は天皇の発祥の地であったと伝えられている。日本の歴史を調べると、奈良時代に奈良の東大寺の正倉院に保管されている正倉院文書や正倉院文様の資料について記載されていることが多い。このことは、奈良が「日本の始まり」の謎解きに必要な地域であることを意味していると思われる。奈良盆地は、飛鳥・奈良時代には都が置かれ、「国のまほろば」とも詠まれている。古代の文化の中心地として法隆寺・東大寺・春日大社など多くの寺院が建立された。

奈良県の代表的郷土料理として最初にあげられるのは「茶粥」「茶飯」である。非常に質素な料理のイメージが強いのは、山岳部が多く、山間は険しく、吉野川・北山川・十津川も流れ、農作物の栽培に適した地形が少ない。奈良東方の丘陵で茶が栽培され、大和茶として古くから知られていた。大和茶の始まりは、唐の長安い遊学した空海（弘法大師）が、平安時代の前期の大同元（806）年に帰朝したときに、茶の種子をもってきて、宇陀郡で栽培したとことによると伝えられている。香味のよい煎茶に加工され、その美味しさの評価は高かったようである。大和地方は大和茶の栽培が盛んであり、「奈良茶粥」も盛んな地域である。この奈良茶と奈良茶粥のながれから「奈良茶飯」ができあがる。

日本の一般の家庭の朝食は、関東地方なら温かいご飯を炊き、焼き魚やみそ汁を惣菜として食べるのが普通であるが、関西地方には、朝食に温か

いご飯を食べる習慣はないところもある。ご飯を炊くのは昼食のためで、翌日の朝食は冷たいご飯を食べることになる。ところが、大和地方は大和茶をかけて温かい「奈良茶粥」として食べる習慣がある。茶粥は、布袋に入れた番茶を煮出し、塩を入れて調味する。これにアズキ、ソラマメ、サツマイモなどを加えることもある。奈良の人々は京都の人々に比べて質素な生活であることがうかがえる。総理府の「家計調査」を参考にすると、奈良市の人々の1世帯当たりの調味料の購入量は、京都、大阪、神戸の人々に比べると、やや少ない傾向がみられるのは、奈良の人々の生活の質素さと関係があるのかもしれない。

奈良の大和国は、天皇家発祥の地といわれている。奈良時代末まで、奈良県域に都があった。その後の長岡京への遷都（784年）につぐ平安遷都によって貴族は京都へ移った。その後にも、奈良盆地の住民たちは、自分たちは朝廷のお膝もとの小豪族や農民であったことに大きな誇りをもっていた。これが、奈良県民の保守性、排他性につながったようである。平安時代以降、奈良の街を中心に、大寺院相手の商工業が栄えた。これに伴う経済の繁栄の中で、奈良の人々には古代人のおっとりした気質が受け継がれたのであろうといわれている。それは、質素な郷土料理が証明しているようである。

奈良の郷土料理の「つくし飯」は、早春になるとつくる、ツクシを炊き込んだ料理である。実際は、ツクシの茎の途中にあるハカマの部分を取り除くのに、手間がかかるので、最近では食べる人が少なくなっているという。ツクシを炊き込みご飯、酢の物、辛し和え、コショウ和え、ゴマ和え、佃煮などにすることからも、奈良の人々は質素な食生活を送っていると想像できる。

### 知っておきたい郷土の調味料

奈良盆地の南東に位置する三輪山をご神体として祀る大神（おおかみ）神社は、最古の酒の神様と伝えられている。三輪山の水は酒を造り、素麺（三輪素麺）づくりに適していた推察できる。醤油も味噌も清酒と同じように糀（麹）の働きがポイントである。糀の働きには三輪山の水が適していたので、美味しい醤油・味噌づくりが可能であったといえる。

## 醤油・味噌

- **奈良の醤油の特徴**　奈良の醤油づくりは古くからの天然醸造の手法を受け継いでいて、各会社がそれぞれ工夫して美味しい醤油を作っている。とくに、こだわり醤油を作っている会社は、向出醤油製造元、宝扇てづくり醤油、恒岡醤油醸造本店、イヅツマン醤油、大門醤油醸造、マヅダイ醤油があげられる。各メーカーとも料理に応じた醤油を作っている。
- **用途に応じた醤油づくり**　昭和6（1931）年の創業の片上醤油は、用途に応じた醤油を作っている。丸大豆を使った醤油には、淡口醤油、重ね仕込み醤油、たまり醤油、青大豆醤油、焼餅醤油などを製造・販売している。特徴の1つとして、吉野杉の木桶で発酵・熟成をしていることがあげられる。
- **手作り装置の醤油醸造**　江戸時代末期に創業した井上本店は、原料については国内産の大豆と小麦にこだわっている。装置については、燃料は生醤油を搾った時に出てくる油を利用し、資源の有効利用をしている。このための装置や工程の開発には苦労をし、商品ができるまでには1～2年を要する。お正月に使う黒豆を原料とした醤油を「イゲタ黒豆醤油　濃口」、奈良の老舗醤油会社が2年醸造の醤油を再度仕込んで作る醤油を「イゲタ濃厚醤油」のブランドで販売している。
- **吉野の糀味噌**　梅谷味噌醤油㈱（吉野郡）は、昔ながらの手法で味噌と醤油を製造し、「糀味噌」「再仕込み醤油　舌つづみ」などのブランドで販売している。ポン酢醤油なども人気の商品である。

## 食酢

- **柿酢**　吉野産の柿の果汁と酢酸酵母だけで、水も加えないで、天然静置醸造法で作られる。すっきりした食酢由来の酸味、強い甘味はなく、料理にも飲用にも使える。飲用の場合は焼酎などで薄めて飲むとよい。タコぶつをこの柿酢で調味すると爽やかな味付けになる。揚げ物には「醤油・砂糖・柿酢」の合わせたものをかければ、揚げ物もさっぱりした食感で食べられる。

## ソース

- **トマトソース・キャベツソース** 奈良のパスタのメニューでは、トマトソースを使ったものやキャベツソースが人気のようである。キャベツソースはキャベツの茹で汁、茹でキャベツを細かく切ったものにアンチョビーやスパイスを入れて作ったもの。岐阜や福岡でも人気のソース。各メーカー（月星、味の素など）が独自のキャベツソースを開発している。野菜スティック、串揚げ、パスタなどに添えられる。

### 郷土料理と調味料

奈良は京都に先立つ都として、飛鳥・奈良時代は、日本の政治・経済・文化の中心地であった。そのような環境だから貴族などの食生活は贅をつくしたものと想像したいが、実は素朴な食生活であった。その理由は、米や麦の栽培が難しい土地であったことと、海のない地域だったので、海の幸の入手が難しかったことがあげられる。

奈良のうまいものとして喩えられる郷土料理は、「大和の茶がゆ」「奈良茶漬け」「柿の葉ずし・朴の葉ずし」「めはりずし」「もみうり」「柿なます」「ごま豆腐」「にゅうめん」「奈良のっぺ」「かすわのすき焼き」「飛鳥鍋」「奈良の雑煮」「田楽」「七色お和え」「しし鍋（しし汁）」がある。

- **柿なます** 柿は奈良の名物である。秋には赤く熟した甘柿や晩秋には軒下に吊るされた干し柿（渋柿の皮を剥いて干して軟らかく甘く熟す）などは奈良の風物詩である。甘くなった干し柿は細かく刻んで、ダイコンとニンジンの紅白のナマスに入れる。正月のお節料理の一品として用意するところが多い。
- **奈良のっぺい** 東北や北陸地方の郷土料理の「のっぺ」に似ている。毎年、12月17日の奈良春日大社若宮の「おん祭り」の1年の最後を飾る祭りの時に用意する。奈良の「のっぺい」は、サトイモ、ダイコン、ニンジン、ゴボウに油揚げも入れた具だくさんの煮物。

# 30 和歌山

### 地域の特性

**▼和歌山市の1世帯当たりの調味料の購入量の変化**

| 年　度 | 食塩 (g) | 醤油 (ml) | 味噌 (g) | 酢 (ml) |
|---|---|---|---|---|
| 1988 | 4,576 | 13,748 | 6,410 | 4,066 |
| 2000 | 2,479 | 9,800 | 4,464 | 3,763 |
| 2010 | 2,215 | 6,286 | 3,619 | 3,516 |

　雨の多い和歌山県の平野部は豊かな農地ではサヤエンドウ、キャベツ、ハクサイ、ブロッコリーが栽培されている。温暖な斜面を利用して栽培しているのは有田みかんの知名度は高い。本州最南端の潮岬の沖は、黒潮がカツオ・イワシ・マグロ・サバなどが回遊し、沿岸部には漁港が多く、いろいろな魚介類が水揚げされる。

　料理の味の構成に必要なカツオ節の製造過程の燻煙技術は、江戸中期の宝暦8（1758）年に紀州の与一が考案したという説があるところから、紀州の漁師は現在のカツオ節の製造に係わっていたと思える。紀州の漁師は、千葉県の安房にたどりつきカツオ節づくりを伝えたという説もある。

　日本での醤油の原形は和歌山県の「湯浅醤油」と伝えられている。鎌倉時代の中期の建長6（1254）年に、禅僧・覚心が宋の杭州より、紀州湯浅に径山寺味噌を伝えた。大豆を原料として作った味噌の底に残る液体が醤油の原形となっている。すなわち、溜り醤油といわれるものである。その後、大豆、米、小麦も原料とし、麴菌の働きを利用した日本特有の醤油が出来上がった。紀州湯浅は、麴菌の繁殖に適した風土と良好な水に恵まれているので、醤油が発達した。やがて、この醤油は船で関東の利根川流域に運ばれ、銚子、野田が醤油の生産地となった。

　紀州には独特の「なれずし」が発達している。かつては、紀州の人は昼食にラーメンを食べたりカレーライスを食べても必ずなれずしを食べると

いう習慣があったといわれている。和歌山のなれずしは、サバのなれずしが一般的である。塩を振りかけたご飯を、粘りが出るまでよく捏ねる。直径10cmくらいに丸めて、塩漬けしたサバの身に包み、葦の葉で巻いて樽に漬けて重石をする。2週間ほどで乳酸醗酵したものを食べる。溶けている状態のものもある。いずれにしても、乳酸醗酵の独特の匂いは、馴れないと食べられない。

和歌山もところ変われば、すしの形も変わる。サバのなれずしは、和歌山市よりも南の地域で利用するが、熊野・十津川の山間地帯の樵（きこり）や漁師はタカナの古漬けで握り飯を巻いたもので、仕事へ行くときの携帯食としている。握り飯に食酢を使わず、タカナの香りと塩味だけで味わう素朴な食べ物である。

「家計調査」によると、和歌山市の1世帯当たりの食塩、醤油、食酢などの購入量は他の県より多い。とくに砂糖の購入量は多い。なれずし、味噌づくり、梅干しづくりには食塩を使い、コダイのすずめ鮨などには食酢が使われる。

和歌山県の精進料理は、平安時代初期の弘仁7（816）年に、空海が高野山に金剛峰寺を創建したことにはじまる。高野山の精進料理の特徴は高野豆腐、胡麻豆腐、三ぴん豆腐（豆腐に酒を入れて油で炒めたもの）がある。もちろん、山菜料理（天ぷら、煮物、酢の物）もある。このような精進料理は生活習慣病の予防の参考となるであろう。

> 知っておきたい郷土の調味料

鎌倉中期の建長6（1254）年に、禅僧・覚心（心地覚心）が宋の杭州の径山寺より、紀州湯浅に、径山寺味噌を伝え、後の醤油の原形となったところから和歌山県は「醤油発祥の地」として約800年の歴史をもつことで知られている。和歌山県は温暖な気候であるが、約80％を紀井山地が占めているから酒や醤油、味噌などの醸造に適した地域ではないが、覚心の取り計らいで醤油の発祥の地となった。一方、梅の栽培が日本一となっているのは海と山の恵みによると考えられている。

## 醤油・味噌

- **湯浅醤油**　鎌倉時代中期に大豆を原料として味噌を作る工程の途中で、

桶にたまる汁が美味しいことがわかった。この「溜り」醤油が、湯浅醤油の原型となる。後に、原料は大豆から米・麦へと変わり、様々な工夫や改良が加えられ、今日のような日本の醤油が出来上がる。溜りは、醤油の製造工程の途中でできる「粕」と、火入れ前の「生揚げ醤油」に分離する前のもので、独特のうま味がある。湯浅の醤油醸蔵は、紀州徳川の保護を受けて江戸時代には1,000戸前後の街並みに約92軒の醤油蔵が建ち並び、賑わったと伝えられている。溜り醤油は愛知・岐阜・三重では珍重されていた。

　京都に発祥した淡口醤油は紀州湯浅で量産されるようになる。湯浅は、麹菌の繁殖に適した風土と良好な水に恵まれているので、湯浅で作られた淡口醤油は再び京都へ運ばれていた。現在、京都の料理店では淡口醤油は、兵庫県の龍野で作られたものを使用している店が多い。

　一般に、「湯浅醤油」とは湯浅町で醸造される醤油を指す。「湯浅醤油」と名乗っている会社は、和歌山県有田郡湯浅町湯浅に所在し、金山寺（径山寺）味噌、醤油や梅干しなどを製造・販売している㈱丸新本家の子会社の湯浅醤油㈲である。

- **手作りの「角長醤油」**　天保12（1841）年に創業した㈱角長醤油は、創業以来湯浅の伝統的手法を受け継いで醸造している。発酵・熟成の木桶（吉野杉）を170年以上たっても使用している。大豆は岡山産、小麦は岐阜産と国産品を原料としているが、食塩はオーストラリア産の天日塩が使われている。国内産の食塩の価格は高いので、採算を考えた上での取り扱いであると思われる。仕込み水は「湯浅の水」を使用している。「溜り醤油」「濁り醤（ひしお）」などがある。「濁り醤」は、ろ過もしない生の醤油なので少し濁っていて「もろみ」そのもののうま味がある。
- **カネイワ醤油本店㈲**　大正元（1912）年に南部紀州有田で創業した会社である。人気の「蔵出し天然醤油」は、1年半〜2年間たっぷり木桶で熟成させた昔ながらの天然仕込み醤油である。「古式しょうゆ」という自然発酵させた醤油で、ピリッとした感じのある醤油はめずらしい。
- **金山寺味噌のメーカー**　川善味噌㈱は金山寺味噌の専門メーカーである。「白みそ」「赤みそ」も製造している。丸富味噌醸造本舗も「金山寺味噌」を作っている。味噌メーカーなので「麦糀」も製造・販売している。
- **金山寺味噌**（きんざんじみそ）　和歌山県だけでなく、千葉県、静岡県でも生産されている

「嘗め味噌」である。大豆・米・麦・野菜を原料とする。調味料としては利用されないで、ご飯のおかず、酒の肴として食べる。炒った大豆を引き割り、これに麦糀と塩を加えて混ぜ、さらにウリ・ナス・ショウガなどを刻んで混ぜて仕込む。さらに、ウイキョウ・サンショウ・シソを加えて、密閉して3カ月ほど熟成する。
- **ポン酢しょうゆ** 醤油メーカーがかんきつ類の果汁と合わせポン酢を製造・販売している。

## たれ・ソース

- **柚子たれ** 紀伊半島南東部の山里の元気なオバちゃんたちが、特産の柚子を入れたタレ。万能だれとして使用しているところもある。柚子の香りが揚げ物などフライ類を食べるのに、さっぱりした食感にしてくれる。
- **柿ドレッシング** 和歌山県の九度山町は富有柿の産地である。この富有柿とタマネギ・ニンニク・食酢を混ぜたもので、瓶詰め・箱詰めで販売されている。
- **柿ドレッシング・ヤンキーシェフのドレッシング** 和歌山県でPRしているドレッシングである。

## 酸味料

- **梅干しと酸味料** 梅干しは梅の果実を塩漬けした後、日干しにしたもので、漬物（塩漬け）の一種であるが、梅干しそのものも、梅漬けの漬け汁が酸味料の原料として使われる。最近は、「調味梅干し」といわれるもので、塩味だけでなく、うま味調味料や蜂蜜などで味付けしたものがある。日干しした梅干しを、いったん水に浸けて塩分を除いてから、調味液、蜂蜜、調味料などを加えて熟成させたものがある。梅干しやその加工品の酸味はクエン酸である。塩味は食塩、うま味としてうま味調味料やアミノ酸、甘味として蜂蜜などを加えたものが多い。

### 郷土料理と調味料

- **さば汁** 輪切りにしたサバにダイコンを入れ、醤油・塩で調味してから、サバの臭みを消して美味しく食べるのに食酢を加える。
- **南蛮焼き** 和歌山県の田辺地方で作っている正方形の焼き蒲鉾である。

蒲鉾としては固い食感をもっている。エソ・グチの身肉だけで作る。この白身肉に食塩を加えてすり身にし、四角（10cm四方）の枠に入れて、整形し加熱して作る。塩を加えることにより、たんぱく質をゾルにし、加熱してゲルに変えて蒲鉾様にしたものである。

# 31 島根

## 地域の特性

▼松江市の1世帯当たりの調味料の購入量の変化

| 年　度 | 食塩 (g) | 醤油 (ml) | 味噌 (g) | 酢 (ml) |
|---|---|---|---|---|
| 1988 | 4,281 | 22,401 | 9,536 | 3,669 |
| 2000 | 2,398 | 9,921 | 6,600 | 2,434 |
| 2010 | 1,241 | 9,026 | 6,394 | 2,617 |

　島根県は、旧国名の出雲、石見と日本海に浮かぶ離島の隠岐が合わさってできたものである。出雲の文化は出雲大社に祀られている大国主命信仰によって形成されたと伝えられている。出雲の人々の出雲大社に対する信仰心は高く、伝統を重んじ道徳心も高い。この信仰心や道徳心は、石見、隠岐にも広がり、結果として島根県民は郷土意識が強いといわれている。

　島根県は、日本海に面しているので日本海で漁獲される海の幸に恵まれているが、陸部は山地が多く、平野部は少ない。山がちな地形を利用した野菜や雑穀の栽培が多い。島根半島が日本海に張り出し、基部には中海、宍道湖がある。山の幸、海の幸、湖沼の幸に恵まれた地域である。

　島根県の東部に位置する宍道湖は、淡水と海水が混ざり合った汽水湖として知られている。日本では7番目の大きさの湖で、魚介類が豊富に漁獲される。とくに、シラウオ・シジミ・コイ・スズキ・ウナギ・モロゲエビ・アマサギは「宍道湖の七珍味」といわれている。松江市の1世帯当たりの醤油や味噌の購入量が多いのは、これら宍道湖でとれるシジミをみそ汁にして食べることやシラウオの佃煮などの保存食をつくる家庭が多いのではないかと推測できる。宍道湖のシジミは、冷凍パックとなって市販され、島根県でなくても購入できるようになった。

　島根県の出雲の「出雲そば」は、ソバの実と甘皮を一緒に挽くため、色が黒っぽく、香りが豊かで、コシの強いのが特徴である。一般的には「割

り子そば」といい、小ぶりの朱塗りにした円形の浅い器に、茹でたそばをのせ、さらに薬味の刻みネギや海苔などを加え、濃い目の汁をうけて食べる。そばを盛った円形の朱塗りの器は、一度に数個重ねて供される。それを一皿ずつ食べる。普通は３枚重ねてものが１人前であるが、そば好きの人は、何枚も挑戦する。汁は土佐のカツオ節でとっただし汁で濃い目で辛い。調味料面からは出雲そばに必要なのはそばだけでなく、カツオ節、濃口醤油であるのも特徴である。

島根県には「うどん豆腐」という郷土料理がある。そば豆腐ともいう。豆腐をうどんのように細長く切り、醤油・みりんで調味しただし汁でさっと煮る。白身魚・小エビを入れ、うどん豆腐をご飯にかけて食べる。調味料の面からは醤油・みりん・だしが必要となる料理である。島根県には、「出雲市十六島（ウップルイ）ノリという海藻の名物もある。また出雲ワカメは、焼き板海苔のようにして食べることもあるが、握り飯を包んだ「メノハ飯」という食べ方がある。メノハはワカメの意味である。握り飯の中には焼き魚のほぐしたものを混ぜるものもある。味付けには塩が欠かせない握り飯である。

松江特産の偏平な形のカブで、外側が赤く中身の白い「津田蕪漬け」はぬか漬けの一種で、明治維新までは松平藩の専用の漬物で、庶民は食べられなかったと伝えられている。

### 知っておきたい郷土の調味料

神話の里として名高い島根県は、古代の神々と酒を関連づけた物語が多い。酒の話が多いから酒造りに欠かせない水は醤油・味噌の製造品質にも影響する。島根県の地下水の水質はミネラル分の多い硬水であるためか、味噌や醤油の醸造会社は少ない。

## 醤油・味噌

- **水郷・松江のこだわり醤油**　広島県との県境の中国山地から流れてくる水は斐伊川にたどり着き、下流に出雲平野・松江平野を形成する。島根半島は日本海に張り出していて、基部には宍道湖や中海を形成しているので、水郷・松江といわれている。松江市の平野醤油醸造元が醸造した「こだわり熟成醤油」や「根昆布醤油」は、味わい豊かな醤油である。

甘露醤油「やくも紫」、珍しい「淡口だし醤油」も醸造している。同じく、松江市の森山勇助商店は2年半以上熟成させ木桶の香りが十分に溶け込んだ「木おけ生醤油」という濃口醤油を醸造している。

寛政元（1789）年創業の㈱大仲屋本店は濃口醤油などのほかに「酢醤油」を作り、販売している。㈲森田醤油店が島根県内の大豆、小麦を原料とし、仕込み水には奥出雲の清涼な水を使って醤油「むらげの醤」を作り、また「金山寺味噌」も製造している。

昭和13（1938）年創業の吉岡醤油㈲は「江の川」とその支流の「八戸川」に挟まれた地域にあり、味にこだわって醤油を作り、「大亀醤油」のブランドで「濃口うす塩醤油」「淡口醤油」「甘露醤油」を醸造・販売している。「万能醤油」は濃口醤油にカツオ節と昆布のだし汁を入れ、さらにみりんを加えてコクとうま味ももっている醤油である。刺身醤油としても卵かけ醤油として使われる便利なだし醤油の仲間といえる。柚子醤油はポン酢の一種で、かんきつ類として新鮮な柚子の果汁を加えて調製したものである。

- **しじみ醤油**　宍道湖産のシジミエキスの入った「だし醤油」。丸大豆、小麦、天然塩を使用し、2年間熟成した醤油に、宍道湖のシジミから「井ゲタ醤油」が独自の方法で抽出したジジミのエキスを混入したもの。香ばしく、豊かな香りのあるきりっとした味が残る醤油で、魚の煮つけにはみりんと組み合わせて利用されている。

## 麺つゆ

- **麺つゆ**　主に吉岡醤油㈲の製品「大亀醤油」が多くみかける。「甘～いめんつゆ」（カツオ節、昆布、シイタケのだしを入れたもの）、「かつおだしつゆ」（カツオ節、昆布のだし）、「これ一本！」（カツオ節）がある。「甘～いめんつゆ」や「かつおだしつゆ」は麺類の汁をターゲットに調製したものであるが、「これ一本！」は煮魚、煮物、丼もの、すき焼きのつゆをターゲットに調製したものである。

## 食塩

- **塩・製塩の会社**　出雲市に高田商事㈱がある。島根県以外の地域で作られた食塩の販売を行っている。

- **島根の塩の歴史** 島根県には塩のつく姓や地名が多い。遺跡から製塩陶土が出土している。江戸時代には古浦（現在は松江市に入る）で製塩業が行われていたが、それに対する税の取り立てに苦しみ、決して楽な仕事ではなかった。
- **塩井（しおのい）** 現在、出雲市に含まれている「塩井」は、須佐神社境内に湧き出す井戸のことである。塩分を含んでいて万病に効くことや産湯によいといわれ、少し使えば健康な子どもに育つと信じられていた時代もあった。

## ドレッシング・食酢

- **ゴマドレッシング** 炒りゴマの香ばしさとトロットしたなめらかさがある。主として大亀醤油の製品が多くみかける。
- **ロースビネガー** 松江市の松島屋は「こだわり醤油」の他に米酢も醸造している。この食酢も「薔薇（ばら）を飲むお酢」（ローズビネガー）の名でこだわりの食酢として注目されている。このバラの食酢は、島根県産のバラの花弁を漬け込んだデザートビネガーで、鮮やかな色をしていて、バラの香りがほのかに感じる米酢である。

### 郷土料理と調味料

- **シジミ汁と味噌** 島根県の宍道湖は淡水の湖で魚介類が豊富である。とくに美味しい魚介類は「宍道湖の7つの珍味」といわれている。アマザキ（ワカサギ）・ウナギ・コイ・シジミ・シラウオ・スズキ・エビが7つの珍味である。宍道湖のヤマトシジミは、貝殻が大粒で、美しく泥くささがなく、1年中とれる。冷凍技術が発達してから、真空パックにし、冷凍またはクールで運送できるようになった。泥を吐かせてから使用するとよい。泥を吐かせてから一度冷凍保存すると、シジミのうま味成分のアミノ酸や機能性成分のオルニチン（アミノ酸の一種）が増加するといわれている。シジミ汁はシジミのエキス分と味噌のアミノ酸とが合わさって美味しさが倍増する。また味噌の匂いがシジミの淡水特有の臭みもマスキングしてくれる。
- **出雲そばと麺つゆ** 出雲そばは「割り子そば」ともいう。そば粉は甘皮

も一緒に挽くので、甘皮の香りも楽しめる。茹でたそば切りは、割り子という丸い朱塗りの木製の器にのせて、三段とか五段に重ねて供される。麺つゆは、土佐のカツオ節のだし汁を入れた濃い目で辛い。薬味は刻みネギ、紅葉オロシ、もみ海苔などを１つひとつの割り子にのせて、そばの香りと味、だしのうま味を味わいながら食べる。

# 32 鳥 取

## 地域の特性

▼鳥取市の1世帯当たりの調味料の購入量の変化

| 年 度 | 食塩（g） | 醤油（ml） | 味噌（g） | 酢（ml） |
|---|---|---|---|---|
| 1988 | 4,183 | 19,849 | 10,518 | 2,846 |
| 2000 | 3,267 | 10,145 | 9,594 | 2,203 |
| 2010 | 1,872 | 6,237 | 4,038 | 2,055 |

　鳥取砂丘は、鳥取市の日本海岸に広がる日本最大の砂丘である。この砂丘で栽培されるラッキョウの生産量は、全国1位である。このラッキョウを美味しく食べるための料理に伴う調味料の使用量も多いと推測できる。鳥取市の1世帯当たりの醤油の購入量は他市と比べると多いのも、ラッキョウの食べ方に関係があるように思われる。

　ラッキョウの栽培は江戸時代に、ラッキョウは根をしっかりと張ることから防砂のために植えて栽培を始め、それが現在まで続いている。鳥取砂丘に続く福部地区がラッキョウの産地で、小粒で身が締まり、花ラッキョウに向いている。ほとんどが酢漬け、たまり漬け、味噌漬けなどにするので、日本の代表的調味料の食塩、醤油、味噌、食酢の1世帯当たりの購入量は他県に比べやや多いのではないかと思われる。

　砂丘に生育するセリ科の「ハマボウフ」は吸い物や酢の物として食べることが多いことからも食塩や食酢は欠かせないが、鳥取市の1世帯当たりの食塩や食酢の購入量は年々減少しているようである。食塩については2000年から2010年の10年間に半分以上も減少している。醤油や味噌の購入量についても2000年に比べて2010年は同じように減少している。一方、食酢の購入量の減少の割合はそれほど著しくないのは、ラッキョウやハマボウフと食酢を組み合わせた食べ方が残っているからと思われる。

　鳥取の郷土料理には、トビウオを原料とした練り製品がある。鳥取地方

では、トビウオをアゴといい、「アゴの干物」「アゴの竹輪（「アゴ野焼き」または「アゴ入り野焼き」）」「アゴの天ぷら蒲鉾」などの魚の加工品をつくるためには食塩が必要である。アゴの竹輪の発祥は島根県の出雲地方であるが、現在は鳥取県の名物になっている。干物に対する食塩の効果としては、保存や塩味についての効果が期待されている。竹輪や蒲鉾のような練り製品に対する食塩の働きは、たんぱく質のゼリー化、弾力性に影響している。食塩の購入量は10年間で半分強に減少したが、食品加工における食塩の役割は、品質改良や調味においては欠かすことはできない。豆腐を材料とした「豆腐竹輪」も鳥取の名物である。

　山陰地方から九州の長崎・福岡地方では、料理のだしにはアゴの塩干しや焼き干しが使われる。カツオ節や煮干しのだしとは違ったコクのあるだしがとれるので、関東地方でもアゴだしを使う店もある。東京・築地魚市場には、アゴの焼き干しだけでなく、サンマ、アジなどの焼き干しや塩干しなどだしの材料を専門に取り扱っている店がある。

　鳥取県の大山地方の農家では、田のあぜに大豆を作り、一部は煮豆や自家製豆腐をつくる。さらには、自家製の味噌・醤油を作るので、農家では市販の味噌・醤油を買うことは少ないようである。保存してある乾燥大豆は、粉にして水を加えて練り、団子に丸めて煮つけ砂糖と醤油で味付ける「うちだんご」というのをつくる。農家で購入する調味料は食塩と砂糖が多いと思われる。

### 知っておきたい郷土の調味料

　鳥取県には低温貯蔵を研究している会社があり、清酒、魚介類および果実類などの低温貯蔵についても研究している。低温貯蔵に関する研究が影響しているかどうかは明確ではないが、自然食品を製造・販売している市民グループによる調味料やその周辺の食品類の取り扱いが目立っている。

## 醤油・味噌

- **白壁土蔵群の中での醤油**　倉吉市の白壁土蔵群からなる伝統的な建物が、倉吉市の顔となっている。この伝統的白壁土蔵の中で醸造した醤油にも、伝統と重厚な風情が含まれているように思われる。この白壁の中で醸造している醤油は、桑田醤油場の濃口醤油とみりんである。

- **「大地を守る会」の醤油** 「大地を守る会」の生産者の大豆と国産小麦を原料として醸造したものである。杉桶の中での仕込みから熟成が終わるまでに1年以上かけ、くせがなく、マイルドな食味の醤油である。「木樽熟成 醤油」のブランドで販売している。煮物、和え物、焼餅に適している。この醤油は、千葉県香取市にある創業嘉永7（1854）年のちば醤油に依頼して作っているので、純粋の鳥取産とはいえない。100年以上使った杉の醤油桶で熟成させて作る。長い年月を使っている間に杉桶に住み着いた酵母が美味しい醤油を作っていると推測されている。
- **神泉水仕込み玄米味噌** 「大地を守る会」が、埼玉県のヤマキに依頼して醸造した玄米味噌である。創業明治35（1902）年のヤマキは、100年以上も長く味噌・醤油の天然醸造を受け継いでいる老舗である。「神泉水仕込み玄米味噌」は農薬を使わないで栽培した非遺伝子組み換えの国産大豆・国産玄米・玄米糀・神泉水を使って香り高く、まろやかな味わいに仕上げた味噌である。みそ汁の味噌として使うのが適していて、みそ汁の具の風味や食感をひきたてるので好評である。
- **「大地を守る会」が取り扱っている調味料** 「みのり醤油」（鳥取県境港市、日本食品工業㈱）、「かめびしのこいくち醤油」（香川県かがわ市、㈱かめびし）、「大津賀さんの味噌」（鳥取県伯耆町、(有)大津賀商店）、「やさかみそ」（島根県浜田市、やさか共同農場）、「有機純米酢」（福岡県大川市、㈱庄分酢）、「純米富士酢」（京都府宮津市、飯尾醸造）などがある。

## 食酢

- **健康酢** 食酢はクエン酸の健康効果が期待できるといわれているが、食酢の酸味が口の中をさっぱりとした感じにしてくれるので、健康によいと思いたくなる。倉吉の「健康酢」はリンゴ酢に果糖を加えたもので、爽やかでフルーティなのが飲みやすい。野菜サラダのドレッシング、焼酎で割った飲み物、和食の酢の物によい。鶏肉を煮るときに使うと身が軟らかくなる。

## 食塩

- **鳥取の製塩の歴史** 古墳時代～奈良時代にかけての遺跡から塩づくりに使った製塩土器が出土していることから、古くから塩づくりを行ってい

たようである。江戸時代には鳥取藩が枝条架法で製塩を行っていたと伝えられている。米子市で旧暦正月27日に行う「潮汲市（しおくみいち）」は山間の人々が、海岸で竹筒へ1杯ずつ海水を汲み取って帰宅し、この海水で家を清め、カマドを清めて荒神様を祀る行事があった。
- **塩・製塩の会社** ㈱ふるさと海士製塩司所がある。隠岐郡海士町で製塩を行っている。隠岐郡には高田商事㈱の営業所もある。

## だし

　鳥取県や島根県などの山陰地方や九州地方では、だしの材料として焼きアゴ（焼きトビウオ）が使われる。このだしを「あごだし」といっていて、カツオ節や煮干しとは違ったうま味がある。
- **焼きアゴのだし**　アゴはトビウオの幼魚をいう。焼きアゴは、アゴを炭火で焼いた後、乾燥させたものである。鳥取はトビウオを原料とした加工品が多い。例えば「野焼き」という竹輪、トビウオの蒲鉾などがある。焼きアゴのだしは、正月の雑煮には欠かせない。同じように九州の長崎や博多の雑煮のだしも焼きアゴからとる。焼きアゴは、そのままの形よりも2つ折りか粉末などのように細かくして、水に予備浸漬しておいてから、短時間の加熱によりエキス分を抽出する。エキスのうま味はアミノ酸類によるところが大きい。生臭みは、焼きアゴをつくる過程での焼くという操作で消える。トビウオは脂肪含有量が少ないので、乾燥している間の脂肪の酸化も目立たないので、酸化臭も感じない。
- **アゴだし製品**　関東地方でも焼きアゴのだしの美味しさに魅力をもった人も増え、デパートで開催される物産展でだし用の「粉末状の焼きアゴ」が紹介されることがある。東京・築地の魚市場のだしの材料の専門店では、焼きアゴそのものも販売している。簡単に、焼きアゴのだしをとるために用意されている「焼きアゴ粉末」には、焼きアゴだけのものは少なく、煮干しなどの粉末も混入されているものが多い。
- **焼きアゴ入り鰹だし**　「あご入り鰹ふりだし」は、焼きアゴの強いうま味と上品な味が引き出せるように調製したものである。焼きアゴの粉末とカツオ節の粉末がお茶類に使われている小袋に詰めてある。だしをとるには、水を入れた鍋にこの製品の小袋を1つ入れて、沸騰したら3～4分煮出すだけで澄んだだしが用意できる。吸い物や薄味の煮物の場合、

この製品をそのまま加えて煮込むだけでよい。焼きアゴのアミノ酸を主体とした上品なうま味とカツオ節のイノシン酸を主体としたうま味の相乗効果が期待されて作られただしパックである。
- **あご入り力ふりかけ** 焼きアゴの粉末のうま味を味わえるように調製されたふりかけである。

### 郷土料理と調味料

- **砂丘らっきょうと甘酢** 鳥取砂丘に続く福部村のラッキョウは、小粒で身が締まり、花ラッキョウという甘酢漬けにする。根がしっかり張るので、江戸時代から砂防のために植えていたのが、食用にされている。酢漬け、たまり漬け、味噌漬けなどがある。
- **小豆雑煮** 小豆を軟らかく煮込んだ中に、丸餅を焼いたり、茹でたりして入れる。ダイコンもサトイモも入れない雑煮もある。

# 33 岡山

## 地域の特性

▼岡山市の1世帯当たりの調味料の購入量の変化

| 年　度 | 食塩 (g) | 醤油 (ml) | 味噌 (g) | 酢 (ml) |
|---|---|---|---|---|
| 1988 | 3,944 | 18,119 | 7,751 | 3,978 |
| 2000 | 2,188 | 9,424 | 6,109 | 2,973 |
| 2010 | 2,098 | 5,389 | 4,783 | 1,828 |

　岡山県は古墳時代には、吉備の国として栄えたところである。岡山から倉敷に向かう吉備路には国宝の吉備津神社や古墳群が残る歴史的に重要な地域である。『日本書紀』によれば、神武天皇が大和征服の時にこの地に住んで勢力を蓄えたとも伝えられている。

　瀬戸内海で漁獲される魚介類に恵まれ、また農作物ではいろいろな果物に恵まれている。果物の栽培は、関西の大都市に近いことを活かして早くから盛んに行われた。駅弁の「祭りずし」は「ばらずし」「岡山ずし」ともいわれていた郷土料理を、岡山名物にして手ごろな値段で販売している。都内での駅弁大会では人気の駅弁の一つである。

　「岡山散しずし」の名があるように、岡山の季節ごとの海の幸、山の幸を組み合わせた散しずしである。もともとは、江戸時代前期に岡山藩主・池田光政が、藩の財政を立て直すために「倹約令」を実施したときに考案された食べ物である。すなわちいろいろな料理をつくるのではなく、一つの器で食べられる料理として工夫されたものである。岡山市の調味料の1世帯当たりの購入量からは、祭りずしがどれほど普及しているかは判断できないが、1世帯当たりの食塩の購入量が他県に比べてやや多いことから、郷土料理にタイの浜焼き、祭りや冠婚葬祭には欠かせない「ままかりの酢の物」などが関係しているかとも推測される。

　ママカリはサッパともいうイワシ科の体長10～15cmの小魚である。初

夏のイカナゴ漁が終わると、10月頃に群れをなして沿岸に近づいてくる。明治時代の文人・成島柳北が「漁師が釣り上げたイワシのような魚を漁船の上で食べたところ、あまりにも美味しくて食べつくし、隣の船から飯を借りてまで食べるほど美味しいので、「ママカリ」の名がある」と書いたことは有名である。イワシよりも淡白な味でうま味があり、すしタネ、酢のもの、ショウガ醤油などで食べる。散しずし、ママカリなどの生食には醤油は欠かせない調味料である。

岡山県の真庭(まにわ)地区の「年取そば」はそば粉100％で作る手打ちそばである。捏ねて伸ばした麺帯は、屏風だたみにして麺切りをする。麺は熱湯で茹でる。これを食べるめんつゆは煮干しでだしをとり、隠し味に砂糖を入れ、醤油仕立てである。風味をだすのにミカンの生皮のみじん切りを入れる。農家の手作りの工夫がにじみ出ているそばつゆと思われる。岡山県の久米地区の「そば切り」という手打ちそばを食べるにも、かけるそば汁（けんちゃん汁）にもみかんの生皮を入れるようである。

岡山県の牛窓地区では、ぜんざいをよくつくる。「にゅうめん」という温かいうどんやそうめんも甘いあん汁をかける。調味料には醤油も塩も使わず、砂糖で甘くした小豆の餡をかけて食べる。麺を食べるなら醤油やだし汁であろうというイメージの全くない麺の食べ方である。

「蒜山(ひるぜん)鍋」はだし汁に牛乳と味噌を入れた鍋物で、味噌の味が牛乳によりなめらかになり、牛乳の栄養分も摂取できるというところが、味噌や醤油仕立ての鍋に比べて栄養的にも興味を引く。B級グルメでは「蒜山焼き」という鶏肉や野菜を入れた味噌ダレの焼きそばが人気となっている。

### 知っておきたい郷土の調味料

岡山県の南部には、吉井川・旭川・高梁川流域に平野が広がり天然水には恵まれ、気候も温暖で、酒米の産地として有名であり、また数々の果物の産地としても知られている。

## 醤油・味噌

- **醤油・味噌の関係会社**　岡山県の気候は温暖で、コメや果物の産地として適しているので醤油・味噌の醸造に必要な麹の働く環境としては適していると思われるが、醤油・味噌の醸造会社は他県に比べると少ない。

とくに、味噌醸造としては総社市のまるみ麹本店、倉敷市の塩屋商店がある。醤油については、新見市のカツマル醤油醸造㈱や白龍醤油㈱、岡山市の笹埜醤油醸造元、羽原醤油㈱などが主だった会社である。羽原醤油は「原醤（ハラショー）」のブランドの醤油や「甘口に味付けした濃口」を製造・販売している。

## 食塩

- **岡山の製塩の歴史**　瀬戸内海に面し、降水量が少ない地域なので、塩づくりには適していた。岡山での製塩は、瀬戸内海で最古の製塩土器が出土していることから弥生時代中期頃から行われていたと推測されている。1800年代には、塩田王といわれた「野崎武左衛門（のざきぶざえもん）」により、大規模な塩田事業が行われたといわれている。

  約100年前に、旧大蔵省が建設した味野専売公社出張所が老朽化したまま残っているが、かつての塩づくりの役所であった。

- **瀬戸のほんじお**　瀬戸内海・備前国・岡山の海水を製塩。食塩100g中ナトリウム35g、カリウム880mg、マグネシウム300mg、カルシウム160mg。イオン膜法と立釜で製塩（岡山県玉野市胸上、日本家庭用塩㈱）。

## ソース・ドレッシング

- **フルーツを使ったソースやドレッシング**　岡山県は果物の豊富な地域であるので、果物を使ったソースやドレッシングが開発されている。果物としては、白桃、ピオーネ、ブドウ、ブルーベリーなどが使われている。果物を使ったドレッシングやソースは小さな工房やレストランなどで作り、販売している。大きな食品会社が手がけないので手作りのものが多い。

## だし

- **白桃白だし**　岡山の特産品である白桃を使った風味ある白だし。白桃果汁に羅臼昆布のだし汁、カツオ節のだし汁、干しシイタケのだし汁、淡口醤油、みりんを合わせたものである。爽やかな白桃の甘みがあり、フルーティな香りもある。使用時は10〜15倍に希釈するので、塩辛味の中に白桃のやさしい甘みがある。白だしなので、白さを求める「とろろ

汁」には「白醤油」の代わりに使われる。

### 郷土料理と調味料

- **イカナゴの酢のもの** 瀬戸内海の岡山から香川沖では、春になるとイカナゴの稚魚がとれる。これを塩茹でし、酢醤油や酢味噌和えで食べる。佃煮や煮干しにも加工する。
- **ばらずし** 岡山の祭りずしともいい、江戸時代の備前岡山藩の藩主・池田光政（1609〜82）が、藩の財政を立て直すために倹約令を実施したこのときに春秋の祭りの神輿を廃止し、客への饗応は一汁一菜にすることを命じた。この時に、庶民が考えたのが魚や野菜を混ぜた祭り用のすしである。この時の散しずしが、ばらずし、祭りずしとなって残っている。

# 34 広　島

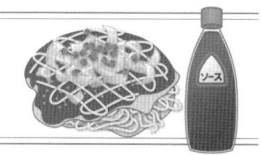

## 地域の特性

▼広島市の1世帯当たりの調味料の購入量の変化

| 年　度 | 食塩 (g) | 醤油 (ml) | 味噌 (g) | 酢 (ml) |
|---|---|---|---|---|
| 1988 | 4,082 | 17,547 | 8,444 | 4,013 |
| 2000 | 1,944 | 7,174 | 5,835 | 2,474 |
| 2010 | 2,063 | 5,872 | 5,869 | 3,364 |

　広島県の代表的な郷土料理には、「広島焼き」という焼きソバがある。それぞれ薄く伸ばして焼いた鶏卵とバッター（水で溶いた小麦粉）の間に、せん切りキャベツと焼きソバが挟んである「お好み焼き」である。広島の住人によると、広島焼きを美味しく食べるにはソースが決め手であるらしい。広島焼きのソースは、広島の地元の5～6の会社が作っている。ソースメーカーが、お好み焼きを上手に焼く専門家を養成し、お好み焼きの焼き方の指導もしているほど、広島のお好み焼きは市民に広がり、1週間に何度かお好み焼きを家庭でつくるか、専門店にでかけて食べるようである。

　1世帯当たりの調味料の購入量は、他県の都市と比較して大きな差はないが、ソースメーカーの利用する調味料の量を考慮すれば、広島市民の調味料の購入量は多くなっているに違いない。広島はカキ、ブリ、マダイ、ノリなどの養殖が盛んであるが、尾道から宮島にかけてアナゴがたくさんとれたこともあったことから、「アナゴ飯」「アナゴの蒲焼き」は宮島口の名物となっている。背開きにして串に刺して、タレを付けて焼く。これがアナゴの蒲焼きである。またアナゴのだし汁で炊いたご飯にアナゴの蒲焼きをのせる。これがアナゴ飯である。広島には「アナゴとタレ」や「お好み焼きとソース」と粘性のあるソース用調味料が多いようである。

　カキの食べ方は酢ガキ、天ぷら、フライなどいろいろあるが、味噌の風味や匂いのマスキングを活かした食べ方が「土手鍋」である。広島のカキ

料理の中でも圧巻である。カキと野菜を白味噌で煮込んだものである。鍋の周囲にみりん・酒で調味しただし汁でのばした白味噌を、土手のようにやや厚めに鍋の壁に沿って塗り、シイタケ・ネギ・焼き豆腐・白滝と一緒に、カキを入れて煮る。大阪や関東、仙台では白味噌でなく赤味噌を使うことが多い。

広島県の郷土料理には「海老茶漬け」（尾道）、「デビラ茶漬け」（尾道）などの茶漬けがある。海老茶漬けは、小エビは茹でて醤油に漬けてから焼いてよくほぐし、刻みネギ・ワサビ・もみ海苔などの薬味と一緒に、熱いご飯にのせて番茶をかけて食べる。デビラ茶漬けは木の葉に似たデビラガレイの干物を、木槌で叩いて骨を潰してから焼き、すり鉢で擦り醤油をつけて、ワサビ・焼き味噌・胡麻と一緒にご飯の上にのせて、熱い番茶をかけて食べる。瀬戸内海に面している広島県の住民は、雑魚として取り扱われている魚介類の美味しい食べ方が、醤油や味噌を使うことによって工夫されている。

広島の代表的な漬物には、「広島菜漬け」がある。食塩・コメ麹・コンブ・トウガラシで調味して漬け込むのが美味しい。とくに浅漬けが美味しいとの地元の人のすすめである。この漬物はカキ料理ともよく合う。カキの鍋物のお供には用意したい漬物である。

### 知っておきたい郷土の調味料

広島県には、80を超える清酒メーカーがあるということは、水質が軟水であるから麹が働きやすいからとも推測できる。麹の力により作る味噌・醤油に広島県の水は最適であるといえる。広島の水の水質は中国山脈から流れる伏流水や広島平野・福山平野を流れる太田川・芦田川の豊富な水も醤油や味噌づくりを促している。

## 醤油・味噌

- **府中味噌** 広島県府中市の味噌醸造会社で作る味噌は「府中味噌」といわれている。コクのあるうま味と香には定評がある。メーカーによっては白味噌、米味噌、麦味噌をも製造・販売している。みそ汁をつくるのにだしを入れなくてもよい「イリコだし汁」を入れた「いりこ味噌」も販売している。府中味噌を使った味噌ラーメンもある。

- **フリーズドライ味噌（凍結乾燥みそ）** 凍結乾燥したスープやみそ汁は、そのまま熱湯で溶かせば具もだし汁も入っているので、忙しいときのスープとして便利である。味噌だけを凍結乾燥したものの用途は、みそ汁でない。水を加えて溶かしたものは、アイスクリームにかけ、和の味のあるアイスクリームなどにも使える。メーカーは広島県府中市の浅野味噌㈱である。
- **白味噌** 府中味噌のメーカーが作っている。クリーム色の白さは漂白剤を使わず、色の薄い大豆を原料として作っている。白味噌の味の特徴は甘みである。甘みは麹の使用量を多目にすることによりでてくる甘さである。関西地方のお雑煮に欠かせない白味噌である。
- **杉桶で熟成の醤油** 広島の醤油メーカーは創業以来、120〜150年の歴史があり、伝統的な手法を守りながらうま味のある醤油を製造・販売している。さしみ醤油、かけ醤油を主力に作っている。
- **だし醤油** すだちポン酢醤油、根昆布醤油（根こんぶのエキスを加えたもの）がある。メーカーは川中醤油である。
- **かき醤油** 本醸造醤油に広島産のかきのうま味を加え、さらにカツオ節、昆布、しいたけのそれぞれのだし汁、みりん、砂糖を加えただし醤油である。メーカーは㈱アサムラサキで、広島県の物産として広島県のナンバーワン商品となっている。

## 食塩

- **広島県と塩** 江戸時代に塩分濃度の濃い竹原地区で製塩業が始められた。播州赤穂から導入した入浜式製塩法で始められた。現在、竹原市歴史民俗資料館として資料が保存されている。
- **海人（あまひと）の藻塩** 瀬戸内海西部に位置する上蒲刈島の大浦の中で潮流の速い岬に海水の取水口を置き、ポンプで汲み上げ、パイプで工場へ運ぶ。約7倍に濃縮した海水に海藻のホンダワラを浸漬し、海藻のエキスを抽出した後、釜で6〜8時間に詰める（蒲刈物産㈱）。
- **仙酔島（せんすいじま） 感謝の塩** 福山市の鞆町の潮流の速い鞆の浦に浮かぶ仙酔島から、彦浦の製塩工場へパイプで海水を汲み入れる。ステンレス製塩釜で送風バーナーで順次煮詰めて塩の結晶を調製（国民宿舎仙酔島）。

## ソース

- **広島焼き用ソース（お好み焼き用ソース）** 広島の市民は週に何回かは広島焼きというお好み焼きを食べるそうである。広島焼きの鉄板の面積は比較的大きいので、一般の家庭ではつくりにくいから、専門店に食べに行く。広島焼きはソースで食べるといわれているように、ソースについては、客も作るほうもこだわりがあるようである。広島焼き用のソースのメーカーはいくつかあるが、もっともよく知られているのが「オタフクソース」である。ソースの材料はトマトやリンゴなどの野菜や果物、独特のあるナツメヤシの実、その他天然醸造法で作った調味料を加えてつくり、合成着色料や保存料は一切使用していない。広島焼きの生地、具材、焼き方などについてオタフクソースの会社独自の研究を行い、それに合うソースも開発している。
- **オイスターソース** 広島産カキで作ったオイスターソースである。とろみをつけるために、海藻から調製したオリゴ糖を加え、食塩は自然塩を使っている。サラリとしたしたソースでべたつくような甘さはない。

### 郷土料理と調味料

- **タイの浜焼き** 300年前から製塩工場で作っていた。塩釜からだしたばかりの熱い塩にタイを埋め込み蒸し焼きにして、保存性と風味を高めたものである。現在は、食塩で新鮮なタイを包んでから加熱して作る。
- **広島菜漬け** 米麹・昆布・唐辛子を混ぜて調味したもので、広島菜を漬けたもの。浅漬けは香味がよく、人気である。古漬けは野沢菜の塩漬けのようにあめ色に変わる。広島のカキ料理ともよく合う漬物である。

# 35 山口

### 地域の特性

▼山口市の1世帯当たりの調味料の購入量の変化

| 年　度 | 食塩 (g) | 醤油 (ml) | 味噌 (g) | 酢 (ml) |
|---|---|---|---|---|
| 1988 | 4,322 | 17,512 | 8,552 | 2,940 |
| 2000 | 2,435 | 9,858 | 6,971 | 2,448 |
| 2010 | 2,536 | 6,754 | 6,494 | 2,771 |

　山口県は日本海・響灘・瀬戸内海に面する地域と、中国山脈を背にした山間部があり、それぞれ食文化に特徴がある。山口県の県庁所在地の山口市の1世帯当たりの調味料の購入量は、他県の県庁所在地の人々に比べると多い。フグの取引市場として知られている下関の魚市場から仕入れた新鮮な魚介類の料理を美味しく食べるために、各種調味料を購入していると推測している。

　下関の魚市場には、周防灘・伊予灘・豊後水道・玄界灘で漁獲されたフグが集まる。下関地方での呼び方は「フグ」と濁らないで「フク」とよぶ。福の神の到来を意味するかららしい。フグの肝臓や卵巣にはテトロドトキシンという猛毒成分が含まれ、間違って摂取すると死に至ることが多いことから、九州の島原方面では死人を安置する棺箱の意味のある「ガンバ」ということもある。伊藤博文は、フグが大好物であったと伝えられている。刺身・湯引き・煮こごり・ちり鍋・ふぐ雑炊・ひれ酒・白子（塩焼き・鍋の具・白子酒）・干物などの食べ方がある。フグの身肉は弾力性が強いので、皿の模様が見えるほど薄く切るという「薄造り」がフグ特有の刺身がある。これを食べる調味料はポン酢である。市販のポン酢もあるし、フグ料理の専門店独特のポン酢がある。

　山口県には甘露醤油というのがある。これは、再仕込み醤油・刺身醤油の別名がある。柳井地方に発祥した醤油で、江戸時代の天明年間（1781

～88）から作られている。食塩の濃度は15％ほどで、濃口醬油に比べて塩分濃度は小さい。刺身・照り焼き・甘露煮に使われる。

かつては、捕鯨基地として栄えた下関には、いまでもいろいろなクジラ料理が伝えられている。霜降りの尾の身は、刺身によいが、最近はしゃぶしゃぶなど食べ方も多くなっている。赤肉のから揚げは「吉野揚げ」といわれていた。表皮を酒粕で煮込む「クジラの粕煮」、胸肉の畝肉を酢に漬ける「クジラの畝酢」などがある。クジラ料理の伝えられている下関には「そば玉汁」がある。これはニンジン・サトイモ・カブと鯨肉を煮込み、大豆を磨り潰して味噌と混ぜ合わせたもので調味したものである。この中にはソバ団子を入れて、熱いうちに椀に盛って食べる。

山口県の山間部のそば料理のつゆのだしは、いりこや魚の焼き干しを利用している。錦町の家庭で作る手打ちそばは、いりこ（煮干し）でとっただしの中に入れて煮込む。だしの味は醬油味か味噌味のいずれも利用されている。具にはつり菜といわれる大根の葉の干したものや、ねぶか（ねぎ）、油揚げなどを入れるのを特徴としたものである。一方、萩市の「そば雑煮」は、そば粉と小麦粉を練って、薄く伸ばし短い太い麺のように切って、茹でたものをつゆに入れる。つゆは炙り魚でだしをとり、三束菜・ねぎ・水菜・いちょう切りした大根を入れ、味噌仕立てか醬油仕立てのつゆをつくり、ここにそば切りを入れる。

練り製品やフグなど魚介類や加工品の豊富な地域であるが、山間部でのだしは小魚の煮干しや焼き干しをだしの材料としていたのである。

#### 知っておきたい郷土の調味料

山口県は日本海に面している地域、響灘に面している地域、瀬戸内海に面している地域があり、それぞれ気候が異なる。海岸線は複雑で、周辺には約240の島々がある。山口県産業技術センターが醸造食品の酵母に関する研究に熱心なためか、醬油・味噌の醸造場は比較的多い。

## 醬油・味噌

- **山口県の醸造会社の特徴**　山口県は瀬戸内海や日本海の海産物やその加工品に恵まれているので、それらを美味しく食べる醬油や味噌を作る会社が多い。醬油も味噌も製造している会社、醬油だけしか製造していな

い会社、味噌だけしか製造していない会社はほとんど同じ数の会社がある。さらには、だし醤油や食酢関係の調味料も製造・販売している。

- **山口県の醤油は甘みが特徴**　醤油にアミノ酸液を加えて独特のうま味を生かした醤油がある。これは「混合醸造法」あるいは「混合方式」といわれている。アミノ酸液を使用する醤油は、九州、中国（山口から山陰地方まで）、四国、北陸、東北の一部に分布している。西のほうへ行くほど甘みの強い醤油が好まれている。西日本の、しかも日本海側の人々の魚の刺身醤油の好みは、甘みのある醤油である。鹿児島の刺身用の付け醤油は甘い。この傾向は、山口県あたりからみられる傾向である。丸大豆を原料とした醤油でも甘みはないが、コクのある醤油もある。

　甘みがあり、濃厚さを感じる甘辛い刺身醤油として、「かけしょうゆ」（岡田味噌醤油㈲）がある。

- **九州人好みの醤油づくり**　萩市の安森醤油は木の樽の中で3年間も熟成させたこだわりの醤油をつくり、これをベースに煮物用ポン酢醤油も製造している。九州に近いので「九州玄米黒酢」など九州の人の好みそうな黒酢も作っている。岡田味噌醤油㈲は、かけ醤油、米味噌のほかに、九州の人々が好む「麦味噌」も作っている。

- **製品の多様化がみられる会社**　ほとんどの醤油・味噌醸造会社が、だし醤油、たれ（餃子のたれ）、甘露醤油などを製造・販売している。ヤマカ醤油㈱は、柿酢も製造している。さらに「手延べ素麺　菊川の糸」には、この麺に合う「麺つゆ」も用意されている。

- **ふき味噌**　家庭で作る嘗め味噌や付け味噌である。田舎味噌に本みりん、砂糖、ごま油を混ぜて調味する。フライパンにごま油を入れて、みじん切りしたショウガを炒め、そこへ千切りしたフキノトウを加えて炒める。全体に油が馴染んだところで、みりんと味噌の合わせ調味料を加えて手早く炒める。家庭では、できたてをご飯にのせて食べるなり、酒の肴として利用する。

- **甘露醤油**　再仕込み醤油・刺身醤油ともいわれている。柳井地方に発祥したもので、江戸中期の天明年間（1781〜88）から行われていた技法である。塩水の代わりに一度絞った生揚げ醤油で、麹を加えて再び仕込む。原料はダイズ・コムギで、約15%の食塩濃度の醤油に仕上げる。刺身・照り焼き・甘露煮などに使われる。

## 食塩

- **山口の塩の起源** 古墳時代から奈良時代にかけて作られたと推測される製塩遺跡があり、そこから美濃ヶ浜式土器とよばれる製塩土器が出土している。近代にかけて長門、周防において入浜式製塩が発達したと推測されている。防府市には「塩田祭り」が昔の入浜式塩田記念産業公園で、年に一度行われる。
- **最進の塩** 下関市吉母の浜の沖合の海藻がよく生育しているところの海底からパイプで海水を汲み取り、工場へ運ぶ。海水は段階的に平釜で煮詰めていく多段式平釜で食塩の結晶を調製する。

## ソース

- **ジンジャーソース** 野菜や果物をふんだんに使用し「さらりとした辛口とマイルドな味と香りがある」ソースベースに、ショウガ、ニンニク、リンゴピューレ、蜂蜜を加えたウスターソース系のソース。清涼感のある香りと味わいが食欲をそそり、後味のよさも感じさせる。

## 酸味料

- **長門ゆずきち** 柚子の酸味と香りは、柑橘系の酸味と香りであり、この酸味と香りは生の魚介類に合う。「長門ゆずきち」は、萩市田万川町原産のユズやカボスの仲間である。この果汁は上品な香りとまろやかな酸味をもち、種も少ないので使いやすい。8月上旬から中旬に収穫される。加工品として「しぼり酢」も完成している。平成19（2007）年11月に、地域団体商標に登録された。長門市、下関市、萩市が主な生産地である。

## 食用油

- **えごま油** シソ科のエゴマの種子を搾ったエゴマ油は、生で飲んでも軽くさらっとした口当たりで、美味しさがある。エゴマ油の主な脂肪酸は$a$-リノレン酸である。$a$-リノレン酸は体内でDHAやEPA（IPA）に変わり、コレステロールの血管への蓄積を抑制する働きや脳の働きを活性化させる働きがある。オリーブ油と同じように使うとよい。

### 郷土料理と調味料

- **寒漬け（がんづけ）**　冬に収穫した大根を塩漬けして、2週間から1カ月の間寒風に晒して、叩いて伸ばし、醤油ベースの漬け汁に漬け込んで発酵させた漬物。
- **ちしゃの酢味噌和え**　チシャはレタスのこと。山口市地方に伝えられる郷土料理で、しばしばつくられる。チシャを千切って、水の中で揉みながらアクを抜く。味噌・砂糖・みりん・酢・塩・サンショウを合わせて調味した酢味噌とともに和える。チシャは必ず手で千切る。タイ・アゴ（トビウオ）・チリメンジャコ・イカ・油揚げも一緒に和えてもよい。

# 36 徳島

## 地域の特性

▼徳島市の1世帯当たりの調味料の購入量の変化

| 年　度 | 食塩 (g) | 醤油 (ml) | 味噌 (g) | 酢 (ml) |
|---|---|---|---|---|
| 1988 | 2,993 | 16,620 | 10,354 | 1,743 |
| 2000 | 2,251 | 8,352 | 8,139 | 2,979 |
| 2010 | 2,986 | 6,816 | 5,752 | 2,607 |

　徳島県の阿波地方は、昔からダイコンが栽培されていて、それを沢庵や切り干しダイコンに加工している。とくに「阿波沢庵」は、明治27（1894）年に、久米伊勢吉という人が考案したものといわれている。阿波沢庵のためのダイコンの品種、漬けるときの塩と糠の割合、漬ける時期、熟成中のアルコール発酵状態などは、県の農業試験所が徹底的に研究して、特産となる「阿波沢庵」をつくり上げたと伝えられている。漬物に適した品種は阿波晩生といわれているが、現在の栽培量は減少しているらしい。

　徳島市の1世帯当たりの調味料の購入量は、他県の県庁所在地とは大差がないが、醤油の購入量が少し多い傾向がみられる。沢庵の生産地が阿波方面のためか、徳島市内の人々の調味料の購入量には影響していない。

　徳島の代表的調味料は「阿波三盆」という砂糖である。京都の和菓子には欠かせない甘味料である。阿波で砂糖の生産が盛んになったのは、享保12（1727）年に、8代将軍・徳川吉宗がサトウキビの苗を沖縄から取り寄せて栽培し、讃岐生まれの平賀源内が、宝暦元（1751）年に、三盆白という色の白い精製糖を試作したことに始まると伝えられている。「三盆」とは、三度盆を取り替えながら揉んで精製脱色することで、この操作によって得られた白砂糖が「三盆白」とよばれた。三盆白という砂糖で有名な徳島であるから、他県よりも砂糖の購入量が多いかと思われがちだが、大差はない。

2010年度の四国の県庁所在地の住民の１世帯当たりの砂糖の購入量は、徳島5,848g、高松6,664g、松山5,815g、高知3,807gであった。高知の１世帯当たりの購入量が少ないのは興味あるところである。

　外郎（ういろう）という蒸し菓子は、江戸時代からつくられている。小田原が発祥地で名古屋やその他の地域に名産品と名のつく外郎は多い。徳島県の「阿波外郎」は旧暦３月の節句には、各家庭でつくる。アズキの漉し餡・もち米の粉・砂糖・塩を混ぜ合わせてよく練り、蒸し籠の中で蒸した蒸し羊羹に似たものである。家庭で外郎をつくるから、四国内でも徳島は砂糖の購入量が多いのかもしれない。

　徳島は麺の食文化の発達しているのは、讃岐うどんの影響があるのかもしれない。「そば料理」「半田素麺」「たらいうどん」がある。そば料理には割り子そば、そば飯、そば雑炊、そば饅頭などがある。そば米にニンジン・サトイモ・カブを入れるそばみそ汁という面白いそば料理もある。半田素麺は、播州や小豆島の素麺よりやや太めである。たらいうどんは、もともとは野趣豊かな樵料理であったが、現在は山芋入りのコシのあるうどんを小さなタライに湯だめして客に提供する。どちらの麺つゆも吉野川や園部川でとれるゴリ（ジングク）をだしにしている。地歩域により、麺つゆのだし汁はいろいろと工夫されているのは、各地にみられる。

### 知っておきたい郷土の調味料

　県の全面積の約8割は山地である。平野部は吉野川に沿った地域に限られている。吉野川の伏流水は、味噌や醤油に必要な麹の働きを促しているのである。

## 醤油・味噌

- **柚子や酢橘を入れた醤油**　徳島県は酢橘（スダチ）の生産地として知られている。酸柑とも書く。ダイダイに似たかんきつ類の一種である。徳島県でも阿波地方で多く栽培されている。爽やかな酸味と香味が、生ガキやフグ料理、サンマの塩焼き、土瓶蒸し、鍋料理をより一層美味しく食べさせてくれるかんきつ類である。この酢橘の果汁を混ぜた「酢橘入り醤油」がある。醤油の香りの中にほのかな酢橘の香りが、醤油の香りを抑えてくれる。酢橘に似た柚子もかんきつ類で、徳島での収穫が多い。

この果汁を混合した醤油は、生臭さを抑える働きがある。味噌に酢橘の皮、蜂蜜を入れてマイルドな味に仕立てた「おかず味噌」で「楽し味噌（すだち味噌）」の名で販売している。

- **ねざし味噌を製造・販売**　大豆で作る「豆みそ」は、徳島では「ねざし味噌」といわれる独特の香りと濃厚なうま味がある。
- **七穀味噌**　栗・モチキビ・タカキビ・ヒエ・ダイズ・米・大麦を仕込んだ味噌で、雑穀味噌ともいわれている。栗・タカキビ・モチキビ・ヒエ・大豆を仕込んだ味噌は、五穀味噌といわれている。いずれも四国三郎吉野川の清水を仕込み水としている。㈲志まや味噌という創業・明治32（1899）年の会社が製造・販売している。みそ汁、合わせ味噌に使われる。この会社は、野菜、海藻を加えたみそ汁用の製品も作っている。忙しい人には便利な商品である。五穀、七穀を加えて仕込むことにより、穀類の栄養素が健康によいことから考案された味噌のようである。穀類を使う発想は、徳島県は古来「阿波の国」といわれたことから「阿波」を「粟」に結び付けて穀類を使うという発想が生まれたそうである。
- **阿波の味噌焼**　焼き味噌皿に塗り込んだ御膳味噌を火鉢に逆さに吊るして焼いて食べる。
- **ご膳味噌**　㈲志まや味噌で製造販売している味噌で、糀の割合を多くして醸造した味噌で、やや甘口で、香りがよい。味噌には糀が残って見える。
- **おかず味噌「青とうがらし」**　徳島の物産である青トウガラシを1年間塩漬けする。この間に乳酸醗酵が進むので、1年後に塩を洗い落とし、細かく刻んで、手作り味噌と和えたもの。昔ながらの農家の「おかず味噌」である。ご飯のおかずや酒の友によい。

## 食塩

- **徳島の塩の歴史**　鳴門地域による製塩遺跡から、5～6世紀頃から塩づくりが行われていたと推測されている。慶長4（1599）年には藩主・蜂須賀氏が兵庫県の赤穂から技術者を招いて、入浜式塩田を開いた。明治、大正時代になると鳴門地域の一大事業となったこともあった。

## ゆず・すだち

徳島県は柚子や酢橘を使った調味料が多い。

- **調味料としての柚子・酢橘** 徳島県の名産品となっている柚子や酢橘は調味料として使われている。柚子はかんきつ類の中でも酸味が強く、生食には向かないが、薬味や風味づけに刺身、すし、吸い物、鍋物などに使われる。果汁は酸性料として使われる。柚子の果汁を味噌に入れた柚子味噌は、風味がよく利用範囲が広い。酢橘は柚子の近縁で果実は小さく、多汁で、その酸味は強く、薬味や風味づけに柚子と同じように使われる。
- **鬼うますだち胡椒** 徳島産の地域資源の酢橘と唐辛子を利用した辛味調味料である。酢橘は佐那河内産、唐辛子は辛味の強い「みまから」という種類を使っている。鍋物、麺類、おでんの薬味に使われる。この辛味調味料を使う場合には、一つまみの胡椒を振りかけると、酢橘と胡椒を合わせることにより心地よい辛さを感じる。
- **酢橘酢とポン酢** 酢橘酢は酢橘の果汁をいい、ポン酢は主にダイダイの果汁をいう。ポン酢として酢橘、カボス、レモンの果汁を使うこともあるので、酢橘酢とポン酢は同じ場合もある。普通、酢橘やダイダイ、レモン、カボスなどかんきつ類の搾り汁に醤油を混ぜて使う。この混合物をポン酢醤油という名で使う。酢橘は、柚子と同じように果汁はもちろんのこと果皮も薬味として使われる。かんきつ類の皮は、おろし器でおろして薬味に使う。その香りは和食のアクセントを十分に引き出してくれる。
- **徳島産酢橘果汁100％天然調味料** 徳島の酢橘酢は、徳島産酢橘の果汁100％での自然調味料として、徳島の名産として販売を広げている。
- **徳島産酢橘の天然調味料** 徳島産の酢橘を主に、徳島の代表的かんきつ類系の果汁（柚子など）をブレンドし、天然の鰹節、昆布、シイタケなどのだし汁と、本醸造醤油を混合して作った調味料である。酢橘などのかんきつ類系の風味を強調している。

## ソース

- **ルナロッサトマトソース** 徳島産フルーツトマト「星のしずく」を皮ま

で丸ごと使って仕上げたトマトソース。クラシック音楽が聞こえ、ハーブの香りの漂うハウスで、有機肥料で減農薬で栽培した特別なフルーツトマトを原料にして作ったトマトソースで、トマトのもつ甘みが味わえるトマトソースである。ベークドポテトなどシンプルな料理でも十分に満足できる。

### 郷土料理と調味料

- **うず潮兜鍋** マダイの兜（頭部）を他の具（野菜、豆腐など）と一緒に鍋に入れ、煮ながら食べる。味付けは、各自の好みであるが、徳島流なら酢橘の果汁と醤油を小鉢に入れ、針ショウガを添える。爽やかな味で食べる。
- **マダイのピリ辛がゆ** 乾煎りしたそば粒（そば米）、炒めて千切りした長ネギ、マダイの刺身をご飯に盛り、すり下ろしたワサビをのせ、また、ラー油、粉サンショウをかけ、熱湯をかけて食べる。

# 37 香川

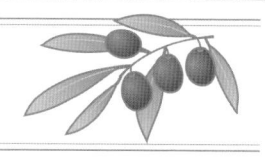

## 地域の特性

▼高松市の1世帯当たりの調味料の購入量の変化

| 年　度 | 食塩 (g) | 醤油 (ml) | 味噌 (g) | 酢 (ml) |
|---|---|---|---|---|
| 1988 | 2,855 | 15,758 | 7,925 | 3,414 |
| 2000 | 2,208 | 9,623 | 6,973 | 2,178 |
| 2010 | 1,684 | 7,630 | 4,239 | 2,755 |

　香川県といえばコシの強い讃岐うどんが有名である。ほとんどの人が1日に1食はうどんを食べる。うどんを食べるには麺つゆが必要である。麺つゆのだしの材料にはイリコだけの店や家庭もあれば、イリコにカツオ節、サバ節、コンブ、みりんなどを加えてその店あるいは各家庭の独特のうま味を出している。高松を中心に市民生活に密着している讃岐うどんは、弘法大師（空海）が、唐の西安でうどんの作り方を習得し、帰朝後に伝えたものと語りつがれていて、讃岐の年間のいろいろな行事の時には、必ず提供されたものであったといわれている。とくに、法事の途中では必ず提供するものであった。また、僧侶が各檀家を回ると、どこの家でも湯の中にうどんを入れた「湯だめうどん」を、つけ汁とともに提供したそうである。

　麦の収穫時期には、収穫後の村祭りには、ばらずしと一緒にうどんも用意したようである。年越しには、「年越しそば」ではなく「年越しうどん」を食べる。讃岐うどんが発達した理由は、高松周辺の地質はうどんに適した小麦の栽培に向いていたからといわれているが、現在は地元での小麦の栽培が少なくなり、オーストラリアで生産した小麦を原料とした小麦粉を使っているともいわれている。

　讃岐うどんの冷凍品は、新潟県で作られている。その理由は新潟県の軟水で溶かした食塩水は、小麦粉の強いグルテン形成に適しているからのようである。香川県でコシの強いうどんができるのは、もともとは香川県沿

岸の海水で作った食塩と讃岐山脈に端を発する水質が小麦粉の強いグルテン形成に適していたのかもしれないと思われる。

香川県に属する小豆島の「小豆島醬油」は、江戸時代中期の文化年間（1804〜17）に、高橋文衛門が和歌山の湯浅からその製法を伝授してきたものといわれている。内海町の安田・苗羽(のうま)を中心に醬油づくりが始められた。明治時代になり最盛期を迎える。醬油の製造が可能になると、コンブや海苔を使って佃煮をつくるようになった。小豆島醬油は濃口醬油である。

小豆島は国内におけるオリーブの栽培の盛んな地域で、オリーブオイルについてはイタリアへ行って研究するほど熱意をもって製造していると聞いている。日本での最初の栽培は、気候温暖な神奈川県の横須賀であった。明治41（1908）年に、農商務省が、三重・香川・鹿児島の3カ所をオリーブの試験栽培地に指定した。その結果、瀬戸内海の小豆島だけが、温暖で乾燥し、常緑高木のオリーブの栽培に適し、成功した。オリーブオイル（オリーブ油）だけでなく、果実の塩漬け・酢漬けを製造し、日本のイタリア料理やその他のヨーロッパ料理に貢献している。

醬油の仕込み過程で、醬油と醬油粕を分けるために圧搾を行う。醬油粕を取り除く前の醬油麹は「諸味（もろみ）」といわれる。独特のうま味があり、諸々の味があるので「諸味」の名がついたのではないかといわれている。また、圧搾して残った粕を諸味ということもある。この粕に野菜を漬け込んだものは「もろみ漬け」という。小豆島をはじめ、瀬戸内海沿岸では醬油づくりをしている小規模の会社がある。これらの会社の諸味はそれぞれ独特のうま味をもっている。

小規模ではあるが醬油づくりの会社では、香川で栽培している小粒で甘味のあるソラマメの「醬油豆」（しょい豆・しょゆ豆ともいわれている）がある。醬油豆が作られるようになった由来については、お遍路さんが食べていたソラマメが、偶然に醬油壺に落ち、それを取り出してみたら美味しかったという逸話がある。現在は、干したソラマメを焙烙で炒って、熱いうちに砂糖・トウガラシを混ぜた醬油に入れて調味したものである。酒の肴・惣菜・お茶漬けに利用されている。

### 知っておきたい郷土の調味料

温暖な気候に恵まれた讃岐平野は、昔から上質な飯米として高く評価さ

四 国 地 方

れていた。讃岐山脈から讃岐平野に流れ込む伏流水は仕込み水としても適していたようである。米味噌の醸造には適している地域であった。とくに、温暖な小豆島は、昔から醤油の製造を行い、オリーブの木の栽培と実からの油の調製が盛んである。

## 醤油・味噌

● **調味醤油が多い**　香川県は昔から醤油の原料となる食塩が豊富で、良質のダイズとコムギの栽培と収穫に恵まれ、気候が温暖であることが、醤油の醸造に適していたのである。小豆島には、江戸時代から小さな醤油会社が多い。醤油づくりに必須の木桶には、醤油づくりに欠かせない醤油用の酵母や乳酸菌がびっしりと付着し、生育している。小豆島で江戸時代から醤油づくりをしているヤマクロ醤油㈱の「鶴醤(つるひしお)」は、2年の夏をすごした生醤油に、さらに生醤油を加えて3夏、4夏、5夏と長期熟成を行ったものである。濃口醤油の「菊醤(きくひしお)」は、丹波の黒ダイズを原料として作る。黒ダイズはでんぷんを多く含むので、さっぱりした醤油となる。

　香川県には醤油を醸造している会社が多い。それらの会社は濃口醤油など伝統的醤油を作るだけでなく、時代のニーズに合うための使いやすい調味醤油の種類が多い。琴平町の京兼醸造㈲は、「天然だし醤油」「ゆずポン酢醤油」「さしみ醤油」などを作り、引田町の引田醤油㈱は、魅力ある商品として「主婦」「さしみ」「だし醤油」などのブランドの醤油を製造販売している。同じ引田町の合資会社かめびしは、女性による醤油づくりをめざし、「十歳造り醤油」「もろみ醤油」「減塩醤油」などを製造販売している。小豆島のマルキン忠勇㈱は、バイオ関連、臨床検査関係、健康食品関係の開発も進めているが、醤油では「初しぼり生しょうゆ」「こいくちしょうゆ」「しぼりたて生ポン酢」などを製造販売している。讃岐うどんを美味しく食べるためにも醤油やだし醤油がいろいろな会社で作られている。

　坂出市の㈲水尾醸造所は、伝統的な製法を守りながら濃口醤油を作っている。同時に、だし醤油、香川県名物のうどんに合う「讃岐うどんかけ汁」、うま酢醤油なども製造販売している。

● **うま酢醤油**　から揚げとこのうま酢醤油の相性はよく、さっぱりした美

味しさとなる。コロッケなどにかけても相性がよい。
- **なめこの醤油煮** 温かいご飯と一緒に食べると、なめこ独特のぬめりと、醤油の味がよく合い、甘みのある白いご飯が美味しく食べられる。
- **洋風だし醤油** 肉料理によく合う。
- **いかなご醤油** 生のイカナゴに塩を加えて容器に入れ、3カ月から半年ほど熟成させて作る魚醤油の一種である。
- **香川は白味噌** 坂出市の㈲水尾醸造所の味噌は、讃岐白味噌を製造販売している。この白味噌は正月のお雑煮に欠かせない味噌である。みそ汁の具に豆腐を入れると、この白味噌の上品な甘さとコクが豆腐の美味さも引き立ててくれる。
- **みそゴマドレッシング** 野菜嫌いの子どもには人気の商品の一つで、食べ慣れると野菜好きになる。

## 食塩

- **香川の塩の歴史** 弥生時代には土器製塩の技術が成立していたと推測されている。17世紀頃から瀬戸内地域での塩田が開発されていた。江戸時代には土州塩田での塩の生産量が多かったようである。坂出市には「さかいで塩祭り」が平成4（1992）年から開催されている。昔、塩田での製塩の盛んだったことから、地域に根ざしたまつりとして始めたようである。塩に関する資料館は坂出市や高松市にある。

## 食用油

- **緑果（エクストラヴァージンオリーブオイル）** 100％小豆島生まれのオリーブオイルの限定品。10月中旬から11月中旬までしか採れないので、完熟オイルと表示されても、本物かどうか不明なものもある。きれいな緑色のオリーブオイルで、苦味とノドをさすきりっとした辛味が残る。カルパッチョなどに使うと美味しい。スプーンにのせて飲んでも美味しい。少量を毎日飲むと、便秘の改善にもよいといわれている。

### 郷土料理と調味料

- **打ち込み汁** 農村の日常食として、どこの家でも、季節の野菜をふんだんに使い、よくつくられているうどん料理の一種。一般に、味噌仕立て

で食べる。醤油仕立てで食べる場合もある。
- **讃岐うどん** もともと香川県は良質のコムギが収穫できたこと、塩は遠浅で潮の干満差の大きい砂浜と雨量の少ないことが、讃岐うどんの名産地となった。だしの素材は瀬戸内海で漁獲されるカタクチイワシの「煮干し（いりこ）」を使い、醤油は小豆島で作られるものである。うどんの材料のコムギ、だしの材料、醤油などすべて地元のものを使うことが、讃岐うどんの知名度が広がった理由である。

# 38 愛　　媛

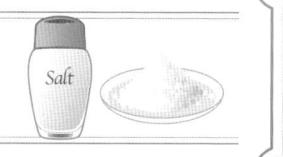

### 地域の特性

▼松山市の1世帯当たりの調味料の購入量の変化

| 年　度 | 食塩（g） | 醤油（ml） | 味噌（g） | 酢（ml） |
|---|---|---|---|---|
| 1988 | 4,340 | 17,438 | 7,176 | 3,149 |
| 2000 | 2,348 | 7,965 | 5,485 | 2,944 |
| 2010 | 1,073 | 7,289 | 5,096 | 3,552 |

　愛媛県が伊予の国といわれた頃は、東予、中予、南予に分かれて、現在の松山周辺は伊予の中心地であった。松山周辺で晩秋の頃に収穫される紫色の果皮の緋カブラ・紅カブラは、2年目になると白いカブラになるので同じ畑での連作ができないという珍しいカブラである。江戸時代前期の寛永年間（1624～43）に、近江より転封になった松山藩主の蒲生忠和が、近江の日野の紅カブラを持ち込んだものと伝えられている。塩漬けにして熟成させ、砂糖・ダイダイで調味すると鮮やかな赤（緋）色になることから、「緋の蕪漬け（ひのかぶらづけ）」といわれている。藩主が奨励した古くからの漬物である。調味料に砂糖を使うところは、香川の三盆白を利用し、ダイダイを使うところはかんきつ類の栽培の盛んな伊予の国でなければ生まれないヒントと思われる。

　宇和海に面している宇和島は、魚の養殖の盛んな地域である。マダイ、ヒラメ、フグ、シマアジ、ブリ（イナダ）などの養殖が行われている。宇和島は蒲鉾やじゃこてんという練り製品が有名である。蒲鉾は仙台の伊達秀行が宇和島へ移ったときに、仙台の技術を伝えてできたといわれている。原料はエソを使いコシの強い蒲鉾として知られている。最初は仙台の笹かまぼこを真似て板のついていない蒲鉾であった。現在は板つき蒲鉾であり、表面にちり緬状のシワがあるのが特徴である。大量に漁獲される瀬戸内海の小魚は、骨も皮もつけたままミンチにし、小判型か楕円形に型を取り、

油であげた「じゃこてん」（皮てんぷらの別名もある）は、カルシウム、コラーゲンなど機能性成分が豊富であることから、現在は関東地方でも人気となっている。これら練り製品の弾力をだすためには、食塩の添加量がポイントの一つである。

魚介類を利用した郷土料理の「伊予の薩摩汁」は、不思議な食べものともいわれている。「伊予の薩摩汁」は、小ダイ（ボデコ）・メバル・コアジなどの瀬戸内海で漁獲されるいろいろな小魚を利用した味噌仕立ての汁である。小魚の骨をていねいにすり下ろし、これに焼き味噌を入れ、醤油・砂糖・塩で調味する。これに、魚の身、コンニャク、刻んだワケギを入れて汁をつくり、温かいご飯にかけて食べる。愛媛県ばかりでなく、四国の瀬戸内海に面した地域では、だしにも小魚を使う。朝のみそ汁のだしは煮干しを利用するところが多い。

一方、愛媛県にはカツオ節の削り節メーカーがあるのは、高知からカツオ節が入手しやすいためと思われる。

愛媛県の郷土の味噌に「五斗味噌」がある。五斗味噌とは、大豆・糠・コメ麹・酒粕・塩をそれぞれ1斗ずつ混ぜ合わせと発酵・熟成させて作った特殊な味噌である（1斗は約18ℓ、正確には18.039ℓ）。なお、伊予地方では、伊予醤油の搾り粕を五斗味噌とよび、この粕でつくったみそ汁を「五斗みそ汁」といい、粕をていねいに擦ってから、ユズの皮・胡麻を混ぜて椀に盛り、トウガラシの粉をふりかけて飲む。

伊予醤油は、古くから愛媛県内の醤油メーカーが厳選した材料で作り上げた醤油で、郷土の醤油として、スープ、醤油ダレなどに利用されるほか、郷土の料理に使われている。とくに「伊予ボジョ『醤油』」の名で愛媛県内の調味料メーカーが競い合っている。

## 知っておきたい郷土の調味料

愛媛県は、四国では一番、醸造会社が多い。香川県の接近する東予、松山を中心とする中予、宇和海に臨む南予の3つの地域に分かれているが、瀬戸内海特有の温暖な気候と海の幸に恵まれている。また瀬戸内海に浮かぶ島々へのフェリーの出発点としても海運の発達している。

## 醤油・味噌

- **愛媛県の醤油・味噌** 古くから醤油・味噌を製造している会社としては、㈲地蔵味噌（明治21［1888］年）、田中屋（明治38［1905］年創業）、森文醸造㈱（創業以来、約100年間続く）などがある。醤油も味噌も取り扱っている会社もある。地蔵味噌は、米麹と麦麹をミックスした独自の製法で、「仕込みみそ」「麦みそ」「吟醸みそ」などマイルドな味噌を提供している。田中屋は、日本で一番美味しい醤油を目指して小規模ではあるが全従業員が頑張っている。「純正濃口醤油」のブランドで販売している。ユニークなのは松山市内のフランス料理のレストランのシェフとの協力で、ソースやドレッシングを開発していることである。森文醸造㈱は、伝統の手法と厳選された原料に重点を置き、まろやかで深い味わいの「おふくろのみそ」のブランド商品を提供している。醤油・味噌の他にアセロラ飲料も製造販売している。

    愛媛県で製造している味噌の種類には、麦味噌・金山寺味噌・調合味噌・おかず味噌などがある。また、地域の名をつけた伊予味噌などもある。

- **昔ながらのひしお** 愛媛県では醤油を作る時の「もろみ」を「しょうゆの実」の名で親しまれている。昔ながらの手法で醤油を作ると、味噌のように粘りのある「もろみ」ができる。これが「しょうゆの実」であり、「昔ながらのひしお」として郷愁を誘う。大豆や小麦の粒々が残っていて醤油の香ばしさが、温かご飯にのせると食欲をより一層刺激する。ご飯の惣菜の他に、野菜スティック・もろキュウ・冷奴などの調味料としても使われる。

- **濃口醤油＋オリーブ油** 愛媛県の田中醤油㈱は、濃口醤油のメーカーである。新しい感覚の醤油として「濃口醤油とオリーブ油」の混合したものを提案している。常温では醤油とオリーブ油は比重の差で分離しているが、使用時にはビンを振って、濃口醤油とオリーブ油をよく混ぜてから使用する。スパゲッティの和風味に使うには適している。

## 食塩

- **愛媛の塩の歴史** 愛媛県でも製塩の遺跡から、弥生時代中期～奈良・平

安時代にかけて製塩が行われていたと推測されている。中世においては塩の荘園として、京都の東寺へ塩を献納していた。近世では波止浜塩田（はしはまえんでん）で製塩が行われていた。
- **伯方の塩**　瀬戸内海に浮かぶ松山市の伯方島の塩田での製造は、文化3（1806）年から行われていた。現在の流通している「伯方の塩」は、昭和46（1971）年に成立した「塩業近代化臨時措置法（塩専売法）」により、流下式塩田製法が廃止され、イオン交換膜製塩の切り替えを機会に設立した伯方塩業㈱（昭和48 [1973] 年設立）が製造・販売しているものである。

## 食酢

- **みかん酢**　ミカンの名産地・明浜の青ミカンを丸ごと搾った食酢である。米酢のような醸造酢ではなく、ミカン果汁100％の食酢である。ビタミンCやポリフェノールの一種のヘスペリジンを含む。ややヘスペリジンの苦味を感じるかもしれない。かんきつ類の果汁なので、主な酸味成分はクエン酸である。このみかん酢と醤油を混ぜて、魚の塩焼きや湯豆腐の調味料として使うと、引き締まった味が楽しめる。

## 食用油・ソース・ドレッシング

- **油は綿実油**　田中屋は、松山市内のフランス料理のレストランのフランス人シェフの協力により、植物油は綿実油を使い、無農薬の柚子、イヨカン、タマネギ、ニンニクなどを使い、生ドレッシングを開発している。
- **趣が異なるソース**　ソースのイメージから遠いソースとして、焼き魚・ムニエル用バターソース、ガーリックソース、カルパッチョソースなどを提供している。

### 郷土料理と調味料

- **緋の蕪漬け**　伊予カブとよばれる愛媛県特産の皮の赤いカブを塩漬けした後、柑橘酢に漬け込んだもの。全体が鮮やかな緋の色（赤色）に漬けあがったものである。江戸前期の寛永年間（1624〜43）に近江の国から移ってきた松山藩の藩主・蒲生忠和が、近江の日野の紅カブラの漬物を、松山に広めたものと伝えられている。

- **さつま（汁）** 漁業が盛んな南予地方に伝わる郷土料理。「佐妻汁」とも書く。焼き魚の身と麦味噌をだし汁（煮干し）で溶きながら、すり鉢で磨り潰し、ご飯や麦飯にかけ、刻みネギや柚子の皮を散して食べる。

# 39 高　知

### 地域の特性

▼高知市の1世帯当たりの調味料の購入量の変化

| 年　度 | 食塩 (g) | 醤油 (ml) | 味噌 (g) | 酢 (ml) |
| --- | --- | --- | --- | --- |
| 1988 | 3,328 | 16,279 | 8,829 | 2,990 |
| 2000 | 2,727 | 9,151 | 6,110 | 2,937 |
| 2010 | 2,041 | 5,791 | 4,371 | 1,845 |

土佐の味覚を代表する「皿鉢料理」は、大きなお皿に名物のカツオのたたきをはじめとし、カツオのほかの魚の刺身、揚げ物、すし、海苔巻き、焼き魚、素麺などが豪快に盛り付ける。いかにもカツオ漁からイメージする漁師の大盤振る舞いの料理である。このようないろいろな料理を盛り付けた皿鉢料理が生まれた背景には、女性が台所の仕事をあらかじめ済ませて、家族や集まった人たちの食事や宴会に最初から参加できるように配慮したために出来上がった料理であると聞いている。土佐の女性は気風がよく、酒好きな気質であるため、このような料理が考案されたのかもしれない。皿鉢料理を食べるには「土佐醤油」が勧められる。土佐醤油は、一般の料理店でも刺身には土佐醤油が提供される。

土佐醤油は、高知名物のカツオ節の土佐節のだし汁を入れた醤油なので、土佐醤油の名がある。醤油・カツオ節のだしを基本としてみりんや日本酒などで特徴ある味にしたものもある。土佐醤油で刺身を美味しく食べさせるのは料理の専門家の腕の見せ所でもある。

カツオ漁業基地の土佐清水は土佐節の製造で盛んなところである。江戸時代前期の延宝2（1674）年に、紀州の漁師が、土佐の宇佐浦でカツオ節づくりを始めたといわれている。元禄の頃に燻煙とカビ付けが考案され、カツオ節の品質が向上したといわれている。カツオ節づくりには、脂肪の少ないカツオを原料として、三枚、または五枚におろして煮熟して骨抜き

をし（製品のひび割れを防ぐために一部の骨を残す骨抜きを考案）、この後で焙乾を繰り返してから、クヌギやナラの堅木を使って燻煙をだして燻し、特有の風味・香気・色合いをつける。その後でカビ付け（青カビ、黄色カビ）を繁殖させて脂肪を減らし、水分も減らして叩くと拍子木のような音がするまで乾燥させる。長期保存ができ、世界で一番硬い食品であり、カビを使った食品でもある。「土佐節」をはじめとする鹿児島の薩摩節、和歌山の紀州節、静岡の伊豆節へと展開している。ソウダガツオを使って作るソウダ節は、削り節の原料としても利用されている。高知では、土佐節のだしをきかした醤油が土佐醤油として郷土の自慢の味となっている。そのために、大小さまざまなメーカーが独自の土佐醤油を作っている。

　高知の土佐湾に面した安芸地方ではカタクチイワシの稚魚のチリメンジャコ（シラス）の漁獲量が多い。生のままあるいは釜茹でにして、酢醤油・おろし和え・酢みそ和え・塩辛にして食べる。この地方の独特な料理には、シラスを味噌で煮る「チリメンジャコの味噌煮」がある。「シラスの煮干し」は「チリメンイリボシ・チリメンイリコ」ともいわれる。カタクチイワシは、四国地方ではホタレといい、みそ汁のだしにはホタレの煮干しが使われる。

　高知は少量だがウルメイワシも漁獲される。初夏のウルメイワシは、脂肪が少なく淡白で美味しくない。ところが、丸干し、開き干し・目刺しのように日干しするとうま味がアップする。干物をつくるには太平洋や瀬戸内海の海水で作られる自然塩がうま味を引き出すのである。

　薩摩汁は若鶏のぶつ切りに味噌を混ぜた濃い目の汁である。土佐の薩摩汁は、伊予の薩摩汁と同様に魚を具に使う味噌汁である。土佐に水揚げされる小ダイ・ボラなどの小魚を焼き魚にしてから、ニンニクと一緒に磨り潰し、焼き味噌を混ぜた濃い汁を作り、刺身を並べた温かいご飯の上にかけて食べる。

## 知っておきたい郷土の調味料

　県域の約8割は山地である。平地は、物部川・仁淀川下流の高知平野だけである。四万十川に続いている伏流水は、高知県の醤油・味噌を製造するときの仕込み水となっている。気候は黒潮の影響で温暖で、梅雨時や夏は、かなりの降雨量があるので醗酵食品の製造にも影響しているから、発

酵に係わる微生物管理の難しい地域である。

## 醤油・味噌

- **仕込み水は四万十川の伏流水**　高知県の四万十川の伏流水を仕込み水として醤油を醸造している会社は多い。高知の醤油には甘みのある製品もある。この甘みを特徴とした醤油がマルサ醤油合資会社（昭和3［1928］年設立）である。醤油づくりの元となるもろみは1年かけてじっくり自然発酵と熟成を行う。仕込み水は四万十川の伏流水で、地下50mから汲み上げたものを使っている。この会社の所在する地域は、土佐の西部の幡多(はた)地区で、もともと甘口の食文化が継承されているところらしい。トーストには砂糖と醤油をつけて食べる習慣がある。甘口の食文化が残っているのは、高知市から幡多までの移動は半日〜1日もかかった。輸送中の保存性を高めることから砂糖を使う習慣があったようである。今も情報が伝わってくるのが遅いらしい。土佐清水の漁師が甘口の醤油を求めているのも、昔から慣れた味であると同時に、激しい漁師の仕事は、エネルギー補給のために甘いものを欲しがること、砂糖が入ったほうが保存性がよいことなどの理由が考えられる。

  一方、高知も他の四国の県と同様に柚子を使うことは忘れない。須崎市の㈲丸共味噌醤油醸造場（マルキョー醤油）が、スタンダードの濃口醤油や淡口醤油も製造販売しているかたわら、柚子を入れた刺身醤油も製造販売している。柚子は安芸市から仕入れている。また、煮物用の醤油に「松甘」というブランドも製造発売している。

- **高知の「おかず味噌」**　「地産地消」をこだわりとして作っている。高知の大自然が育んだたくさんの恵みを丹精こめて作っている。金山寺(きんざんじ)みそ、柚子入り金山寺味噌、もろみそ、室戸海洋深層水仕込み金山寺みそ、酢味噌、鶏味噌、柚子入り酢味噌などがある。

## 食塩

- **高知の製塩の歴史**　高知県は山地が多く、年間の降雨量も多いことから、瀬戸内海で行われていた塩田は発達しなかった。安土桃山時代には、赤岡町で小規模な製塩が行われたこともあった。自然塩の製造は進んでいたと推定されているが、後に、吉野川流域では讃岐（香川県）からの塩

の移入が多くなったと伝えられている。

## だし

- **だしが出る宗田節（そうだぶし）** マルソウダガツオを鰹節と同じように、下処理（縦長のやや細めに形を整える）・蒸煮・焙乾・天日乾燥などの工程を経て作った宗田節を瓶詰めにしたもの。使用にあたっては、宗田節の入っているビンに醤油を加えて2週間ほど放置する。宗田節のうま味成分が、醤油に溶け込んで、美味しい「だし醤油」になる。これを湯豆腐、冷奴、卵かけご飯などにかけて食べる。これを好んで利用している人が関東地方にも多くなっている。
- **ぶっかけだし酢** 柚子と昆布や鰹節のだしのうま味が合体した調味料である。鰹節と昆布のダシ汁に、醸造酢と柚子の果汁を加え、塩とみりんで味を整えてある。爽やかな柚子の香り、ほどよい酸味と、まろやかな和風だしのうま味が調和している。三つ葉や菜の花のお浸しに振りかけると、酸味やだしのうま味を味わいながら柚子の爽やかな香りに気が休まる美味しさに満足する。

## 酸味料

- **柚子酢** 柚子を搾り集めた果汁の瓶詰め。醤油と合わせて使うこともできる。
- **海洋深層水を使ったポン酢** 室戸海洋深層水を仕込み水とした醤油とポン酢を合わせたポン酢醤油。

## ソース

- **海洋深層水を使った素材調味料のソース** 室戸海洋深層水を使ったソースには、「減塩トマトケチャップ」「中濃ソース」「玉葱ソース」があり、高知県だけでなく、関東地方でもよい評価を受けている。㈱ケンショーの開発品。素材を吟味しているので素材の甘さ、うま味、香りが自然食品の持ち味を生かしているとの評価である。

### 郷土料理と調味料

- **酒盗（しゅとう）** カツオの胃と腸をよく洗い、塩漬けにして熟成したもの。カツオ

の内臓の塩辛であり、美味しくて酒の量が進むので「酒盗」といわれているが、ご飯の量も進む。土佐藩第12代藩主山内豊資が、これを肴にして酒を飲んだところ、あまりにも美味しいので、酒量があがったということから、「酒盗」の名がついたとの言い伝えがある。

- **カツオの叩きと調味料**　カツオの叩きのつくり方は、家庭や料理人によって若干の違いはある。一般には、三枚におろし皮付きのままワラの火で軽く炙る。塩・酢をカツオに付けて、手のひらか包丁で軽く叩いて身を締める。ダイコン・ニンニクのおろし汁か、かけ酢を付けて食べる。ダイコン、ショウガ、ニンニクのおろしたものでカツオを包み、手のひらや包丁で叩く方法もある。カツオのイノシン酸、醤油のグルタミン酸などのうま味成分と、食酢にわずかに含まれるコハク酸のうま味が混然一体となってカツオの叩きの美味さを引き出している。食酢の酸味料はカツオの生臭さを緩和し、食感もよくしてくれる。ダイコン、ニンニク、ショウガなどの辛味や香味もカツオの生臭さを緩和し、美味しさにアクセントをつけてくれる。

# 40 福　岡

## 地域の特性

▼福岡市の1世帯当たりの調味料の購入量の変化

| 年　度 | 食塩 (g) | 醤油 (ml) | 味噌 (g) | 酢 (ml) |
|---|---|---|---|---|
| 1988 | 3,936 | 18,651 | 11,694 | 3,037 |
| 2000 | 1,677 | 8,865 | 8,098 | 2,857 |
| 2010 | 1,726 | 5,626 | 5,317 | 3,032 |

　福岡は九州の文化・経済の中心地であるためか、自分の住む土地に誇りをもっている人が多いといわれている。お祭りなど目立つことが好きなため、博多どんたく祭りが毎年成功しているのであろう。福岡の人には、食品の分野では先物を考えることが好きらしい。福岡市内に「卵かけご飯」専門の醤油を集めている店があるほどである。福岡県内の醤油製造会社には、濃口醤油、淡口醤油、刺身醤油を区別して、また濃口醤油や淡口醤油にも辛口、甘口、中辛を分けて作っている会社がある。さらに、卵かけご飯用醤油、ヨーグルトかけ用、食パンかけ用などユニークな発想により考案された醤油も市販されている。これら、ユニークな醤油は、醤油の主な原料の他に、甘味料や果実を加えて甘味、酸味、香り、粘りを作り出している。

　福岡の名物の「辛子明太子」は、昔は日持ちがよいので土産物とされていた。低温流通が発達するとフレッシュ感のある辛子明太子が人気となった。スケソウダラの卵巣の塩漬けのタラコが、福岡では粉末のトウガラシと食塩、その他の調味料で調製した調味液に漬けたものである。スケトウダラの卵巣をメンタイコというのは、スケトウダラを朝鮮語でメンタイとよぶことに由来する。福岡でメンタイコがつくられるようになった由来は、第二次世界大戦後の昭和20年代に朝鮮半島から引き揚げた人が、塩とトウガラシで漬け込んだキムチ状のタラコを博多に持ち込んだものが、日本

風に改良され全国的に普及したと伝えられている。メンタイコや塩漬けタラコがつくり始められた頃に比べると、食品添加物の使用、食塩濃度や色などが改良され、みりん・うま味調味料などの使用により日本人向けの味となり、今では国民的食品となっている。これだけ日本人の食生活の中に入り込んだ理由としては、日本的調味料の力によるところが大きかったのではなかろうか。

1〜3月に港町の博多の港に水揚げされるイワシは甘味があり、人気の魚である。刺身・塩焼き・天ぷらなどで食べるほか、筒切りした「マイワシのちり鍋」がある。コンブを敷いた鍋に水を入れ、沸騰したところで豆腐と下ごしらえして筒切りしたマイワシを入れ、煮ながらダイダイの二杯酢またはショウガ醤油をつけて食べる。イワシのすり身の団子(つみいれ)を入れてもよい。千葉の九十九里浜もマイワシのちり鍋があるが、九州のマイワシのちり鍋は油っぽさを感じさせないのが特徴のようである。

小倉地方に伝わる郷土料理のぬか漬けは、寛永年間（1624〜45）に肥後の国（小倉）へ移動した細川忠利の時代に持ってきた信濃のぬか漬けを受け継いでつくられたようである。野菜のぬか漬けだけでなく、日本海で漁獲される北九州の「秋サバ・マイワシの糠味噌漬け」をつくり、今も受け継がれている。鍋に醤油・酒・みりん・砂糖を入れ味を整えて煮込み、この鍋にサバの糠味噌を入れて煮込んで食べる。

地域によって、ラーメンほど麺の太さやスープの味付けについて特徴をもたせ、地域ばかりでなく店それぞれでこだわりをもっている料理も珍しい。その結果、中華ソバから日本の国民食に進化するようになった。博多ラーメンは、東京のオーソドックスなラーメンに対していち早く地域性をアピールしたラーメンといえる。九州のラーメンのスープの特徴である豚骨ラーメンは、昭和30（1955）年頃に、久留米に誕生したと伝えられている。博多ラーメンの街は、長浜・中州の屋台群である。博多ラーメンのオリジナルは、豚骨を高熱で長時間煮出して、骨の中のうま味成分をすべて溶かし出したスープと白ゴマ・紅ショウガの薬味を入れることに特徴がある。

B級グルメとしての高位の座を占めている博多・中州の「博多のもつ鍋」は、醤油味スープ仕立てで、全国から出張のついでに訪れる客が年々増えているという。基本は醤油味であるが、豚もつから出る動物性のうま味、

ニラやキャベツから出る甘味や酸味が独特のうま味を演出しているようである。

### 知っておきたい郷土の調味料

福岡県は、遠賀川、筑後川などに係わる伏流水は、味噌や醤油の仕込み水として利用され、肥沃な平地に恵まれているので、醸造食品の原料となる米や小麦の収穫が多い。気候は温暖なので、発酵食品に使われる酵母の作用にも適している。

## 醤油・味噌

- **味噌は米味噌、醤油は「さしみ」「めんつゆ」** 味噌の原料となる米の生産量が多いので、天然醸造の米味噌（白味噌）を製造している醸造所は多く、米味噌をベースに合わせ味噌なども製造・販売している。醤油については伝統的技法で濃口醤油を作るほか、さしみ醤油、麺つゆ、だし醤油などを作っている。福岡県の醤油メーカーには、卵かけご飯用醤油、トースト用醤油など珍しい醤油を発想する社員や社長がいるようである。

  慶長年間（1596〜1615）から受け継いだ技法で味噌を作っている古い時代に創設した味噌会社がある。醤油については安政2（1855）年に始めた会社がある。伝統的技法を守るだけでは、企業は成立しないので、実は時代のニーズに応じた調味味噌を作っている会社は多い。「長期熟成本造り」「旨み格別」「味蔵出し」「吟味米味噌」などのブランドの味噌、「甘露」「つゆの醤」「さしみ」「めんつゆ」「丸大豆醤油」「もろみ醤油」などのブランドの醤油がある。

- **「糀しょうゆ　米こうじ追仕込み」** 福岡県産の丸大豆と福岡県産小麦を仕込み、熟成させたもろみに、福岡県産の一等米で作った米こうじを追仕込みし、さらに熟成させることによって天然の甘みを引き出した逸品。甘味料や調味料を加えずに長期熟成により甘みを引き出している。

- **福岡の甘味噌** 九州の味噌の特徴である甘みのある味噌である。麹（1kgずつ）を木箱に入れ、味噌の原料の米麹や麦麹の本来の風味や甘み、うま味を最大限に引き出し、大豆のうま味を出すために、蒸し大豆を使っている。使用原料は、米は福岡県産の米と小麦、佐賀県産の大豆、長崎県産の食塩と兵庫県の赤穂の塩である。

- **麹** 醤油や味噌に使われる麹が、甘酒、発芽玄米甘酒、「伊都国(いとこく)」糸島前原の麦麹、塩麹などの形で販売している。

## 食塩

- **福岡の製塩の歴史** 海の中道遺跡から、8〜9世紀にかけて使われたと思われる製塩土器が出土していて、製塩が盛んに行われていたと推測されている。大宝3（703）年には大宰府から観世音寺に『焼き塩山』（「海水を煮詰めて塩をつくるための燃料として樹木を伐採する山」のこと）を寄進したとの記録がある寛保元（1741）年には、黒田藩によって、玄界灘の地域の中のリアス式海岸の干潟を利用して塩田をつくり小規模な製塩が行われた。明治40年代になると、周防灘に面した地域は九州有数の製塩地帯であった。
- **関門の塩1200** 周防灘の白野江海岸の内側数メートル、地下1,200mからポンプで取水した海洋深層水を、逆浸透膜装置で濃縮海水に調製し、加熱して食塩の結晶を得る。

## たれ

- **キャベツのうまたれ** 博多の屋台の焼き鳥屋さんで出されるのが、「酢だれキャベツ」という。黒酢や昆布エキスもフルに活用し、豚バラの肉が美味しく食べられるようにつくったのが「キャベツのうまたれ」である。油揚げでも冷奴でも合う。明治26（1893）年創業の醤油蔵の伝統技術がつくりあげたといわれている。油を使っていないので、ヘルシーであると宣伝しているが、食べ過ぎないことが大切である。

## 酸味料・だしなど

- **酸味料** 「ゆずの里」は松村醤油合名会社で作っている。九州でも栽培されている柚子を使っている。
- **ゆずすこ（yuzusco）** ゆずコショウと食酢が合わさったもので、パスタ類にタバスコのように振りかけて使う。九州では唐辛子のことをコショウとよんでいる。柚子の香りと唐辛子の辛味が残るが、酸味と塩味もまろやかに味わえる（製造・販売元　福岡県高橋商店）。
- **カツオエキス** ミツヤマ食品合名会社は、だしの元となる「カツオノエ

キス」を作っている。
- **農家の嫁の温だし**　アトピーや冷え性で悩んだ元看護師が、自分のほか友人・知人のために工夫した天然素材を混合して作っただしパックで、口コミで利用者が増えている。鰹節・鯖節・干したホタテの貝柱・昆布・椎茸などを微細な粒子にした「だしパック」。湯に5分間漬けてだしをとる。使用後は袋の中身をとりだし、味付けしてご飯のおかずにできる。

### 郷土料理と調味料

- **うなぎのせいろ蒸し**　柳川のうなぎのスタイルで全国的に知られているが、柳川か時々行われる物産展で食べられる。文久3（1863）年、柳川市出身の本吉七郎衛が、江戸で人気のうなぎの蒲焼きに興味をもち、柳川の「せいろ蒸」を考案した。
- **だご汁**　小麦粉を捏ねて、両手で薄く引き伸ばしてつくった団子を、味噌仕立ての汁に入れたもの。
- **博多雑煮**　博多の雑煮の基本は、だしは焼きアゴ（トビウオ）でブリの切り身を浮かべる。生臭い雑煮として敬遠する人もいるが、正月にはこの雑煮を食べなければ、新年が迎えられないといわれている。
- **博多ラーメン**　ご当地ラーメンの火付け役となった一つである。昭和30（1955）年頃に、久留米に九州ラーメンとして誕生したといわれている。博多ラーメンの特徴は豚骨スープにある。豚骨を高熱で長時間に出して、骨の中の髄の中のうま味成分をスープに溶かし込んだ濃厚なスープである。ラーメンの上にトッピングした白ゴマ・紅ショウガが濃厚なスープの食感と合うのである。

# 41 佐 賀

## 地域の特性

▼佐賀市の1世帯当たりの調味料の購入量の変化

| 年　度 | 食塩 (g) | 醤油 (ml) | 味噌 (g) | 酢 (ml) |
|---|---|---|---|---|
| 1988 | 4,712 | 19,522 | 12,620 | 1,073 |
| 2000 | 2,261 | 11,962 | 9,579 | 2,405 |
| 2010 | 2,090 | 8,223 | 6,988 | 3,465 |

　佐賀県の代表的料理といえば、唐津市から離れた海岸の「呼子のイカ活き造り」である。まだ動いている透明なイカの刺身を醤油でなくカボスを搾った果汁で食べるのが、この地方のイカ刺身の食べ方の一つである。酸味がイカの甘味をより美味しく味わさせてくれ、カボスの香りが新鮮なイカの香りも爽やかに感じさせてくれる。調味料は塩や醤油だけでなく、日本のかんきつ類にもその役割を演じさせてくれる食べ方である。

　玄界灘に面した呼子は、身のしまりのよいマダイが水揚げされる。とくに、4～5月のものは脂ものり活き造りを姿のまま盛り付ける料理も呼子の名物である。

　佐賀県の「唐津おくんち」は、10月28日～30日に行われる唐津市全市をあげての祭りで、春の港祭り（5月上旬）とともに唐津最大の祭りである。この祭りに欠かせないのが30kgもある巨大なアラである。寒い時のアラの味噌仕立ての鍋料理は、アラのもつうま味を身とスープから味わう調理法といえよう。

　伊万里地方に伝わる「御九日煮込み（おくんちにごみ）」は、精進料理の一種である。御九日（おくんち）は、9月9日に行われる祭りのことである。「にごみ」は、「煮込み」のことで、ダイコン・ゴボウ・レンコン・アズキ・小イモ・コンニャク・クリをたっぷりの砂糖で煮込んだ、一種の砂糖漬けのようなものである。精進のない場合には、川魚や海産魚介類を入れて煮込むこと

もある。

　有明海や有明海に面する筑後川や大川の河口に生息するエツの料理は、福岡と並んで佐賀の郷土料理となっている。小骨が多いので、骨切りという細かい調理法がある。洗い、刺身、酢味噌和え、南蛮漬け、から揚げ、団子汁などの料理がある。調味料からみると多彩な調味料がこの魚料理に合うことが理解できる。九州地方の郷土料理には魚を利用したものが多く、それに合わせた調味料を個人的にも工夫しているが、食品会社も考えているようである。

　佐賀は伝統野菜の女山(おんなやま)ダイコンや佐賀青縞(あおしま)ウリの栽培が江戸時代から行われ、おろし、酢の物などで賞味されている。一方、保存の面では野菜の漬物では高菜漬けが郷土食品となっている。気候温暖な土地の佐賀でも、発酵の進み方が遅いので、九州地方では、漬物づくりに最適の地域である。晩春になると、収穫した高菜は、食塩とトウガラシで漬け込み、夏の間は、青菜として食べ、秋には熟成が進み、黄褐色になった古漬けは独特の風味があり、一年中愛されている漬物である。

　佐賀は江戸時代から捕鯨基地として栄えた。その名残のクジラ料理が今も伝えられている。とくに玄界灘で捕獲したセミクジラ・シロナガスクジラ・ミンククジラの料理は古くから伝わる。東松浦地方に伝わる「おばやき」は、クジラの脂身に熱湯をかけ、縮みあがった脂身を酢味噌で食べる料理である。ミンククジラの赤身や霜降り肉は刺身、しょうが焼き、すき焼き、から揚げなどで賞味される。茹でた腸の輪切りは、おろしショウガ・酢醤油などで食べる。水揚げされたクジラの軟骨「顎(あご)のかぶら骨」にトウガラシを入れた粕漬けの「松浦漬け」は呼子の珍味となっている。味付けは家庭や会社により工夫されていて、塩漬けや醤油漬けとは違った香味である。

### 知っておきたい郷土の調味料

　佐賀平野を中心に水田として利用されている耕地は大きい。温暖な気候なので、水田の裏作には小麦や二条大麦の栽培が行うことができる。醤油や味噌の原料が多い地域といえる。

## 醤油・味噌

- **甘口味噌と天然醸造醤油** 明治時代に創業した醤油・味噌の製造会社が多く、伝統を守る自然熟成の醤油・味噌を製造していながら、時代のニーズに合わせて各種調味料、加工食品、冷凍食品を取り扱って会社もある。伝統技法と新技術との組み合わせは、これからの佐賀県の醸造関係をどのように会社の発展に結びつけるかを、次世代の経営者が考えている問題のようである。

  米の生産地である佐賀県は、甘口の米味噌の製造が多く、醤油は濃口醤油の生産が多い。伝統を守り続けながら新商品の開発を手がけている会社は多い。イデマン味噌醤油の醸造元の井手食品㈲は、醤油や味噌の製造販売とともに、和風ソース、麺つゆ、食酢、焼肉のたれなども取り扱っている。「佐賀むらさき濃口」「有明紀行」など地名のある濃口醤油もある(製造・販売は佐賀県醤油協業組合)。

## 食塩

- **佐賀の塩業の歴史** 平安時代中期に編纂された「延喜式」には、大宰府に租税として塩を納めたと記録されている。玄界灘の地域のリアス式海岸を利用して、小規模な塩づくりを行っている。

## 食酢・ぽん酢

- **熟成タマネギ酢** タマネギ生産地として知られている白石町のタマネギの搾り汁を発酵させた純粋のタマネギ酢。タマネギに含まれるわずかな糖分が酢酸発酵したもので、酸味がわずかに生成された酢酸であるが、鼻を刺激することはなく食欲をそそる香りとまろやかな味わいがある。焼きナス、カツオの叩き、焼肉などにも使える。
- **ゆずぽん酢** 佐賀県産の柚子の果汁を入れたポン酢。焼き魚、サラダ、カツオの叩き、酢のものなどに使われる。

## たれ・ソース

- **たまねぎ和風ソース** 醤油と佐賀県産のタマネギを使ったソースで、肉料理、温野菜。ムニエルなどに使える(イデマン[井出食品㈲])。

## 万能調味料

- **「はちみつみそ」** 佐賀県の熟成味噌と九州産の「はちみつ」を混ぜたもの(イデマン[井手食品㈲])。
- **煮物しょうゆ** 鰹節と昆布のだし汁が含む。

### 郷土料理と調味料

- **おくんち(御九日)煮込み** 伊万里地方に伝わる精進料理。御九日(おくんち)は、9月9日の祭りのことで、大根・牛蒡・レンコン・小豆・小イモ・コンニャク・栗を入れて砂糖を入れて甘く煮込んだもので、野菜の砂糖煮のようなもの。九州の郷土料理の味付けが甘い傾向がある。東北地方では秋田県の郷土料理には比較的砂糖を入れて甘い味付けとする傾向がある。
- **松浦漬け** 東松浦地区の郷土料理で、クジラの軟骨(顎のかぶら骨)に唐辛子を入れた粕漬け。味付けは独特である。

# 42 長崎

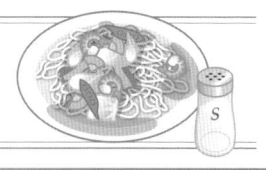

## 地域の特性

▼長崎市の1世帯当たりの調味料の購入量の変化

| 年　度 | 食塩 (g) | 醤油 (ml) | 味噌 (g) | 酢 (ml) |
|---|---|---|---|---|
| 1988 | 4,186 | 18,158 | 13,170 | 3,351 |
| 2000 | 2,124 | 10,137 | 10,250 | 2,295 |
| 2010 | 1,504 | 5,792 | 7,648 | 2,751 |

　長崎県は、北海道についで長い海岸線をもつ県である。長崎県の人々は、この長い海岸線沿いに生活している。長崎県の人々は、古くから大陸との貿易によって外国の文化や宗教に接し、その影響を受けて生活した人もいた。

　現在の長崎の名物料理の長崎チャンポンや卓袱（しっぽく）料理は、中国人の食生活や中国料理の影響を受けた料理の例としてあげられる。長崎チャンポンは、明治の中頃に、中国・福建省から長崎へ渡った陳平順（チンピンシュン）という人が、貧しい留学生に安くて、うまくて、ボリュームのあるうどんを提供しようとして考えた料理が始まりであると伝えられている。豚肉・鶏肉・魚・エビ・イカ・カキ・アサリ・ネギ・モヤシ・タマネギ・キャベツ・蒲鉾・竹輪など15種類以上の具を炒め、スープを加えたものを油で揚げたうどんにのせたもので、大正時代にはチャンポンの名で広まった。チャンポンの名の由来については諸説があるが、「いろいろなものを混ぜこぜにする」ということも名の由来の一つのようである。長崎市の「長崎新地中華街」の中華料理店でも、中華料理が日本化した長崎チャンポンを提供してくれる。卓袱料理は中華料理の日本化したものといわれている。江戸時代の前期に卓袱料理専門の店ができている。卓袱料理には主人とお客が一つの食卓を囲みお互いに団欒しながら、同じ皿で食べるという食習慣があった。中国人もポルトガル人、オランダ人など外国

人の多い長崎では、中華料理も西欧料理も数多く取り入れて、主人と客が団欒しながら食べる長崎独特の食膳、すなわち卓袱料理が発展したといわれている。これが、長崎の郷土料理となった。長崎チャンポンも卓袱料理も日本の調味料が、目立っていないのも長崎の料理の特徴かもしれない。

島原や五島の麺類は、江戸時代前期の寛永14（1637）年に、島原半島や五島の島々に移住した農民によってつくられた。麺のコシは強く、風味がよく、最近では関東でも人気となっている。地元は焼きアゴのだし汁の麺つゆで食べる。明治12（1879）年に、西彼杵郡外海町のキリスト教の教会に布教活動のために赴任したマルコ・ド・ロ神父は、布教活動のかたわら村人たちの生活の向上にも励み、パン・マカロニ・そうめんづくりを手がけた。フランスの小麦を取り寄せ、出津川の水車で製粉し、塗布油として落花生油を塗って、手延べそうめんの技術を確立した。これを「ド・ロさまそうめん」といわれている。幻のそうめんといわれていたのを、昭和57（1982）年に神父の遺志を継いだ人々によって復活されている。コシの強さと風味のよいのが特徴である。

だし汁や醤油を使った「具雑煮」は、島原地方の山海の珍味に、丸餅を入れて土鍋で煮込んだ雑煮である。だし汁の材料は焼きアゴ、カツオ節などが使われる。だし汁・醤油・砂糖で調味して、煮ながら食べるのが特徴である。江戸時代前期の寛永14（1637）年に、天草四郎時貞が原城に籠城し、島原の乱を起こした時に、兵食としてつくられたと伝えられている。

長崎県にもいろいろな味噌や醤油を考案する会社があり、醤油にも味噌にも中辛のものや甘口がある。九州の味噌の特徴は麦味噌の甘口が多い。卵かけご飯用醤油も商品として市販されている。

### 知っておきたい郷土の調味料

長崎県は4つの半島があり、島嶼部も多い。対馬・壱岐から五島列島まで、約1,000の島々がある。半島、島嶼はそれぞれに独特の食文化や食習慣があるので、各家庭の味付けもさまざまである。長崎の島嶼部は清酒よりも焼酎を飲用する機会が多く、清酒・味噌・醤油を作るのに必要な麹を利用する食品が少ないので、他県よりも味噌・醤油の醸造元が発展しなかったと思われる。

## 醤油・味噌

- **長崎県の醤油・味噌醸造会社** 長崎県の醤油醸造元は、佐世保・島原・諫早・大村・平戸・西海・雲仙・南島原・西彼杵などの各市に1〜4カ所ほど存在している。味噌醸造元は島原、諫早・大村・平戸・松浦・西海・雲仙・南島原などに1〜6カ所ほど存在している。
- **平戸魚醤油** カタクチイワシを原料とした魚醤油に鰹節のだし汁を加えて、味を整えてある。まろやかな口当たりの魚醤油といえる。魚醤油らしい香ばしさとまろやかな食感は、魚を発酵させて得たものである。野菜炒めなどにも使える。製造販売は平戸市・長田食品。
- **ユニークな醤油** 卵かけご飯に合う醤油、トーストに合う醤油、ヨーグルトに合う醤油などユニークな醤油を考案する経営者がいることで、地域的にも興味のある醤油を続出しているが、一種のだし醤油とみれば間違いない。
- **長崎の麦味噌** 九州地方は麦味噌が使われている。麦味噌の中でも瀬戸内海麦味噌（愛媛・山口・広島）のものは、さらりとした甘みがあり、麦特有の香りがする。これに対して長崎味噌（長崎・大分）のものは、色が淡い褐色で甘口である。薩摩麦味噌（鹿児島）のものは、色が淡色で甘口である。
- **島原みそ** 島原市の湧水と島原の風土がつくり上げる「島原みそ」は、㈲吉本食品で製造しているが、販売は通販のみのようである。長崎の人には評判のよい味噌である。長崎みそも通販のみで販売している。

## 食塩

- **長崎の塩の歴史** 佐世保には塩を一手に扱っていた塩屋松五郎という人がいて、石炭を採掘し、瀬戸内海の塩と交換取引をし、大いに栄えたという伝説がある。長崎は、半島や島嶼が多く、塩田をつくる場所がなかったので、塩を取引の商品とした人が存在していたことは想像できる。
- **潮のかおり** 五島列島・中通島の五島灘に面した海域の海水で作る塩（海のかおり）。
- **ごとう** 中通島の沖合いの海水で作る塩（五島塩の会）。
- **玄海の塩** 赤島の沖合いの海水でつくる塩（㈲玄海塩の会）。

- **とっぺん塩　最極上**　中通島沖の海水を原料とした食塩（㈱浜田組食品事業部）。
- **塩焚き爺の天塩**（てしお）　中通島東側の海水を原料とする塩（ユリヤ製塩所）。
- **五島灘の塩**（本にがり仕立て）　長崎県の五島列島の海水から製塩したもの。やや薄い黄色を帯びている。クエン酸アンモニウムを添加。食塩100g中のナトリウム量は37g、マグネシウム量は350mg、カルシウム量は180mg、カリウム量は140mg（長崎市西海市崎戸町㈱菱塩製造）。

### 郷土料理と調味料

- **皿うどん・ちゃんぽん**　独特の麺と、「鶏がらと豚骨」からとったスープに数多くの山海の珍味をラードで調理した麺料理。ちゃんぽんは明治30年代に、陳平順が長崎の中国人のためにつくったのが始まりである。
- **佐世保バーガー**　佐世保にアメリカの食文化といえる「ハンバーガー」が導入されたのは昭和25（1950）年、アメリカの海軍によってであった。その後、アメリカの海軍軍人から直接レシピを聞いて佐世保の味に仕立てたのが「佐世保バーガー」である。

# 43 熊 本

## 地域の特性

▼熊本市の1世帯当たりの調味料の購入量の変化

| 年　度 | 食塩 (g) | 醤油 (ml) | 味噌 (g) | 酢 (ml) |
| --- | --- | --- | --- | --- |
| 1988 | 4,995 | 16,857 | 16,193 | 2,776 |
| 2000 | 2,124 | 10,137 | 10,250 | 2,295 |
| 2010 | 1,948 | 7,944 | 7,630 | 2,222 |

　熊本県に属する天草諸島で漁獲される海の幸は、天草の人にとって自慢の味である。島原湾や八代海に浮かぶ島々では、天然の魚介類も養殖の魚介類も豊富で、新鮮に入手できるので生食が基本である。天草には、創業から100年以上たっても職人たちが2年間熟成する濃口醤油がある。この濃口醤油は刺身に最適であると地元の人々は自慢している。一方、熊本には甘口の醤油は、九州地方の独特の甘味のある刺身醤油である。

　九州地方の濃口醤油は、刺身用に使われるだけでなく、「卵かけご飯」に最適であることをアピールしているものが多いのは、九州地方には卵かけご飯を利用する人が多いようである。「家計調査」をみると、九州地方の1世帯当たりの醤油の購入量は、四国や関西など全国のほかの地域より多い傾向がみられている。甘口の醤油を好む九州地方の人々の1世帯当たりの砂糖の購入量を「家計調査」（総務省統計局）を参考にすると、他の地域の人々に比べやや多い傾向がみえる。

　熊本地方の人々の生活には球磨焼酎が欠かせないと伝えられている。熊本県は清酒づくりの南限と知られている。ここには清酒の仲間に赤酒がある。いつ頃から造られたかは定かではないが、加藤清正（1562～1611、安土桃山時代の武将）が朝鮮で伝授されたのではないかとの言い伝えがある。みりんのような甘味のある酒で、正月の屠蘇や料理の調味に使われている。最近の生産量は少ないが、明治時代までは盛んに造られていたらし

い。
　蒸留酒の焼酎も調味料として使用することもある。沖縄料理の調味料として泡盛が使われているところがあるように、九州の郷土料理にも焼酎が調味料として使っているところも多い。球磨焼酎が造り始められたのは室町時代後期で、鹿児島や長崎から伝えられたようである。江戸時代になると人吉盆地の良質のコメによる球磨焼酎の製造が盛んになった。
　熊本名物の「芥子レンコン」は、芥子味噌という薬味となるものを利用したレンコンの食べ物で健康食として考案されたようである。第3代の熊本城主・細川忠利は病弱であった。寛永9（1632）年に、細川家の菩提寺の玄宅寺和尚が、お城の外堀に成育しているレンコンを利用した栄養食を考えたと伝えられている。細川家が代々愛用した食べ物であり、一般庶民の間に普及したのは明治時代以降で、その後郷土料理として受け継がれてきている。「芥子レンコン」のつくり方は、「太めのレンコンは食酢を入れた熱湯で茹でてから、レンコンの穴に辛子味噌を詰めたものである。芥子味噌の作り方は、卯の花・肥後味噌・芥子・クチナシの実を合わせて練って作ったものである。芥子味噌を詰めたレンコンは、小麦粉に、ソラマメの粉・卵黄を入れた衣をつけて、油で揚げたもの」である。小口に切って食べる。サクサクとした歯ざわり、芥子の辛味、レンコンの風味が調和した郷土料理である。かつて、芥子レンコンを食べた人がボツリヌス菌による食中毒を発症したことがあった。食品保存が進歩したことが裏目に出た事件だった。すなわち、芥子レンコンを真空包装して保存しておいたため、嫌気性菌のボツリヌス菌が繁殖してしまい、ボツリヌス菌のもつ毒素による中毒であった。真空包装を信用しすぎたため、油で揚げたときにボツリヌス菌が死滅しなかったためである。
　熊本県の郷土食品に「味噌漬け豆腐」がある。熊本県の芦北地区から球磨地区にかけてつくられる豆腐の保存食である。水きりした豆腐を5〜6日の間乾燥させ、1カ月以上味噌に漬け込む。堅めのチーズの食感がある。八代や水俣地方の名物であるが、この地方ではカキ・ナシ・馬肉・牛肉・鹿肉・イノシシの肉・卵などいろいろな食品を味噌漬けにして保存食としている。

### 知っておきたい郷土の調味料

　熊本県は、貴重な米の備蓄に供え、江戸時代の頃は清酒の製造は禁止されていたから、清酒と同様に麹を使う発酵食品を作る醸造元は少なかったに違いない。

## 醤油・味噌

- **伝統的な技法の醤油・味噌づくりの中に新しい製品も**　創業天保年間（1830〜44）の㈲木屋食品工業は、今でも麹の香りが特徴の「手作り味噌」を作り続けている。創業明治2（1869）年のフンドーダイ㈱は、醤油・味噌の他にソースや麺つゆなども作っている。

　熊本の醤油・味噌醸造会社も味噌は甘みのある麦味噌を主体に、醤油は濃口醤油を作っている。水俣市の中屋醸造㈲は、味噌の種類は米味噌、麦味噌、合わせ味噌、赤だし味噌とほとんどの種類を製造している。醤油についても濃口、淡口、さしみ、だし醤油、無添加醤油など時代の求めにあった発酵食品を作っている。

- **健康食イメージの醤油**　明治23（1890）年創業の浜田醤油㈱は、健康食品に力を入れているようで、「ミネラル醤油」「薬膳醤油」など健康食をイメージした醤油を販売している。
- **豆腐チーズ**　熊本県の郷土の食品に「豆腐の味噌漬け」がある。適度に硬くなりチーズのようである。みそ工房という30年前に設立された会社は、独創的な方法で「豆腐チーズ」を作っている。
- **加工品も作る味噌・醤油の蔵元**　醤油を作るなら佃煮も食酢も作れるという発想で加工品や食酢を作っている会社もある。
- **もろみっこ**　廃棄された球磨焼酎の粕（もろみ濃縮液）を濃縮・乾燥させ、塩・コショウをブレンドしたもの。球磨焼酎の産地の人吉地区で生まれた調味料である。ピリリと辛く、パンチのあるパウダーで発酵臭が残っている。炒め物の味付けによい。

## 食塩

- **熊本の塩の歴史**　昔は、熊本県の塩田は有明海・八代湾岸地域の広大な干潟を利用してつくり、大規模な入浜式塩田と鉄釜に海水を入れて、石

炭で加熱して製塩が行われていた。5〜6世紀の古墳時代に使用されたと思われる天草式製塩土器が九州一円に供給されていたといわれている。
- **天草の海水塩**　天草灘の海水を使用した「天草の塩」は「塩味・酸味・苦味・甘み」のバランスよいまろやかな塩との評価がある。
- **天然ミネラル塩**　浜田醤油㈱が取り扱っている食塩。
- **はやさき　極上**　天草郡の早崎海峡の海水で作る塩（自然食品研究会）。
- **小さな海（天日塩）、小さな海（煎ごう塩）**　天草町の珊瑚礁が多くきれいな岩場のある海水（対馬暖流系海流）で作る塩（天草塩の会）。
- **天日古代塩　天日古代塩（釜焚き）**　天草五和町の通詞島の沖合いの海水（対馬暖流系海流）で作る塩（㈲ソルト・ファーム）。
- **ハイヤの塩、一冬越、ハイヤの塩　吟造、ハイヤの塩　塩の華**　牛深沖の海水で作る塩（里の会）。

## 酸味料

- **火の国ポン酢**　デコポンの果汁を入れたポン酢である。デコポンは甘みと酸味のバランスがよく収穫量が多くないので、高級果物となっている。デコポンの果汁の香りと醤油の香ばしさがジューシーでフルーティーな酸味料となっている。
- **柚子こしょう**　青柚子を洗い塩漬けにしてから、皮の部分と青唐辛子は丁寧にすり下ろし、天日塩と混ぜて作る。湯前町の下村婦人会のものが美味しいとの説もある。

### 郷土料理と調味料

- **味噌漬け豆腐**　熊本県の球磨地方の豆腐の保存食。水切りした豆腐を5〜6日乾燥させ、これを1カ月以上味噌に漬け込む。出来上がったものは、素朴な味であり、チーズのような食感があり、焼酎の肴によい。八代や水俣の名物である。
- **アユ料理**　①球磨川で獲れるアユの河原焼きは、獲れたアユを食塩を入れた食酢に漬けておいて、食酢が全体に回ったところで、河原で焼いて賞味する。②アユの酒粕漬けは、アユに塩を振ってから酒粕に漬け込んでおく。漬け具合を見て、酒粕から取り出して、焼いて賞味する。

# 44 大分

### 地域の特性

▼大分市の1世帯当たりの調味料の購入量の変化

| 年　度 | 食塩（g） | 醤油（ml） | 味噌（g） | 酢（ml） |
|---|---|---|---|---|
| 1988 | 3,496 | 19,898 | 16,149 | 2,678 |
| 2000 | 1,975 | 9,458 | 9,103 | 2,881 |
| 2010 | 2,383 | 8,869 | 8,930 | 1,654 |

　大分県域には山が多く、県内は小さい地域に分断され、交通の便も悪く、目立たない地域のようであるが、戦国時代は大友宗麟が南蛮文化を積極的に導入し、独特の文化を築こうとしたこともあった。今も栽培されているカボチャ（日本カボチャ）は、大友宗麟がポルトガル人から譲り受けたもので、「宗麟カボチャ」ともいわれている。当時は、保存性のある野菜として貴重な食べ物であった。最近は、カボチャパン、カボチャアンパン、カボチャ餅など、カボチャを材料とした食品やカボチャすし酢などの調味料を考案している。

　大分県の名産のカボスはかんきつ類のダイダイ（代々）の一種で「カブス・亜橙」ともいわれている。普通のダイダイよりは小さく、酸味の強い果汁が多い。この果汁は鍋物の具を食べるときに汁や具にかけるほか、果実酢として利用されている。大分県の名産品にはカボスを使った調味料が多い。

　大分県特産の「ゆずコショウ」は、ご当地調味料として知られている。コショウとよばれるが、実際にはユズ風味のトウガラシペーストである。トウガラシを粗く刻み、ユズの果皮と塩を入れて磨り潰し、軽く熟成させたものである。本来の呼び方は「ゆずごしょう」という。トウガラシは青トウガラシが使われることが多いが、赤トウガラシが使われたものもある。赤トウガラシと黄ユズを材料として作ると朱色のゆずコショウに仕上がる。

地元では、鍋料理やみそ汁、刺身の薬味として用いられる。物流がよくなり、アンテナショップができたため全国的にもよく知られるようになっている。もともとは、和風の団子汁、うどん、みそ汁、刺身、天ぷら、焼き鳥などの和風料理に使われていたものであるが、最近はイタリア料理、フランス料理などいろいろな国の料理にも使われている。

　大分県はサツマイモを利用した料理が多い。そのうちの一つの「いもきり汁」は、サツマイモの粉に水を加えて練って伸ばし、麺状に細長く切って茹でた芋の麺である。豚肉・鶏肉・魚肉を入れただし汁に、ネギ・トウガラシ、またはゆずコショウを添えて食べる。

　大分県には、臼杵市、中津市、日田市など各地に味噌・醤油を製造している会社があり、古くから地元の人々によって利用されている。創業慶長5（1600）年という古い会社もある。

　大分県は、だしの材料として重要な「シイタケ」の産地として知られている。大分のシイタケは、ドンコといわれ、クヌギで栽培し、風味のよいことで知られていて、特産品として全国に普及している。江戸時代前期の寛永5（1628）年に、緒方地区で初めて発生が発見され、その後、幾多の人工栽培が試みられている。昭和17（1942）年に、群馬の桐生の森喜作氏が、大分の純粋培養菌種を発見し、栽培技術に成功してから、飛躍的に人工栽培が発達し、現在に至っている。

　大分県には、サツマイモの収穫時期にはサツマイモの粉を利用した団子をつくる地域が多い。この団子の甘味料に黒砂糖を使うことが多い。大分市の「にぎりだんご」、鶴見町の「ねり、いとこねり」「かんくろだんご」、宇佐市の「いももち」、国東町の「かんころもち」などがある。寒い時期には、みそ汁に小麦粉ベースの団子を入れた「だんご汁」を食べるなどの習慣もある。

### 知っておきたい郷土の調味料

　大分県は、筑後川、駅館川（やっかん）、大野川、大分川があるので伏流水に恵まれている。清酒の醸造会社は九州では多いほうである。味噌・醤油の会社も多いのは、仕込み水がよいためと考えられる。

## 醤油・味噌

- **古くからある醤油・味噌の蔵元**　慶長5（1600）年創業の可児醤油合資会社は、老舗の味を自慢している。文久元（1861）年創業のフンドーキン醤油㈱、明治16（1883）年創業の富士甚醤油㈱、明治32（1899）年創業の合名会社まるはら（原次郎左衛門の味噌醤油）など古い時代に創業し、昔からの伝統的技法を守りつつも、新しい感覚の製品を開発している会社が多い。古くから醤油・味噌づくりを続けているということは、仕込み水ばかりでなく、気候も麹の働きやすい条件の地域であるからと推測できる。

　「家伝つゆストレート」のネーミングには伝統と新しい感覚がうかがえる。

- **ニンニク隠し味醤油**　各種の調味醤油が出回っている中で、ニンニクを前面に出した調味醤油は、ニンニクの効果が目に見えるようなネーミングでもある。
- **かぼす醤油**　大分県にも柑橘系の果汁を醤油に加えたものがあることを提案した商品である。このメーカーのフジヨシ醤油㈱は、「カトレア」のブランドで、高級加工の醤油も提供している。
- **うすみそ・カニ醤油**　可児醤油の屋号は鑰屋（かぎや）で、「うすみそ」「カニしょうゆ」のブランドで410年以上も親しまれている（「カニ」は魚介類の「カニ」ではない。可児醤油の「カニ」である）。

## 食塩

- **大分の塩の歴史**　かつては、大分県の塩田は瀬戸内海沿岸の広大な干潟を干拓してつくり、入浜式塩田で行われた。平安時代の頃は、別府湾で製塩が行われていたと伝えられている。慶長15（1610）年から元和8（1622）年までは、姫島でも小規模な塩づくりをしていたといわれている。
- **つるみの磯塩**　九州最東端の豊後水道・鶴見崎一帯の海水を汲み上げて製塩している。海水は濃縮釜で濃縮してから、分別結晶を行っている（㈲サンワールドつるみ）。

## ドレッシング・ソース

- **フンドーキンのドレッシング** ドレッシング、ポン酢、柚子コショウの生産量は九州一である。ドレッシングには「とろとろパンプキンドレッシング」「とろふわコーンドレッシング」など商品の物性を表現したソースが多い。その他、和風ドレッシング、梅ドレッシング、ごまドレッシングなど広く使われているネーミングのものもある。
- **ポン酢系** フンドーキンはかぼす果汁、ゆずポン酢、すし酢、からし味噌酢なども製造販売している。
- **あつめしたれ** 船上の漁師めしを「あつめし」という。魚の刺身を甘めのタレに漬け込み、これを丼飯にのせて食べる郷土料理。この時のタレが「あつめしたれ」である。魚の刺身のヅケ、焼き鳥のタレにも合う。

## だし

- **ごまだし** 佐伯地方の伝統食の「ごまだしうどん」の「ごまだし」だけを製品にしたもの。豊後水道でとれるエソという白身魚を焼いて、ほぐして、ゴマと一緒に磨り潰し、醤油を加えてペースト状にしたもの。お湯で溶いて使う。ゴマの風味と魚のうま味を味わうことができる。うどんの汁だけでなく、お浸しなどにもよい。

### 郷土料理と調味料

- **梅びしお** 日田市大山町の梅干しを使ったなめ物。町内を流れる大山川の上流域は林業の盛んなところで、ここで働く人の休憩の時に嘗める。酸味が疲れを癒すからである。
- **かぼす** 大分県はカボスの産地である。酸味が強く果汁が多いので果実酢として用いる。乾燥した皮はいぶすと、蚊取り線香の効果があることから臭橙（かぶす）ともよばれている。

# 45 宮　崎

## 地域の特性

**▼宮崎市の1世帯当たりの調味料の購入量の変化**

| 年　度 | 食塩 (g) | 醤油 (ml) | 味噌 (g) | 酢 (ml) |
|---|---|---|---|---|
| 1988 | 3,746 | 16,549 | 15,732 | 1,050 |
| 2000 | 1,905 | 8,107 | 9,578 | 2,753 |
| 2010 | 2,748 | 6,766 | 9,505 | 4,575 |

　畜産業の盛んな宮崎県は、牛肉・豚肉・鶏肉などの食べ方や味付けにこだわりがありそうにみえる。「家計調査」によると、宮崎市の1世帯当たりの調味料の購入量は、九州地方の他の県のそれと比較すると食塩の購入量は最も少ない。醤油の購入量も少ない。味噌の購入量は鹿児島市や沖縄の那覇市より多い傾向がみられる。砂糖の購入量は、鹿児島市より少ないが、大分県より多い。この購入量から推察するに肉料理の味付けは味噌と砂糖も上手に使いこなしているようである。宮崎の名物の「鶏の丸焼き」は、文字通り1羽丸のままを焼いたもので、醤油・みりんを基本とする調味液で調味する。野鳥を焚き火で焼いた名残で、かっぱ酒（竹の筒に入れた酒を焚き火で燗をした、宮崎県の五箇瀬川の高千穂一帯で嗜む酒の飲み方）の肴に利用されていたのであるが、現在は、パーティー用、お祝いなどにローストチキンの形で提供することが多いようである。

　食塩の購入量が少ないのは、日向灘で漁獲される天然の魚介類に恵まれていて、刺身は醤油で食べ、生ガキは酢醤油で食べるなど、調味は酢や醤油の利用でよい場合が多いからとも思われる。

　日向地方の郷土料理の「イワシのソバ団子」は「イワシのソバ団子汁」ともいわれている。鮮度のよいイワシの入手が可能な日向地方でなければ食べられない団子状の変りソバともいわれる。イワシの身肉をミンチし、これにそば粉と小麦粉（割合が2：8）を入れて、よく捏ねる。別にダイ

コン・白菜の汁をつくり、この中にイワシと粉を混ぜて練ってつくった団子を落とし、醤油・塩で調味したものである。だし汁を用意しなくてもイワシの団子からうま味がでるので、複雑な調味のいらないシンプルな椀物になる。

宮崎県にも醤油や味噌のメーカーは多いが、醤油や味噌だけでなく、味噌しょうゆ、タマネギドレッシング、ポン酢、宮崎の郷土料理の冷汁用の調味料など幅広く展開している店もある。九州地方の刺身醤油は甘味のものが多いが、宮崎では甘味を抑えた「甘紫」の名で地元でのみ販売しているものもある。

宮崎県もシイタケの特産地である。温暖で多雨なのがシイタケの菌糸の発育に適しているのかもしれない。菌糸を植える榾木には、クヌギを用いる。大型で風味のよい肉厚の、冬にとれるシイタケは「日向ドンコ」の名がある。このシイタケを使った宮崎の延岡地方に伝わる郷土料理が「シイタケの八杯汁」である。八盃汁とも書く。「八杯豆腐」という郷土料理がある。これは豆腐をうどん状に細く切り、八杯汁で煮てとろみをつけたものである。「八杯汁」とは、「水4杯・醤油2杯・酒2杯」か「水6杯・醤油1杯・酒1杯」の煮汁をいう。八杯豆腐汁の豆腐の代わりに宮崎特産のシイタケを細く切ってつくったのが、「シイタケの八杯汁」である。シイタケのほか、食べやすく切ったダイコン・ニンジン・ゴボウ・焼き豆腐・油揚げ入れ、砂糖・醤油・塩・酒で調味し、最後にかたくり粉でとろみをつけた冬の健康食である。

高千穂地方の「ゆであげだご汁」は、祝い事や田植えなどの行事食としてつくられる手打ちうどんである。小麦粉を「うちみだご汁」といわれるみそ汁に入れて時間をかけて捏ねてから麺をつくる。茹でたものにネギ・シイタケ・鶏肉の入った汁をかけて食べる。特産のシイタケのうま味を生かした麺つゆといえる。

## 知っておきたい郷土の調味料

宮崎県は畜産県といわれているほど、畜産業が盛んである。畜産業と関係して鶏肉や豚肉の料理も豪快である。これらの料理に使うタレの基本は味噌や醤油、塩、砂糖などの調味料が基礎となっている。

## 醤油・味噌

- **宮崎県の醤油・味噌の醸造元**　宮崎県内の醤油の醸造元は、延岡市、日向市、高千穂町、宮崎市、新富町、都城市などに1～4カ所ほどある。「マルタニ醤油」のブランドで知られているのが昭和8（1933）年創業の谷口醸造㈱である。さしみ醤油の売れ行きがよい。宮崎県内の味噌醸造元は、延岡市、日向市、宮崎市、新富町、木城町、西都市、日南市、都城市に1～7カ所がある。とくに、宮崎市には7カ所もある。長友味噌醤油醸造元が提供するのは、南国宮崎・青島の自然環境の中でつくられた醤油・味噌である。宮崎の甘い醤油に誇りをもって作り販売している。早川しょうゆみそ㈱は、地産地消とスローライフを目指して塩分の少ない無添加味噌、生しょうゆを提供している。
- **九州の醤油が甘いわけ**　九州の中でも宮崎や鹿児島の醤油は、長崎や熊本の醤油に比べるとより一層甘く感じる。南に近づくと生理的に甘い醤油が欲しくなるわけでもないらしい。甘い醤油を提供することにより、砂糖を使うことは、生活に困っていないという意味をもつことがあったらしい。現在の甘い醤油はアミノ酸（グリシンなどのアミノ酸は甘い）液と甘味料を添加して甘みを整えている。
- **しいたけ味噌**　シイタケの生産地だから考えられた逸品。自家製味噌に特産のシイタケを漬け込んだもの。ご飯の上にのせてご飯と一緒に食べるのも美味しいが、炒め物の味付けに使うのもよい。

## 食塩

- **宮崎の塩の歴史**　宮崎県の昔の塩づくりは、河川の下流にある小さな干潟を利用して入浜式塩田をつくって行われていたとの説がある。
- **満潮の塩**　宮崎県のリアス式海岸と穏やかな砂浜を擁す日南海岸で、満潮時の1時間以内に海水ポンプで水揚げた海水を、濃縮し、濃縮液を加熱して食塩の結晶を調製する（宮崎サン・ソルト㈱）。
- **北浦の自然塩**　日南海岸の指定された海岸線の下阿蘇海岸の岩礁からポンプで取水し、ステンレス製の平釜で食塩の結晶を調製する（北浦総合産業㈱）。

### 郷土料理と調味料

- **巻繊（けんちゃん）汁**　汁は鰹節のだし汁に、砂糖・醬油・酒で調味したものである。具としては、かつては雉（きじ）・山鳥・山鳩・鶉（うずら）などの野鳥を使ったが、現在は鶏を使い、ダイコン・ニンジン・ゴボウ・椎茸・キクラゲなどをせん切りにしたものと、油で炒めた崩し豆腐を、調味しただし汁に入れて煮る汁。
- **椎茸の八杯汁**　八盃汁とも書く。八杯とは、[4杯・醬油2杯・酒2杯]、または[水6杯・醬油1杯・酒1杯]の煮汁をいい、「八杯豆腐」という料理は、豆腐をうどん状に細く切り、八杯汁で煮たものをいう。豆腐の代わりにダイコン、ニンジン、ゴボウなどを細く切って八杯汁で煮込むものもある。延岡地方の郷土料理。
- **冷汁**　宮崎県の他に長崎県にもある。宮崎県の郷土料理の冷汁は、アジ・サバ・イワシなどの青皮の魚を使う。魚の一部は焼いて磨り潰す。残りの部分は、刺身にしておく。焼き魚を磨り潰し、そぼろのようにしたものは、すり下ろしたニンニク・ゴマ・焼き味噌と混ぜ、濃い目の汁を作り、ご飯の上に、刺身を並べ、刻んだ青ジソ・ネギ・ミョウガ・すり下ろしたショウガ・もみ海苔などの薬味をのせ、焼き魚のそぼろを入れた濃い目の汁をかけて食べる。

# 46 鹿児島

## 地域の特性

▼鹿児島市の1世帯当たりの調味料の購入量の変化

| 年　度 | 食塩 (g) | 醤油 (ml) | 味噌 (g) | 酢 (ml) |
|---|---|---|---|---|
| 1988 | 5,179 | 19,379 | 12,584 | 3,935 |
| 2000 | 2,627 | 8,966 | 7,420 | 3,966 |
| 2010 | 1,736 | 6,647 | 6,889 | 3,614 |

　鹿児島の伝統野菜では桜島ダイコンが有名である。煮物・漬物に利用される。地元ではデコンという。桜島の火山灰土壌に適したダイコンで、大きいもは30kgにも達する。江戸時代中期の文政年間（1818～29）に栽培が始まったと伝えられている。甘味があり軟らかく筋がないので煮付けに適している。味噌漬けや輪切りを酒粕・みりんに漬けた「さつま漬け」がある。桜島ダイコンの味噌漬けの漬け床は、味噌、醤油、食塩、食酢、香辛料、酒などで調味したものが使われている。味噌にはダイズ味噌や麦味噌が使われている。現在は通販で全国的に流通しているようである。

　鹿児島の「壺漬け」は干したダイコンを塩もみして、壺の中に入れて塩漬けしたもので、「山川漬け」ともいわれる。南薩摩地方に伝えられている壺漬けで、漬け汁には沖縄の泡盛を加えるのが特徴である。鹿児島をはじめ九州地方の冬は、ダイコンを乾燥するのに適した気候・湿度らしく、雪の多い新潟地方の沢庵メーカーの原料には鹿児島で干したダイコンが使われている。

　鹿児島県の枕崎は、カツオの漁業基地であり、「枕崎節」の名で流通しているカツオ節の生産地でもある。鹿児島県で作られるカツオ節は薩摩節といわれるが、京都の料理店の中には、とくに枕崎産のカツオ節を指定して使用しているところが多い。枕崎では、マグロ節を製造している会社もあり、京都の料理店にはそのマグロ節を利用している店もある。

鹿児島にはカツオの郷土料理が多い。代表的なものに「カツオの塩辛」「カツオのいろり」「カツオの腹皮料理」「カツオのびんた（頭料理）」など素朴な料理が多い。カツオ節の本拠地の枕崎は、静岡についでカツオの水揚げ量が多く、カツオ節の生産量は全国一となっている。枕崎で作るカツオ節には、2回カビ付けの「青枯れ節」と、4回カビ付けの「本枯れ節」を作っている。鹿児島でも屋久島で作られるものは屋久島節といわれている。かつては、奄美大島やその周辺の離島でも作っていた跡があるし、奄美大島にはほそぼそと作っている工場もあった。

　大和朝廷の時代は、たくさんのカツオが漁獲された。大和朝廷はカツオの水揚げ地の住民に干しカツオとともに、鰹魚煎汁（カツオを頭から割り、煮出しでつくったもの）を強制的に献納する割り当てをしたこともあった。カツオ節のルーツはこのカツオのイロリにあるといわれている。今も鹿児島では、イロリ（「煮取り」ともいう）が利用されている。カツオ節を作るとき、煮る工程で大釜の底にできる汁を煮詰め、飴状のものを作る。少しアクがあるが、たんぱく質の分解物のうま味のあるアミノ酸が多く含んでいることから、鹿児島では調味料として、みそ汁・茶漬け・鍋物のつけ汁に利用している。カツオを半干しにした生節は、酢の物・煮物などの材料とし、カツオの味を賞味するいろいろな料理が工夫されている。醤油・みりん・酒で調味したタケノコとカツオの生節を混ぜた炊き込みご飯は鹿児島の郷土料理となっている。

　鹿児島の郷土料理の「薩摩汁」は、骨付きのままぶつ切りして味噌で煮込んだ薩摩武士の野営料理で、闘鶏に負けた鶏を使う料理であった。現在は黒豚の肉に代わっている。鶏肉（豚肉）・桜島ダイコン・ニンジン・ゴボウ・サトイモ・シイタケ・ネギ・コンニャク・油揚げを煮込み、塩分の少ない甘味のある麦味噌仕立てにしたものである。

　「家庭調査」をみると、醤油や味噌、砂糖の1世帯当たりの購入量が、九州地方の他の県より少ないのは、暖かい気候も関係があるような気がする。

### 知っておきたい郷土の調味料

　鹿児島の南方には、大隅諸島、トカラ列島、奄美諸島などの島嶼をかかえている。鹿児島県は製塩に適した長い海岸線をもっているので、今でも

塩づくりが行われている。また、黒豚の飼育で有名であり、豚肉を美味しく食べる調味料もいろいろ工夫されている。南方の島嶼では砂糖の原料となるサトウキビの生産量が多いので、これら島嶼の名のついた黒糖が市販されている。

## 醤油・味噌

鹿児島の人々は甘い刺身醤油を好む。この甘さは砂糖に由来する。砂糖を加えて甘くするのは客に対するもてなしの心から生まれた醤油であるとの説や、鹿児島の醤油が甘いのは、甘い醤油を客に提供するのは、自分の生活は貧弱でないことをアピールするためとの説もある。

- **鹿児島県の味噌・醤油** 九州のほとんどの地域が麦味噌・甘口醤油である。麦味噌は国産大豆、国産麦を使う。麦味噌とは、麦麹を使用した味噌のことである。味噌の原料に対する麹の占める割合が多いので甘い味噌になる。熟成期間は約1カ月なので、味噌の色はきれいな黄色を示している。甘口醤油は、アミノ酸液や甘味料を加えて、九州の人の好みに調節する。麦味噌は「田舎味噌」の名で表示されていることがあるから、インターネットで購入するときに注意すること。
- **黒豚みそ** 鹿児島特産の黒豚の肉に、味噌、みりん、砂糖などを加えて作った鹿児島の伝統的常備食品である。常に食卓に用意しておいて、野菜に付ける調味料やおかずとして利用する。
- **その他の醤油関連商品** 万能つゆ、うま甘露などがある。基本的には甘口醤油を原料としたものである。

## 食塩

- **鹿児島の塩の歴史** 南九州海岸、鹿児島湾岸、南西諸島などで小規模な塩田をつくり、製塩が行われていた。現在は、南西諸島の種子島・屋久島・奄美大島で、入浜式塩田で製塩が行われている。
- **子宝の温泉塩** 小宝島の海岸の海水を取水して平釜で加熱製塩をしている（㈲小林工房）。
- **還元力のあるこしき塩** 東シナ海に浮かぶ、こしき列島の海水で作る塩（潮の会）。
- **渚のあま塩** 鹿児島の吹上浜の沖合いの海水で作る塩（吹上浜天然塩の

会)。
- **とうとがなし**　奄美大島の太平洋に面した海域の海水を原料とした塩(㈱ばしゃ山)。
- **宝の塩**　宝島の沖合いの海水を原料とした塩(宝島塩の会)。
- **宝島の塩**　宝島(トカラ列島)の沖合いの海水を原料とした塩(宝島の塩)。
- **ヨロン島の塩　じねん**　ヨロン島周辺の海水を原料として作る塩(㈱ヨロン島)。
- **徳の塩**　徳之島の天城町の沖合いから取水した海水を原料として作る塩(あまぎ食品)。
- **カケロマの塩**　加計呂麻島の瀬戸内町の沖合いから取水した海水で作る塩(カケロマ塩技研)。

## 食酢

- **黒酢**　鹿児島の黒酢は、米を原料とし、長時間アマン壺に入れて発酵・熟成させた食酢である。壺の中で発酵・熟成させるから壺酢(つぼす)ともいわれている。長時間の発酵と熟成により糖とアミノ酸によるアミノカルボニル反応により褐色となる。各種アミノ酸やミネラルが豊富であることで、健康の面から注目されている。
- **ピチ辛きび酢**　サトウキビを原料とした食酢に、島唐辛子を漬け込んだもの。奄美大島の南に位置する加計呂麻(カケロマ)島の調味料。冷やし中華、天ぷら、フライの調味料によい。

## 砂糖

- **黒糖**　黒糖は沖縄の土産品のように流通しているが、鹿児島の喜界島の黒砂糖も流通している(関東でもデパート翡翠亭(本社は倉敷)で販売している)。

### 郷土料理と調味料

- **豚骨料理**　鹿児島の郷土料理の中で最も豪快な料理が豚骨料理。黒豚の骨付き肉を大なべに入れ、黒砂糖・焼酎・味噌で調味し、長時間、とろりとなるまで煮込む。

- **つくあげ（つきあげ、さつまあげ）**　古くから島津藩政の頃から食べられていた魚の魚肉練り製品。もともとは琉球（沖縄）料理で、魚肉すり身を油であげたものでチキアーゲといわれていたのが、鹿児島に渡って「つくあげ」となった。
- **とんこつ料理・鶏肉刺身**　鹿児島の醤油は甘く、カツオなどの魚の刺身を食べるときには、やや抵抗を感じるが、鹿児島の伝統料理の鶏肉の刺身、とんこつ料理は甘い醤油のほうがしっくりしたうま味を感じる。
- **旅行者向けの調味料**　鹿児島の醤油・味噌醸造会社は、旅行者用に甘口醤油、かつおぶしだし醤油、麦味噌、しょうゆもろみを用意している。

# 47 沖　縄

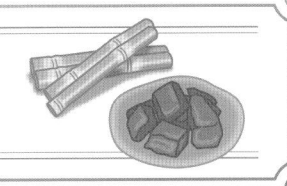

### 地域の特性

**▼那覇市の１世帯当たりの調味料の購入量の変化**

| 年　度 | 食塩 (g) | 醤油 (ml) | 味噌 (g) | 酢 (ml) |
|---|---|---|---|---|
| 1988 | 3,039 | 10,053 | 12,179 | 768 |
| 2000 | 2,038 | 5,682 | 6,885 | 1,447 |
| 2010 | 1,854 | 4,108 | 4,678 | 1,318 |

　黒砂糖生産地の沖縄・那覇市の１世帯当たりの砂糖購入量は、「家計調査」によると2000年が6,822g、2010年が4,793gである。2000年の鹿児島市の10,464g、宮崎市の9,431g、2010年の鹿児島市の6,635g、宮崎市の9,431gに比べると少ない。１世帯当たりの2000年の食塩の購入量は、那覇市が2,034g、鹿児島市が2,627gで、2010年の食塩の購入量は那覇市が1,854g、鹿児島市が1,736gである。２つの地域には多い年、少ない年とばらつきがあるが、温暖な地域のために東北地方や関東地方の3,000〜4,000gの購入量に比べると非常に少ない。

　沖縄料理の特徴は泡盛を使うことにある。豚足や豚の三枚肉の料理（ラフテー）は、醤油・砂糖で調味し、泡盛をたっぷり入れて煮込むので、泡盛のアルコールで豚の脂肪が除かれ、関東でつくる三枚肉の角煮よりもさっぱりと仕上がるのである。沖縄料理には、豚肉を利用したものが多いが、豚肉を長時間煮込んだ沖縄の豚肉料理は、沖縄の人の健康維持に貢献しているのは、豚肉のたんぱく質や豚足料理などに含まれているコラーゲン（ゼラチン化している）によるものと考えられている。もちろん、温暖な気候での生活とサツマイモ、コンブやゴーヤなどの植物性の食品の利用も関係しているのは当然である。

　沖縄の山羊料理は、休日に親族や気の合った仲間が海辺などに集まり、１頭の山羊をつぶして、「ヒージャースイ」という山羊料理を堪能する。

あばら骨を煮出したスープに、血液を除いた内臓や肉を煮込んで食べる。何百年も前から受け継がれている沖縄の郷土料理であるが、内地の人はあまり経験したことがない。山羊を捨てるところなくすべての部位を利用するというのは、東南アジアから中近東、アフリカ各地やモンゴルなどにあるが、豚肉については沖縄料理もあれば、ドイツ料理にもある。ドイツでは豚の肉ばかりでなく血液もソーセージに利用する。

　沖縄は昔からさまざまな味噌を使った料理が多いので、味噌づくりも発達している地域である。アンダンスー、油味噌、ナーベランブシー、ヘチマ味噌炒め、沖縄豚汁などに利用されている。沖縄の気候は暑い日が多いので、冷蔵庫が普及していなかった時代は、食品の保存方法として食塩を含む味噌が使われていた。ただし、温暖な気候の沖縄は、味噌の発酵や熟成に適していたため、木陰などの涼しいところを利用した味噌づくりが行われていた。古くから営業していた那覇市の味噌や醤油などの醸造会社も近代化に消えつつある。それでも、150年も前から製造を続けている会社も残っていて「王朝味噌」などの琉球王朝の名残のある味噌もある。醤油には特産の黒砂糖を利用した「黒砂糖醤油」も開発されている。沖縄特産のシークヮーサーを利用した「シークヮーサー醤油」や「シークヮーサー黒砂糖」などの新しい調味料も開発されている。

　沖縄は味噌の製造に適しているためか、沖縄特産の豚肉と合わせた「豚肉みそ」は、第二次世界大戦前から沖縄で親しまれていた。その他、沖縄ポン酢、工夫をこらした調味料が開発販売されている。例えば、コメと麦の合わせ味噌、白味噌、麦味噌、赤だし味噌、酢味噌、など旅行者向けの調味料も考案されている。

## 知っておきたい郷土の調味料

　その地域の食品の利用状況を探るには、スーパーマーケットへ出かけるとわかる。沖縄でも、全国展開している大手の調味料の商品は商品棚に並んでいるのは当然であるが、その中には沖縄の地のものも発見できる。島唐辛子などの入った調味料は、小さいビンに入っているものを購入し、気にいればネットか都心のデパートの調味料売り場で求めるのもよい。

　沖縄の伝統料理や郷土料理には豚肉料理が多く、その中でも豚肉を醤油や味噌で煮込む料理が多い。また、豚肉や牛肉からとるだしも多いが、沖

縄の海の魚介類をだしにしている料理も多い。

## 醤油・味噌

- **琉球王朝御用達の味噌・醤油**　玉那覇味噌醤油は、沖縄の手作り無添加味噌・醤油を受け継いできている。創業してから140年以上も琉球王朝御用達の味を今に伝えるべく努力している会社である。
- **沖縄県の味噌・醤油**　現在でこそ、スーパーマーケットへいけば全国各地の調味料が手に入り、好みのものが選択できるが、味噌・醤油、その他の調味料も購入できる。黒丸宗が売り出していた味噌は、熟成があまり進まない「白味噌」である。甘味は西京味噌ほどではないが、やや甘味のが特徴。醤油は濃口醤油に似た塩辛さである。
- **沖縄県の味噌・醤油醸造会社**「黒丸宗」「琉球王朝」と親縁関係にあった具志堅宗演氏は、那覇市寄宮で、大正時代の終わり頃に塩・大豆・小麦・麹を原料とした味噌や醤油の製造会社を創立した。宗演の長男の宗佑氏は2代目として会社の拡大のために味噌・醤油の製造のほか、食酢、甘味料として麦飴、韓国のキムチに似た白菜の漬物（製法の概略唐辛子・ニンニク・食酢・麹の液に白菜を漬け込んだもの）をつくった。黒丸宗合資会社としたのが昭和33（1958）年である。

  黒丸宗の現在は、3代目宗典氏が受け継いでいる。彼はアメリカの大学院を卒業してから、シアトルで和風レストラン「たつみ」を立ち上げ、シアトルの日本人ビジネスマンやワシントン大学の日本人学生にとっては便利なレストランとして発展したが、父親の沖縄の会社の継承のために、10年前に帰国し、アメリカで学んだ知識と経験を活かしながら、2代目の残した企業のグローバル化へと発展している。まずは、沖縄の調味料をはじめ各種食品を日本国内に普及・販売の展開を企画し、近代的会社の構築に努力している。
- **玉那覇味噌醤油**　創立は安政年間と古く、現在は有限会社として天然醸造にこだわって現在も営業を続けている。
- **琉球醤油**　沖縄醤油屋（㈱木立沖縄醤油屋）が作っている白醤油。
- **琉球味噌**　沖縄本島の他に久米島、八重山列島などで作っている白味噌。甘味噌系で、普通の調味料として使う他に、ラーメンの汁の調味に使ったり、ラー油と混ぜて調味料として使っているところもある。

- **沖縄　島らっきょう　豚味噌**　豚味噌に沖縄産島ラッキョウがたっぷり入り、ラッキョウの風味と豚味噌の味が絶妙に合わさったもの。お握りの味付け、温かいご飯のおかずに合う。キュウリや野菜のスティックの付け味噌としても最適。
- **シークヮーサーしょうゆ**　沖縄の醤油にシークヮーサー果汁を加えたもの。ポン酢醤油のようなもの。刺身、豆腐料理によい。
- **あぐーあんだんすー**　あぐー豚の肉味噌ともいう。沖縄の特産アグー豚のひき肉と沖縄味噌を混ぜて、泡盛・黒糖などで調味した嘗め味噌。野菜につけたり、ご飯のおかずとして食べる。

## 食塩

- **沖縄の塩の歴史**　食塩の専売法がなくなってから、日本各地で海水からの塩づくりが、民間ができるようになった。地域的にみると、沖縄の海水を原料とした食塩が多い。沖縄の沿岸の海水は、本土の周囲の海水よりきれいなため、製塩しやすいからである。昔、沖縄で作っていた食塩は、沖縄の海水を煮詰める方法であった。17世紀には、鹿児島から習いうけた入浜式製塩が導入された。
- **アダンの夢**　与論国島の沖合いの海水が原料の塩（九州商事㈱与論国工場）。
- **雪塩**　宮古島の沖合いの海水が原料の塩（㈱パラダイスプラン）。
- **黒潮源流塩、黒潮源流・花塩**　与論国島のサンゴのリーフに囲まれた穏やかな入り江の海水が原料の塩（与論国海塩㈲）。
- **沖縄の海水塩、あじまーす（青い海）**　沖縄本島西南部の海水が原料の塩、食卓塩（㈱青い海）。
- **石垣島の自然海塩**　石垣島の沖合いの水深約20 mの海水が原料の塩（㈱石垣の塩）。
- **粟国(あぐに)の塩**　沖縄本島の東国島近くの海水が原料の塩（㈱沖縄海塩研究所）。
- **球美(くみ)の塩**　沖縄本島の西方の久米島の海洋深層水を原料とした塩（久米島海洋深層水開発㈱）。
- **屋我地(やがじ)島の塩工房の塩**　沖縄で製塩が始まったのは、今から約400年前といわれている。薩摩（鹿児島）の坊さんによって初めて海水を煮てつくる製塩法が伝えられたといわれている。屋我地マースという自然塩を

提供している。広大な塩田に、30人ほどでパイプで運んでいる海水を塩田にまく。数時間後、砂についた塩は、ろ過器に入れられ、自然放置して煮が苦汁の量を少なくし、ふたたび製塩にする。やや薄い茶色を示すのは残っている苦汁による。苦汁の成分では、Mg（マグネシウム）が多い。Mgが多いのは、麺を作ったときの麺の食感、弾力性を改善させてくれる。

- **浜比嘉島の塩工房の塩（マース）**　沖縄本島の東海岸のうまき市から海中道路を渡ると横にある島。塩の作り方は、屋我地の塩工房に似ている。少量の苦汁が含まれていて、それにより色のついた塩となっている。

　沖縄では、「塩は命をつなぐもの。神様へのお供えものとなっている」というように、大切なのである。

- **沖縄サンゴ海深塩**　沖縄県久米島の海洋深層水から調整した食塩に、サンゴカルシウムを添加したもの。
- **沖縄の海水塩「青い海」**　沖縄県糸満沖合いの海水を原料として平釜で調製した塩。食塩100g当たり、カルシウム180mg、マグネシウム170mgで、カルシウムとマグネシウムの含有する比率に興味ある塩である。

## 酸味料

- **シークヮーサーポン酢**　本醸造醤油にシークヮーサーの果汁を加えた調味料。
- **さとうきび酢**　サトウキビの搾り汁に、泡盛を加えて酢酸発酵させ、熟成させて調製した食酢（主成分は酢酸）である。

## 香辛料

- **島こーれーぐすー**　沖縄北部の山原（やんばる）産の「島唐辛子（こーれーぐすー）」を泡盛に漬け込み、辛味をじっくり泡盛に溶出させた辛味調味料。そば・うどん、鍋、煮物に1滴加えるだけで辛い。
- **島のらー油**　石垣島の「びにおん」が手作りし、販売している人気の辛味調味料。石垣島の恵みがこもっている激うまラー油。材料は、植物油、ごま油、島唐辛子、すりごま。
- **炒りごま、黒糖、ピーナッツ、人参、ウコン**　肉料理、炒め物、スープ

に。

- **酸味料としてのシークヮーサー**　沖縄ではヒテミレモンともいわれている果実を原料としたものが多い。搾り汁は各種のドレッシングに加え、爽やかな味を活かしたものが、スーパーマーケットに商品棚に並んでいる。刺身を食べるときには、醤油に食酢を加え、さらに、シークヮーサーの搾り汁を加えるのが、沖縄式刺身の食べ方である。シークヮーサーを発酵させて作ったシークヮーサー酢がある。沖縄産のパイナップルを独自の方法で発酵させたパイナップル酢もある。
- **シークヮーサースパイス**　シークヮーサーと大宜味村産の島唐辛子を混ぜたスパイス。いろいろなスパイスに使える。

## だし

- **沖縄のだし**　だし汁は、素材からでただし汁を利用することが多く、関西料理、江戸料理のようにだしのとり方には細かいきまりはない。ただし、新鮮な食材を使うのが条件となっている。例えば、ソーキソバに欠かせない豚肉の各種を煮込む調味料は、醤油・みりん・鰹節であるが、煮干し、昆布などを入れるところもある。いずれも、長時間に煮つけ、あるいは圧力釜による煮つけにより、豚肉脂肪は除いてしまうので、スープは濁りはあるが、脂肪は存在しない。

　余談だが、沖縄ソバと日本の中華麺の弾力性が違う。沖縄ソバは、中華麺のようにソフト感がない。昔の沖縄ソバの原料は小麦粉のほかに、終戦直後には米軍によりタピオカの粉の使用が強いられたらしい。タピオカのでんぷんを入れれば小麦のグルテン量は絶対量として少なくなるから、グルテン網目構造による弾力性が弱まっているからである。スーパーマーケットで市販している沖縄ソバの表示には、「石灰カルシウム」とある。麺類はカルシウムが多くなると弾力がなくなる。

　沖縄ソバの食感は、沖縄に人たちが幼少のときから食べ慣れた沖縄ソバをつくるのに工夫していることが推察できる。

## 砂糖

- **黒糖**　鹿児島の西南諸島、沖縄ではサトウキビから砂糖を製造している。お土産の「黒糖」は、硬さや形を整えるための加工をするので、「加工

黒糖」ともいわれる。
- **黒糖と黒糖酢**　黒糖・黒砂糖は同じものである。さとうきびの搾り汁を中和剤を加え、沈殿などにより不純物を除き、煮沸により濃縮を行った後、糖蜜分を分離除去を行わずに、冷却して製造した砂糖で、固形または粉末のものが多い。黒糖は、健康ドリンクや菓子類、煮物の甘味料として用いられることもある。黒糖を発酵させた酸味料である。
- **沖縄黒糖蜜**　黒糖の蜜の部分の瓶詰め。
- **きび太郎**　さらさらでマイルドな味わいの砂糖。

## その他の調味料

石垣島を中心に離島では、沖縄独特の調味料を作り出している。
- **シークヮーサーこしょう**　シークヮーサーの表皮と果汁に島唐辛子、石垣の塩を入れて練り合わせた辛味調味料。焼き鳥やお茶漬けの薬味として使われる。
- **練り唐辛子**　島唐辛子を練った辛味調味料。沖縄ソバの薬味に使われる。
- **島豚ごろごろ**　石垣島の三元豚のあら挽きミンチ肉、黒糖、泡盛もろみ原液を合わせて練ったもの。ご飯のおかずやマーボー豆腐の調味料として使われる。これに似たものに沖縄豚肉みそ（アンダンスー）がある。
- **らー油類**　「くめじまらー油」「石垣島らー油」がある。いずれも沖縄の「らー油」として人気である。

### 郷土料理と調味料

- **いかすみ汁**　イカの墨で仕上げた真っ黒いスープ。コクとマイルドな味は食材から出るうま味成分の組み合わせた見事なスープである。口の中が黒くなるのが難点であるが。
- **沖縄ソバ（ソーキソバ）**　独特のコクのあるスープとコシのある麺が特徴なのが沖縄ソバである。ソーキとは、豚のあばら骨のことで、ソーキの軟骨を煮込んだ物（豚肉など）を具としてのせたのがソーキそばとよばれる。
- **肉みそ**　沖縄では豚肉の入った肉みそは運動会や遠足には欠かせないおかず。

# 付録 *1*
# 調味料を利用した加工食品

## 豆類

**醤油豆**　醤油豆はソラマメを焙煎してから水に浸し豆を膨潤させて、醤油をベースにした調味液に浸して作る。焙煎の工程で加熱してあるので、耐熱性の細菌による品質低下が発生する心配はあるが、その他の細菌汚染は問題ない。煮豆の一種で、香川県以外ではほとんど生産されていない。醤油豆の由来は弘法大師により考案されたという説があるということは、家庭では古くから作られていたことを示唆している。食品工場で大量生産されるようになったのは、第二次世界大戦の終戦以降である。

## 野菜類

漬物の製造法の記録は、中国では6世紀の『斉民要術』以降であるという説がある。日本では、平城宮跡から発掘された木簡や『字経司解』によると8世紀に塩蔵品の記録が始まると推察されている。『延喜式』（延喜5［905］年に編集が始まり、延長8［930］年に進献）には、菹、搗、糟漬などがみられ、『延喜式』以降には米糠を使った「たくあん」が誕生し、江戸時代には漬物屋が現れている。

**塩漬け**　漬物の基本となる塩漬けである。野菜の塩漬けには下漬けとなる塩漬けと製品としての塩漬けがある。下漬けとしての塩漬けの場合には、さらに醤油漬けや酢漬けなどの調味漬けに仕上げる段階となる。

❶野沢菜漬け　長野県の代表的な漬物で、高菜漬け、広島菜漬けとともに日本三大菜漬けの一つである。野沢菜は、18世紀半ばに下高井郡野沢温泉村の懸命寺の住職が京都で修行の際に持ち帰った天王子カブが始まりと

伝えられている。野沢菜漬けは、長期の塩蔵により乳酸発酵が起こり、べっ甲色（黄褐色）になったものが本来の野沢菜漬けの形状である（古漬けともいわれている）が、近年市販されているのは、緑色でみずみずしい浅漬けタイプが多い。

❷**高菜漬け**　現在の高菜は、明治中期に中国四川省から導入された青菜が各地で品種改良されたものらしい。山形青菜（蔵王菜）も高菜に属する。九州地方には紫色の三池高菜と山形青菜に由来するちりめん高菜がある。三池高菜は古漬けタイプの高菜である。

❸**広島菜**　広島菜の起源は、江戸時代初期に京都で入手した種子を安芸（現在の広島県）で栽培を始めたことによるという、その後品種改良を重ねて、広島の気候と肥沃な土壌での栽培に適した品種に改良し、地域特産の野菜とした。広島菜の特性は、鮮やかな濃緑色の色調で、菜に含まれる芥子油の独特の風味と適度な歯切れがある。

❹**梅干し**　梅干しは、今から2,100年前の中国馬王推古墳から出土していることから、その起源は非常に古いと推察されている。中国最古の料理書の『斉民要術』（6世紀半ば）の中にも梅干しの作り方が記載されている。日本で梅干しの文字がでてくるのは平安時代中期の村上天皇（946〜967）の頃で、その後鎌倉時代から室町時代にかけて全国に広まったといわれている。とくに、戦国時代には全国の武将が梅の栽培を奨励したので、各地に梅の名所が残っている。現在の生梅の主要生産地は、和歌山が群を抜いている。和歌山の南高梅の梅干しや古くからの梅干しではなく、蜂蜜に漬けたもの、塩分濃度の少ないものなど、いろいろな梅干しが全国各地に販売している。群馬県、長野県などの生産量は和歌山県についで多い。神奈川県の小田原、茨城県の水戸などの梅干しもよく知られている。

　「かりかり梅」は小梅を原料としたもの。小梅を塩漬けした後、日に干さずに梅酢につけたものを梅漬といい、小梅の果肉の歯切れがよくなる。

❺**キクの花漬け**　食用菊の生産は山形県が多い。青森県、秋田県でも栽培されている。生のキクの花は苦いが塩漬けにすると苦味が消えることから、東北地方ではキクの花を塩漬けにして食用としている。とくに、山形県の菊の花の塩漬けは有名である。食用とする菊の品種は、「安房の宮」（黄色）が有名である。山形県では「かしろ菊」（淡桃色）や「延命楽」（淡い紫色）が栽培され、塩漬けにしている。「延命楽」の別名は「もってのほか」の

愛称名で広く知られている。菊の塩漬けは江戸時代から始まったとされている。

❻桜の花漬け　結婚式前の控えの間で出される「さくら湯」に利用されるものである。江戸時代から作られていたと伝えられている。原料は遅咲きの八重のぼたん桜が使われる。国内の桜の花漬けの80％は神奈川県で生産されている。

❼菜の花漬け　京都洛北北の白川から松ヶ崎あたりで作られる季節感あふれる漬物。菜の花（アブラナ）の独特のほろ苦味のあるのが特徴。

## 塩漬け後発酵させる漬物

❶赤蕪漬け　赤蕪を原料とした漬物には、飛騨赤蕪漬けと豊後赤蕪漬けがある。前者は飛騨高山の名物の赤蕪を塩分濃度を少なくし、低温で熟成し、乳酸醗酵により特有の風味が形成された赤蕪漬けである。一方、豊後赤蕪漬けは、滋賀県の「ゆるぎ赤丸蕪」のぬか漬けである。温海の赤蕪漬け、伊予の緋のかぶら漬け、津田蕪漬けなどカブの漬物は多い。いずれも下漬けは塩漬けである。

❷しば漬け　京都洛北の大原で作られる乳酸醗酵の漬物である。原料はシソの葉、ナス、キュウリ、ミョウガで、低い塩分濃度での塩漬けなので、乳酸醗酵が独特の風味を形成している。

❸スグキ漬け（酸茎漬け）　京都市上賀茂を中心に栽培しているスグキ菜の塩漬けであるが、いったん塩漬けした後、発酵室で4～7日間室漬け（発酵）をし、独特の匂いのある漬物である。乳酸醗酵により独特の匂いと酸味が生成される。

❹日野菜漬け　滋賀県日野産の細長いカブを塩漬けの後、ぬか漬けをして乳酸醗酵したもの。戦国時代の近江国日野（現・滋賀県蒲生郡日野町）の城主だった蒲生貞秀が持ち帰ってカブで、薄塩で塩漬けした後にぬか漬けしたもの。

**醤油漬け**　野菜の醤油漬けは、一度塩蔵した野菜を脱塩・圧搾してから醤油系調味液に浸漬して味付けをした漬物をいう。醤油系調味液には、濃厚調味液、淡口醤油、うすくちアミノ酸液が使われるが、

最近の色調や香気、健康を考慮した食志向からは、うすくち系の調味液が用いられることが多い。醤油漬けは天平宝字2（758）年の『食料充帳』の醤（ひしお）漬けに発している。現在の醤油漬けの形をとったものは江戸時代後期の天保7（1836）年の『漬物塩嘉言』の阿茶蘭（あちゃら）漬け、家多良（やたら）漬け以降となる。この書籍の中には、初めて「塩出し」という言葉がでてきて、塩蔵野菜を脱塩して作る古漬けも登場している。

❶福神漬け　東京特産の漬物の一つである。醤油漬けの一つ。ダイコン（割り干しダイコン）、ナス、シロウリ、ナタ豆、レンコン、シソ、カブなどの野菜を小さく刻み、醤油や砂糖で調製した調味液に漬ける。7種類の野菜を使うことから七福神にちなんで福神漬けの呼び名がある。上記の野菜のほかに、キュウリ、シイタケ、タケノコ、ショウガを使う場合もある。原料を塩漬け後脱塩し、圧搾して余分な水分を除いてから醤油をベースにした調味液に漬ける。明治時代に、東京の「酒悦」という漬物会社の創業者が考案したことから、福神漬けの発祥の地は東京といわれる。現在も東京・上野・不忍池（しのばずのいけ）の近くに店舗がある。小袋詰めの製品の場合、酵母による品質低下を防ぐため、基本的には加熱殺菌が行われている。

❷鉄砲漬け　第二次世界大戦の終戦の後に、千葉県成田、潮来で生産されるようになったこの地の名産の漬物である。第二世界次大戦後、成田・新勝寺近くの料理屋、名取亭の名取いく氏が、近所でとれるシロウリを漬物にして料理に付け合わせたところ評判がよかったことに由来すると伝えられている。後に羊羹の製造会社芦田屋の芦田勝二氏がシロウリの芯をくり抜いて塩漬けし、脱塩、圧搾し、芯をくり抜いたところに「シソ巻きトウガラシ」を詰めて、醤油をベースにした調味液に漬けた。

❸印籠漬け　ウリやキュウリを縦方向に穴を開け、塩蔵する。その後、その中にトウガラシやシソなどを詰めてさまざまな調味液に漬けたもの。切断面が印籠にみえるところから印籠漬けの名がある。印籠漬けについては江戸時代の『漬物塩嘉言』（天保7［1836］年）で紹介されている。茨城県取手市の奈良漬け屋・新六本店（創業1868年）が明治時代に印籠漬けを作っている。

❹日光たまり漬け　この名の由来は、第二次世界大戦前から栃木県に伝わる「振り分けたまり」にある。とくに、日光市・今市の味噌醸造会社の特産漬物。「振り分けたまり」は、大豆と米麹・食塩、または大豆と麦麹・

食塩のいずれかに多めの水を加えて、味噌を醸造する方法で仕込み、熟成させたものをいう。上澄みは醤油とし、沈殿は味噌として使用する。ラッキョウ、ダイコン、キュウリ、ショウガなどを塩漬けの後、脱塩し、「振り分けたまり」で得られた醤油・味噌・砂糖・アミノ酸液・うま味調味料を加えた「たまり漬け調味液」に漬ける。

❺日光巻き　栃木県の日光の特産物。塩漬けした青トウガラシを、塩漬けした青ジソで巻いたものが「シソ巻きとうがらし」「日光とうがらし」といい、この状態でも販売されている。この塩蔵品を脱塩してから醤油漬けにする。トウガラシの入っている「日光巻き」は日光修験者が体を温める耐寒食として愛用したといわれている。明治以降に日光参拝のみやげとして一般の人々に利用された。

❻養肝漬け　三重県伊賀上野の特産物。シロウリの内側のワタをくりぬき、シソの実などを詰めて味噌・醤油系の調味液に漬け込んだ古漬け。「養肝漬け」「伊賀越漬け」といわれている。伊賀地方では、今から約400年前に玉味噌（味噌玉麹）を作っている頃、地元の野菜を玉味噌で漬け込んだのが始まりといわれている。

❼つぼ漬け　つぼ漬け用のダイコンの生産地が鹿児島県の山川町周辺の主産地であることから「山川漬け」の名もある。よく干した葉つきダイコンを海水に漬けてから杵でついて軟らかくしてから、塩漬けする。これを薄切りし、酢や醤油の調味液に漬け込む。豊臣秀吉が朝鮮出兵のときに保存食としたといわれている。

## 酢漬け

野菜を塩漬けは塩蔵した野菜を脱塩後、調味した食酢に漬けたもので、ショウガ、ラッキョウなどを原料としたものがある。中国では『斉民要術』（6世紀半ば）に酢漬けの名がある。わが国では、奈良時代の天平宝字2（758）年の『食料下充帳』に「酢漬冬瓜」の文字がでている。

❶ラッキョウ漬け　最近は中国から輸入したラッキョウを原料としたものが多いが、国産では栃木や茨城で栽培されているラッキョウの酢漬けがある。代表的なものに、福井県三里浜の花ラッキョウがある。塩蔵したラッキョウを水にさらして塩分を除いてから甘酢液に漬け込む。

❷千枚漬け　京都市郊外の等持院から滋賀県尾花川あたりで栽培している

聖護院カブの薄切りを塩漬けした後、余分な水分を抜き、昆布と交互に樽に詰めて酢漬けしたもの。カブを薄く切り数千の紙のような薄いカブの漬物なので「千枚漬け」の名がある。
❸ショウガ漬け　ショウガの甘酢に漬けたものと梅酢に漬けたものがある。

## 味噌漬け
塩蔵した野菜を脱塩してから味噌に漬けた保存食である。

❶金婚漬け　もとは粕漬けであったのが、明治時代の末に味噌漬けに変わったと伝えられている。そのため、粕漬けのほうは銀婚漬けといわれている。現在は、岩手県各地で作られているシロウリの味噌漬けである。芯をくり抜き塩蔵したシロウリの中に、その中にダイコン、ゴボウ、ニンジンなどの野菜を昆布で巻いて、くり抜いた中に詰めて味噌に漬ける。出来上がった漬物は、鼈甲色になっていて金婚式を迎えた老夫婦の味わいを感じるので、金婚漬けの名がある。
❷山ゴボウ味噌漬け　長野県が主産の味噌漬け。原料はキク科のモリアザミであるが、ゴボウに似ているので山ゴボウの名がある。塩蔵した山ゴボウを水洗いし、味噌をベースにした調味液に漬けたもの。

## 調味料を使ったその他の漬物
野菜の漬物の下漬けには、必ず一度塩漬けを行うので、すべての漬物は調味料の食塩を使用していることになる。これまで述べてきた醤油漬け、味噌漬け、酢漬けのほかに、粕漬け、ぬか漬け、麹漬けなどの下漬けには塩漬けを行っている。粕や糠は調味料として利用しないので、粕漬けやぬか漬けはこの項目では紹介しないことにする。

　ここでは、上記の項目の範疇に属さないが、調味料を使う漬物を紹介する。また、最近、麹が「塩麹」「醤油麹」などの調味料として使われているので、麹漬けも紹介する。
❶寒漬け　瀬戸内海に面した山口県宇部市近郊に、古くから伝わる「寒漬け」はダイコンの長期保存法として発達したものである。ダイコンを干してから、醤油と食酢をベースにした調味液に漬け込み、発酵・熟成させて作る特産漬物である。長時間かけて干したダイコンは甘酸っぱい香りがし、ダイコンの古漬け特有の風味がある。

❷山海漬け　香辛野菜のワサビを使った新潟県の特産漬物である。野菜（キュウリ、シロウリ、ダイコン）、山菜、数の子などの原料は塩漬けしてから水さらしをして使う。これらの材料をわさび漬け同様に細かく刻んだワサビの茎や葉の入った粕に漬け込んだもの。

❸ワサビ漬け　ワサビ漬けは、細かく刻んだワサビの葉や茎を、調味した酒粕と混ぜたものであり、ワサビの根は使わない。江戸時代に現在の静岡県内で販売され、明治時代になってから全国的に販売されるようになった。

❹小ナスからし漬け　香辛料の芥子の黄色と、つんとする香りが特徴の小ナスの漬物である。原料の小ナスは山形県の窪田、民田（みんでん）を使い、日陰で2〜3日干してから、酒粕、砂糖、食塩、ねり芥子、醤油、水飴からなる粕床に漬け込んだもの。

❺べったら漬け　東京名物の麹漬けの一種。江戸時代頃から農家が麹漬けしたダイコンの浅漬けを販売していたといわれている。「べったら漬け」の名の由来は「麹がべたつくため」と「当時の道がぬかるんでいたため」との説がある。日本橋小伝馬町にある宝田恵比寿神社で毎年旧暦10月19日の前夜祭でべったら市が開かれる。

❻三五八（さごはち）漬け　福島県会津地方の家庭で漬ける麹漬けの一種。塩3、米麹5、蒸したコメ8の割合からなる漬床に、キュウリ、ダイコンを漬け込む。塩、米麹、コメの割合から三五八漬けという。

## もろみ漬け

もろみは、もともと醤油の元になるもので、醤油麹を塩水に仕込んだ後、熟成させたものである。このもろみに、野菜原料となる小ナスやキュウリを漬け込むことにより、もろみ漬けができる。

❶吉四六漬け　大分県玖珠町の特産物で、豊後の名物男の吉四六という人が名付けたもろみ漬けとの説がある。吉四六漬けは、昭和53（1978）年の「一村一品運動」から生まれた漬物である。ダイコン、ニンジン、キュウリを原料としてもろみに漬け込んだもの、セロリ、ユズ、ギンナンなどをもろみに漬けたものがある。

### 山菜・タケノコの漬物

山菜は、雪国で雪がとけだし野山に芽ぶく木の芽や野草である。食用可能な種類でなければ、それぞれ特有の苦味や食感がある。かつては、雪国の冬は、野菜不足になるので春の山菜を冬まで保存し、冬には野菜の代用として利用された時代もあった。保存方法としては乾燥するか、一度、熱湯処理（ブランチング）してから水煮缶詰や瓶詰め、パウチ詰めとして、あるいは塩蔵により保存している。

❶山菜の塩漬け　食塩濃度を20％以上に保ち、押し蓋をし、重石をのせて塩漬けする。山菜としてはウド、フキ、ワラビ、ゼンマイなどが使われている。

## 魚介類

### 塩干し製品

塩干しは、原料をそのまま、あるいは適宜に調理して洗浄した後に塩漬けし、食塩を浸透させてから乾燥した製品である。従来は、保存を目的に作られたため塩分濃度は高く、食塩の脱水作用により水分含有量が少なかったが、冷凍・冷蔵や包装技術、脱水フィルムの利用により低い塩分濃度で水分量がやや多めの塩干し製品も作られている。原料を食塩で処理することにより、食塩が魚介類の身肉に浸透するので、身肉中のたんぱく質が変性し脱水し、その後の乾燥が容易になる。乾燥過程や保存中の細菌の増殖による品質低下を抑制することができる。

❶イカ丸干し　日本海で漁獲されるスルメイカを原料とした石川県能登で作られるイカ丸干しは、よく知られている。

❷アジ開き干し　マアジの水揚げされる地域のいずれでも作っているといわれるほど、国内各地に名物がある。九州地区は東シナ海・五島列島・対馬近海産のマアジが水揚げされ、塩干し品が名物となっている。日本海側では境港・浜田、太平洋側では静岡県の沼津、千葉県の銚子などがマアジの塩干し品が特産の一つとなっている。

❸アマダイ塩干し品　かつては、アマダイの水揚げ地として若狭湾が有名であったが、現在は東シナ海に多く分布している。若狭湾のアマダイは京都の食材として利用されていることは有名である。特産物として知られて

いる長崎県のアマダイの塩干し品は、魚体の処理後、冷却した塩漬水に漬けてから塩抜きして20〜25℃で乾燥し、冷凍保存する。

❹カレイ塩干し品　カレイの塩干し品は明治時代から全国的に流通していた。福井県（若狭・越前）の「若狭カレイ」は、明治時代から著名なものであった。島根県浜田のムシガレイの塩干しカレイ、福島県のヤナギムシガレイの塩干し品、兵庫県（香住町）のソウハチの塩干し品もよく知られている。

❺ハタハタの一夜干し　ハタハタの生産地は秋田県であるが、一夜干しは兵庫県（日本海側）が有名である。ハタハタは冬の日本海で漁獲され、伝統的な「まぶり塩漬け」が有名である。調理・洗浄した魚体に直接塩と氷をまぶして桶に入れ、重石をのせて一晩漬け込む。

❻ブリの塩干し品　日本海で5〜7月に漁獲される夏ブリを原料としたものである。頭を残して皮をはぐ。皮を除いたブリは血抜きしてから塩蔵する。一方、「わら巻きブリ」に使用するブリは秋から冬にかけて漁獲される能登ブリが原料となる。最近は夏ブリも使われている。三枚におろしたブリの身は、冷蔵庫内で20日前後塩蔵する。

❼イワシ丸干し品　イワシの水揚げ地（千葉県、鹿児島県、大分県、高知県）などが主要な産地である。原料のマイワシの塩漬けによって異なる。塩漬けは塩水の濃度はおおよそ5〜10％の塩水に30分程度行う。マイワシ、カタクチイワシ、ウルメイワシなどが原料となる。

❽サヨリ・カマスの塩干し品　カマスの塩干し品の原料にはアカカマス（本カマス）もヤマトカマス（水カマス）も使われる。頭を残したカマスの開き方は「小田原開き」という。縁起を担ぐ武士は腹開きは切腹と繋がるから背開きとする。開いたカマス食塩で処理して乾燥する。サヨリは開き干し、または丸干し（15〜20cm）にする。

❾サンマの塩干し品　サンマはそのまま塩漬けにして乾燥するか、丸干しがある。開き干しは、脂質含有量の多いサンマを原料とするので、千葉や福島などで作る。一方、丸干しは脂質含有量の少ないサンマを原料とするので三重県伊勢地方に多い。

❿サケの干物（塩引き、酒びたし）　新潟県村上地方の代表的サケの加工品である。塩引きは、産卵のために村上の三面川を遡上するサケを用い、保存性と調味の両面から低温で塩漬け、乾燥、熟成を行って作る。酒びた

しは、サケの塩蔵品を長期熟成させて作る。薄く切り、日本酒に漬けて軟らかくして酒の肴とする。

⓫シシャモ塩干し品　シシャモを低塩分の塩水で塩漬けし、干し棒に通して乾燥する。最近は乾燥機内で乾燥する。もともとは、北海道のアイヌの人たちの食料であった。

⓬塩アゴ　長崎県の平戸・生月島および五島列島で作る。原料は15cm前後のツクシトビウオ、ホソトビウオ、ホソアオトビなどの未成魚を使う。海水で洗浄した原料は、魚体重の10〜13％の食塩をふり塩しながら桶で漬け込む。

⓭ホッケの開き干し　ホッケを背開きし、塩をして乾燥したもので、北海道の名産品である。近年は、東北地方でも作っている。また、輸入のホッケの開き干しも流通している。

⓮タラの開き干し　マダラを背開きして塩干ししたもので、北海道も非常に寒い稚内で作っている。屋内に貯蔵して体内の水分を表面に移動させてから、屋外の寒気で干す工程を、身肉が堅くなるまで何回も繰り返す。現在は乾燥機も利用している。

⓯塩干しダイ　マダイ、チダイ、キダイを原料とし、大きいものは背開きにして塩干しにし、小型のものは丸干しにする。正月や婚礼など祝い魚として利用している。伊勢神宮では神饌に供える。

⓰塩干しコマイ　タラ科のコマイの塩干し品。北海道の郷土食品として知られている。

⓱塩とば　サケの腹部の身肉を細長く切り、塩漬けの後に燻煙をかけ、寒風で堅くなるまで乾燥する。北海道の特産品。

⓲キンメダイの開き干し　伊豆、房総、三陸などキンメダイの水揚げ地の名産品。キンメダイの頭をつけたまま背開きし、撒き塩をして天日で乾燥したもの。漁獲量が多くないから、高価な製品である。

⓳くさやの干物　伊豆七島の特産品。特有な臭いとうま味がある。原料は、新島や大島ではクサヤモロ（アオムロ）とムロアジを、八丈島ではトビウオとクサヤモロが多い。食塩の入っている特有の臭みのあるくさや汁に漬けてから乾燥して作る。

## 魚介類塩蔵品

魚介類塩蔵品は、米飯を主食とする日本食の惣菜として利用されている。水揚げされる魚介類の種類は地域によって異なる。したがって魚介類の塩蔵品の種類は、地域による特徴が生まれている。また、同じ地域でも季節により水揚げされる魚介類の種類が異なる。低温流通の発達していなかった第二次世界大戦終了の前には、大量に水揚げされたものの長期保存や他の地域への移動のためには塩蔵は重要な長期保存の手段であった。魚介類の塩蔵品は、魚介類の保存の目的に発達してきた加工品であるが、塩蔵中の熟成によりうま味成分が生成し、食塩との相乗効果で特有のうま味が醸しだされた加工品である。塩蔵サケは奈良時代以前から、塩蔵タラは江戸時代から作られていた。その他の魚介類(イワシ、ホッケ、ニシン、ブリ、イカ、アイゴ、タチウオ、カレイ、シイラ、グチ、エソ、トビウオ、アジ、サメ、カスベ、コマイなど)の塩蔵品も古くから作られていたと想像されている。

❶塩ザケ、塩マス　古くからの代表的塩蔵品となっている。腹を開き、腎臓(めふん)、その他の内臓を取り除き、洗浄後に腹の内部やえら部分に塩を詰めて処理したものを山積みにし、塩漬けを行う。本格的な塩ザケの製造は江戸時代から東北地方や北海道で行っていた。

❷塩イカ　スルメイカの胴とひれの塩蔵品である。富山県、新潟県に水揚げされたスルメイカと愛知県で作られる食塩の出合う信州地方が名産地となっている。

❸塩サンマ　大型のサンマを丸のまま塩漬けしたもの。江戸時代頃、秋に房総沖で漁獲されたサンマを薄塩で塩蔵し、江戸へ運んだと伝えられている。

❹塩ニシン　日本では生産量が少ない。産卵前後のニシンを薄塩で一尾丸ごと塩蔵する。丸ニシンまたは粒ニシンといわれる。

❺塩ホッケ　北海道を中心に塩蔵のホッケが作られている。

❻塩サバ　背開きにして内臓を除いたサバを撒き塩法で塩蔵した製品。京都のサバの棒ずしの原料は、福井県小浜市近海で漁獲されたサバの塩蔵品を使っている。

❼塩だら　マダラまたはスケトウダラのエラと内臓を取り除き、撒き塩または立て塩で塩蔵したもので、雪国の保存食で、利用に際しては塩抜きを行う。

❽塩クラゲ　エチゼンクラゲ、ビゼンクラゲをミョウバンを加えた食塩で塩蔵したもの。中国料理に使うことが多い。
❾塩ブリ　腹開きしたブリの腹の部分（前もって内臓を除く）、表面に塩をなすり付けて、塩漬けする。富山県射水市周辺では、正月に塩ブリを作り関西地方、九州地方、四国地方の正月の年取魚として使う。
❿塩イワシ　大形の大羽イワシが原料として使われる。かつては、むしろにイワシを並べ、その上に塩を振って、ムシロを操作して塩を満遍なくイワシに漬けた。現在は立て塩法で塩漬けを行っている。

## 塩辛類

魚介類の内臓を塩蔵し、保存性を高め、さらに熟成させて独特のうま味を醸しだした塩蔵品の一種。

❶イカの塩辛　スルメイカを原料としたものには塩だけで作る白づくり、肝臓を加えた赤づくり、イカ墨を加えて黒づくりがある。黒づくりは富山の名産である。富山にはホタルイカを丸ごと使った塩辛がある。
❷イカの沖漬け　スルメイカやホタルイカを丸ごと醤油に漬け込んだもの。もともとは漁師の食べ物であった。
❸ホヤの塩辛　細く切ったホヤの筋肉の塩辛。
❹ナマコの塩辛（このわた）　ナマコの内臓を原料とした塩辛。
❺アミの塩辛　甲殻類のアミ科の属する節足動物（イサザアミなど）の塩蔵品。
❻エビの塩辛　アマエビやシラエビ（シロエビ）の塩蔵品。
❼がん漬け　有明海沿岸でとれるシオマネキを原料とした塩辛。佐賀県の名産デカニ漬けが訛ってがん漬けとなった。
❽アワビの塩辛　「としろう」とも言われる。アワビの内臓の塩辛である。
❾タイのわたの塩辛　瀬戸内海で産卵期前の3〜5月にとれるマダイの内臓の塩辛。
❿内子の塩辛　マツバガニなどの卵巣（うちこ）の塩辛。
⓫スクガラス　沖縄の特産。アイゴの幼魚の塩辛。
⓬サケの腎臓の塩辛　めふんともいう。シロザケ、ベニザケ、ギンザケ、カラフトマスなどの腎臓（背わた）の塩辛。

## 魚卵の塩漬け

日本人の食習慣の中で、魚卵に対する嗜好性は高い。とくに、魚卵の原料の生産地の北海道や東北地方では、正月の祝い膳には必ず用意されるほど大切で高価な食材である。魚介類の卵巣や卵の塩蔵品である。よく知られているサケの卵巣の塩漬けの「筋子」は平安時代から、ニシンの卵巣を原料とした塩数の子は室町時代から珍重されていた。サケの卵の塩漬けのイクラの作り方は明治時代にロシアから導入したものである。塩蔵タラコは大正時代から一般の市場にみられるようになった。

❶たらこ　北海道の名産品。スケトウダラの卵巣の塩蔵品で、赤く着色したものと、無着色で桃色のものがある。最近は、アメリカ、ロシア、韓国から輸入している原料が多くなっている。

❷辛子明太子　福岡の名産品。タラコをトウガラシの辛味をきかせた塩蔵品。第二次世界大戦後韓国から福岡へ引き揚げた人によって商品化されたものである。

❸すじこ　北海道・東北の名産品。サケ、マスの卵巣を卵巣膜に包まれた状態で塩蔵したもの。飽和食塩水に浸漬して作る。サケの卵巣を原料としたものはすじこ、マスの卵巣を原料としたものはますこといわれている。

❹イクラ　サケの産卵期に近い熟成した卵巣の卵巣膜をはずし、卵粒を塩蔵したもの。塩蔵したものと調味した醤油に漬け込んだ醤油漬けがある。

❺数の子　ニシンの卵巣の血液を食塩水で除き、塩蔵したものが塩数の子。冷凍品として流通し、使用にあたっては流水で塩ぬきをし、調味する。第二次世界大戦前は、素干しの数の子が作られ、水戻しして使用した。低温流通が発達してから塩数の子が低温で流通できるようになった。正月料理には欠かせない食材である。

❻とびこ　トビウオの卵粒の塩蔵品。オレンジ色に着色し、調味してすしタネや調理のあしらいとして使われている。

❼からすみ　ボラの卵巣を塩蔵し、水きりし、日中は天日で乾燥し、圧力をかけ墨の形に加工する。長崎の野母産のものが有名である。ボラの卵巣から作る前は、サワラの卵巣で作ったといわれている。

❽海藤花（かいとうげ）　兵庫県明石地方の名産品。マダコの卵の塩蔵品。淡黄色でゴマ粒ほどの卵は、海藻や蛸壺に連なって産みつけられている状態が、フジの花に似ているところから、この名がある。

❾ウニの塩辛　ウニの生殖巣の塩蔵品。主な生産地は北海道、福井県、山口県、熊本県などである。
❿かにうに　カニの卵を食塩とともに漬け込んで熟成させた塩辛の一種。兵庫県丹後地方の名産品。
⓫フグの卵巣のぬか漬け　ゴマフグ、トラフグの卵巣を1年間塩漬けし、イワシの塩汁や麹を加えた糠の中で2年以上漬け込む。石川県金沢市周辺や能登地方の特産品。

### 調味加工品

調味加工品は、魚介類や海藻類を醤油ベースの濃厚な調味液に浸漬するか、これを煮熟、焙乾および乾燥などの処理を施すことによって、貯蔵性のある味の付いた製品である。魚介類や海藻を用いた調味加工品は多種多様である。調味煮熟品の佃煮や魚味噌は江戸時代頃から作られ始めているが、第二次世界大戦後になって急速に発達したものが多い。

#### 1）佃煮

佃煮は、江戸時代に現在の東京の佃島において、小魚など塩とともに煮て、保存食としたのが始まりである。現在は、昆布、アサリ、シジミ、コウナゴ、川魚などの魚介類、海苔などの海藻類を原料とし、醤油、砂糖を主体とした調味液を用いて煮込んだものが多い。発祥は、江戸時代に、徳川家康が現在の大阪から江戸の隅田川河口の佃島に移住させた漁師らが、漁獲した小魚を塩水で煮込んで自家用の保存食としたので佃煮といわれるようになったと伝えられている。

❶昆布の佃煮　東京、大阪などの昆布の佃煮は、ミツイシコンブ、マコンブを角切り、細切りにし、醤油をベースにした調味液で煮込んだもの。
❷塩吹き昆布　塩こんぶ、塩こぶともいう。醤油だけで煮込むため、乾燥時に昆布の表面に塩が吹き出したようにみえる佃煮。
❸酢昆布　北海道産や三陸産の昆布が原料として作られる。酢と砂糖を混合した調味液に昆布を浸し熟成させたもの。
❹小魚の佃煮　イカナゴ、小型のハゼ、シラウオなどを丸のまま、醤油、砂糖などからなる調味液で煮込む。東京の佃煮に多くみられる。
❺ワカサギの佃煮　ワカサギは身崩れしやすいので、砂糖・醤油・みりんからなる調味液の中で煮込む。

❻カキの佃煮　三陸地方、広島地方で養殖しているカキの佃煮。
❼花かつお　カツオ節のほかに、サバ節、ソウダガツオ節、サンマ節から作った削り節の佃煮。
❽アミの佃煮　体長5mm～1cmの小さな甲殻類のアミの佃煮。霞ヶ浦、浜名湖のイサザアミ、ニホンイサザアミ、瀬戸内海のコマセアミも原料となる。
❾フナのスズメ焼きの佃煮　名の由来は、フナの開いた形がスズメに似ていることによる。石川県加賀の名産品。ギンブナ、ゲンゴロウブナを原料とし、開いて串を刺して焼いたフナを醤油やタレをつけて焼く。
❿アサリ、ハマグリの佃煮　二枚貝の佃煮。江戸時代から作られていた。
⓫するめの佃煮　イカの素干しのするめを原料とした佃煮。
⓬シジミの佃煮　シジミのむき身をショウガ醤油で煮込んだ佃煮。滋賀県大津市の瀬田地区の琵琶湖のシジミを使ったもの、島根県宍道湖のシジミを使ったものは有名である。
⓭小エビの佃煮　サクラエビ、シバエビの佃煮。
⓮ホタテガイの佃煮　ホタテガの外套膜（ひも）の乾燥品の佃煮。

### 2）甘露煮・角煮など

　角煮は、カツオやマグロの身肉をサイコロ状に切って醤油をベースにした調味液で煮込んだもの。甘露煮は、佃煮用の調味液に砂糖や水飴を多く使い甘口に仕上げたもの。いずれも調味と同時に保存性を高める加工法である。

❶マグロ・カツオの角煮　カツオやマグロの身を籠に入れて煮詰めてから、くん煙をかけ、さらにサイコロ状に切って調味液で煮込んだもの。
❷フナの甘露煮　千葉県の水郷地帯、滋賀県琵琶湖ではフナの甘露煮は、正月や客のもてなしに用意する。
❸イカナゴの釘煮　春のイカナゴの季節になると、兵庫県明石市を中心に、友人・知人への贈答用に作る。生のイカナゴを水洗いして水気を切り、沸騰した醤油や砂糖の入った調味液で煮込む。この名の由来は煮あがったイカナゴの佃煮は、釘に似ていることにある。
❹アユの飴煮　滋賀県琵琶湖のアユを使った飴煮は、この地方の名産。アユの甘露煮は、長良川、四万十川などアユ漁の盛んなところでは、自家製のアユの甘露煮を作る。

❺いかあられ飴煮　素干しのするめを伸ばし、切断して飴煮とする。
❻ゴリの飴煮　石川県金沢市の名産品。ゴリ(淡水産のハゼ科の小型の魚)の佃煮ともいわれている。
❼時雨はまぐり・時雨あさり　時雨はまぐりは古くからの伊勢路の特産品。桑名のハマグリに近いことと関係がある。醤油とたまり醤油を混ぜ、細切りしたショウガを入れた調味液で煮込む。時雨あさりは、砂出ししたアサリのむき身を細切りしたショウガを入れたたまり醤油で煮込んだもの。

3) みりん干し

　みりん干しは、頭や内臓を除いた原料魚を、みりん、醤油、食塩、水飴、うま味調味料などを配合した調味液に漬け込んでから乾燥したものである。主な原料は、イワシ類、サンマ、アジ、フグ、サバ、カレイなどである。みりん干しは、大正時代の初期に九州地方で醤油に漬けたイワシを乾燥させたのが原形で、その後調味液や乾燥法(天日乾燥、機械乾燥)が改良されて現在の製法に定着している。

❶アジのみりん干し　小形のマアジやムロアジを原料として作る。静岡など本州以南において広く作られている。
❷カワハギのみりん干し　魚体を三枚におろして皮をむき、調味料に漬け込んだ後に乾燥したもので、全国で広く作られている。
❸イワシのみりん干し　カタクチイワシ、マイワシの小形のものを原料とし、腹を開いて、頭、内臓を除き、調味液に漬け込み、スノコに数尾を連ねて並べて乾燥する。マイワシの生産地は、春にマイワシのみりん干しを作ることからさくら干しの名もある。
❹フグのみりん干し　原料としてショウサイフグが使われ、開いて頭部、内臓を除き調味液に漬け込んでから乾燥する。九州地方や山陰地方で作られる。
❺サバのみりん干し　サバの頭を除き、三枚におろしてみりん干しに加工する。マサバ、ゴマサバ、ノルウエーからの輸入サバが使われる。
❻カレイのみりん干し　若狭湾で水揚げされたカレイが三枚におろして作られる。
❼エイのみりん干し　日本海で漁獲されるガンギエイがみりん干しに加工されていたが、現在は福岡、長崎でも作られている。
❽イカのみりん干し　日本海側のスルメイカやヤリイカの水揚げ地の一部

で作られる。とくに島根県の日本海沿岸の水揚げ地のものは有名である。
❾サメのみりん干し　フカのたれともいう。三重県から和歌山県にかけての伊志摩地方、南紀の特産物である。サメ（アオザメ、オナガザメ、ヨシキリザメなど）の身肉を細く切って使う。

### 4）魚味噌

そぼろや貝肉に、味噌や調味料を混ぜ、煮詰めて作る。そのまま副食とも、嘗め味噌になる。タイ味噌は、文政年間（1818〜30）末期に、仙台の梅村惣五郎という人がタイの大量の貯蔵法として仙台味噌と合わせて作ったのが始まりといわれている。

❶カキ味噌　昭和20年代に、宮城県松島地方でカキの養殖が盛んになってから作るようになった。仙台味噌、砂糖、水飴を混ぜて練り調味味噌を作る。これにカキの細切りしたものを加えて加熱し、練り合わせる。
❷タイ味噌　タイのそぼろと味噌、調味料を混ぜたもの。
❸フナ味噌　ゲンゴロウブナを醤油でよく煮込み、味噌、みりん、ユズなどで調味したもの。
❹アユ味噌　蒸し焼きにしたアユを細かくほぐし、木の芽、山菜を加えて味噌と練り合わせたもの。福島県飯坂温泉周辺の名産となっている。

## 食肉・卵・その他の漬物

食肉の保存法としてハム・ソーセージなどに加工し、ステーキやソテーのような食肉の味と違い、ハム、ソーセージ、ベーコンはそれぞれ独特の味や食感がある。調味料を使った食肉の加工品としては味噌漬けがある。
❶豚肉や牛肉の味噌漬け　かつては、日本の伝統的な食品の保存法として、野菜、魚、獣肉などの味噌漬けがあった。現在は、高級な贈答品やブランド品として流通している。
❷高座豚の味噌漬け　神奈川県厚木市周辺で飼育している高座豚が味噌漬けに加工されて流通している。
❸牛肉の味噌漬け　京都、三重県松阪、神奈川県葉山、山形県の米沢などブランド牛の生産地では、保存性のある牛肉の味噌漬けを独自の方法で作っている。
❹卵の味噌漬け　家庭では、容器に入れた味噌に小さな窪みをつくり、ガ

ーゼをはり、その中に卵黄だけを入れてガーゼで包んで味噌と混ざらないようにしてから味噌で覆い、味噌漬けにする。味噌のうま味と塩分でうま味が加わると同時に、食塩により卵黄が粘り、ゼリー状となったものである。家庭で作り、流通はしていない。

❺**豆腐の味噌漬け**　熊本の特産品。豆腐をガーゼで包み、味噌漬けにすると、塩分が浸透し、同時に水分が減少し、堅めのチーズのような食感となる。

# 付録 2　調味料の科学

## ▌醤油

### 醤油の科学

　醤油の原料は大豆、小麦であるから、醤油のうま味は、大豆（たんぱく質含有量33～35％）や小麦（たんぱく質含有量10～15％）が発酵して生成したたんぱく質の分解物のアミノ酸類である。とくに、アミノ酸の中でもうま味を示すグルタミン酸を多く含む。実際に、醤油のうま味はこれら食材のグルタミン酸に由来することが明らかになっている。大豆のたんぱく質を構成しているアミノ酸は、グルタミン酸だけでなくその他のアミノ酸もうま味成分の役割をもっている。

　大豆たんぱく質のアミノ酸組成は、大豆100g中、グルタミン酸（6,600mg）、アスパラギン酸（4,400mg）、芳香族アミノ酸（3,300mg）である。小麦のアミノ酸組成の中でグルタミン酸は2,800mgである。味噌の製造過程中の発酵・熟成によって得られるグルタミン酸量は、大豆由来が大きいことがわかる。

### 〈醤油製造に関するカビや酵母の働き〉

　醤油製造に関与するカビや酵母などの微生物は、製造工程中に生成した大豆や小麦に含む糖類やアミノ酸を利用して、酸味となる有機酸、とくに乳酸を生成する。醤油のpH4.7～4.9であり、この条件下での発酵によって生成した有機酸は、塩味を和らげる働きがある。塩味は、有機酸によって和らげられるので、料理に醤油を使った場合にまろやかな美味しさを感じるのである。醤油が、しばしば料理の隠し味に使われるのは、有機酸による塩味の緩和作用による。

### 〈醤油味の秘密〉

　醤油の塩味は、醤油を醸造するときに用いる食塩に由来する。各種醤油

の平均食塩濃度は、濃口醬油が17〜18％、淡口醬油が19.7〜19.0％、白醬油が約19％であり、いずれも食塩濃度は相当に濃い。ところが、醬油を舌先で嘗めてみると、同じ濃度の食塩水の塩味と比較して、それほど塩味を強く感じない。これは、醬油の中に含まれているいろいろな物質が関与しているからである。すなわち、十分に発酵・熟成した醬油は、発酵や熟成過程において、原料の中のいろいろな成分が溶出しているので、発酵・熟成過程に生成される各種成分（アミノ酸や有機酸）が塩味を強く感じないようにしている。すなわち、醬油の隠し味としての効用は、醬油の中の有機酸の緩和作用によるのである。

「塩梅がいい」とは「ちょうどいい味」のときに使うフレーズなのは、梅干しの塩味が同時に存在するクエン酸という有機酸の酸味により緩和されるからである。濃口醬油の酸度は10〜11であり、淡口醬油の酸度は5〜8である。濃口醬油の酸度は淡口醬油に比べた塩分濃度は低いが、酸度が高いので雑菌は繁殖しにくい。

〈醬油中の糖分と有機酸〉

原料の大豆や小麦に含む糖質由来のブドウ糖、マルトース、ガラクトース、フラクトース（果糖）などが含まれている。醬油に含まれる有機酸としては、醬油の製造過程中で生成される乳酸が最も多く含むが、そのほかに微量ではあるが酢酸、リンゴ酸、クエン酸、コハク酸などを含む。

〈醬油のアミノ酸〉

うま味は、原料ん大豆や小麦のたんぱく質が発酵・熟成中に大豆たんぱく質や小麦たんぱく質が麹に存在する微生物のたんぱく質分解酵素の作用によって生成される。麹菌としては、たんぱく質とヘミセルロースの分解力、でんぷんの分解力の強いものとの2種類がある。味噌の原料が、麹により分解され、生成されるアミノ酸の中で最も多く存在するものはグルタミン酸である。グルタミン酸を多く含むか、それほど多く含まないかは醬油の味を左右する。一度生成されたグルタミン酸がうま味のないピログルタミン酸に変わることもある。発酵や熟成により生成された醬油のアミノ酸はすべてうま味を示すものばかりではないので、グルタミン酸を中心としたアミノ酸混合物を添加し、グルタミン酸の味と調和のある醬油を作り出している。

〈醤油の香り〉

　醤油は、日本人にとっては食欲を促進する香りを持っている。醤油が魚や肉料理においては臭い消しに使われるのは醤油の独特の香りにある。醤油の香りの由来は、大豆が麹菌によって醸造されている間に、アミノ酸やペプチドなどたんぱく質の加水分解物に由来する。醤油の香気成分としては、アルコール類、有機酸類、アセタール類、エステル類、カルボニル化合物、フェノール化合物、含イオウ化合物など、多種多様な物質が検出されている。香りのよい醤油を作るには、発酵過程における麹菌や酵母が重要なのである。

〈醤油の色の生成〉

　醤油の醸造・熟成などの製造過程においては、原料の大豆や小麦から糖質もアミノ酸類が生成される。とくにアミノ酸とブドウ糖の間のアミノカルボニル反応が進行して醤油特有の褐色（メラノイジンという）が発現する。濃口醤油の色が赤みがかった褐色となるのは、原料の小麦の中のある種の成分によると考えられている。醤油の色すなわちメラノイジンは、空気に触れると、酸素によって酸化が進み、色は濃くなり味は劣化する。

〈醤油の加熱による成分の変化〉

　醤油は、強火で5〜10分間加熱すると、アセトアルデヒド、ギ酸エチルなどの低沸点成分が残存する。これは、他の成分が分解して生成したものある。この加熱時間では60〜100℃で揮発する成分が多く生成される。15分間の加熱により揮発成分は増加する。すなわち、加熱により揮発成分が飛び、煮物の特有の香気成分に変わる。醤油を用いた加熱調理では、加熱温度と時間を注意しなければならないのである。醤油を単独で加熱した場合、5、10、15、20分と加熱時間を長くすればするほど、揮発成分は多くなる。50〜180℃の加熱で揮発するものは多い。

　煮つけのように、醤油に砂糖を加えて加熱したときには、長い時間の加熱による成分の揮発を抑制することはできない。

## 1) 醤油は、日本の代表的調味料

〈蒲焼き・照り焼きのタレ〉

　直接、食材に醤油をつけるつけ醤油として、鍋物や煮物のような料理の味付けとし、ポン酢のように何種類かの調味料を混ぜた「合わせ醤油」、焼き肉のたれ、蒲焼きのたれのように醤油をベースにして、これに砂糖や

みりん、野菜エキスなどを混ぜた「たれ」などがある。とくに、自分の独創的調味料の「万能調味料」のベースに使われている。

〈照り焼きと醤油〉

　照り焼きやうなぎの蒲焼きの「タレ」は、醤油をベースにして砂糖、みりんなどの甘味成分を加え、加熱して調製したものがある。醤油・砂糖・みりんを混ぜて加熱すると、アミノ酸と糖との間でアミノカルボニル反応が起こりメラノイジンが生成されるからである。蒲焼きをつくる加熱過程でメラノイジンと川魚特有の生臭みのピペリジンと反応して、甘酸っぱいような香ばしい香りが生成される。ウナギやコイ、フナのような川魚の特有な泥臭さは、魚体に含まれるピペリジンが主体である。ピペリジンはタレに含むメラノイジンと反応して食欲を刺激する蒲焼きとなる。

〈澄まし汁用〉

　お澄ましのオリジナルは、味噌を煮出して布で濾したものである。現在は醤油汁ともいわれるように、ほとんど醤油を使って風味を出したものである。澄まし汁はだしが主体の汁であるから、醤油を使う目的は、ほんのわずかな醤油を加えることによってだしの風味を引き出すことにある。

〈塩味を和らげる〉

　塩味の強い漬物や梅干しに少量の醤油をかけると塩味が和らぐとともに風味もよくなる。これは、醤油に含まれる乳酸やその他の有機酸の作用によると考えられている。

〈鮮度の悪い魚は煮つける〉

　鮮度の低下した魚はトリメチルアミンというアルカリ性の物質が、微生物の作用によりエラや魚体表面のたんぱく質が分解して生成される。これが俗に言う「腐った魚」の臭いである。この時、レモン汁をかけると酸性のクエン酸がアルカリ性のトリメチルアミンを中和するので臭みは緩和が緩和される。醤油の中に存在する乳酸が焼き魚のトリメチルアミンを中和するので、魚の生臭さが消える。

## 2）醤油の種類による使い方の例

　醤油の種類別による使い方を簡単に述べる。

❶濃口醤油　刺身醤油、煮物、タレなど各種の料理に用いられる。料理店の刺身醤油では、濃口醤油を他の醤油と合わせて使うところも多い。

❷淡口醤油　色を濃くつけたくない料理や醤油の臭みを避けたい料理に使

う。京都、大阪の野菜の煮物には、淡口醤油が使われる。
❸溜醤油　タレ、煮物の照りをだすのにも使われる。濃厚で粘りもあるところから、刺身にからみやすいので、刺身醤油に使うこともできる。野菜の漬物にユズ、サンショウなどと一緒に使われることもある。
❹白醤油　極端に色が薄いので、極力色のつけたくない料理に使う。例えばトロロ汁などに使われる。
❺甘露醤油　甘ったるい醤油なので、かけ醤油、つけ醤油に使われる。

〈代表的な合わせ醤油〉

　一般の家庭で醤油を使う場合、料理に直接かけるか、煮物の汁に加えるなどの方法が多い。日本料理の専門店では、だし、食酢、その他の調味料や香辛料、香辛野菜と合わせて使われることが、古くから行われていた。最近注目されている「万能だれ」「食べる調味料」のベースとなっているものは、日本料理では醤油がベースになっている。

❶土佐醤油　刺身醤油ともいわれている。カツオの水揚げ地として、またカツオ節の生産地として有名な高知県の土佐の名がついているのは、カツオ節を使うことに由来する。作り方は、料理人により多少の違いはあるが、基本は濃口醤油：みりん：酒／10：1：1の混合液に、適量の昆布とカツオ節（削り節）を加えて一煮立ちさせて濾したものある。水1ℓ当たりの昆布の量は10g、カツオ節は20gが目安となっている。
❷ポン酢醤油　一般にダイダイ、ユズ、カボスなどのかんきつ類の果汁に、醤油、だし汁（うま味調味料）、砂糖などを混合したもの。pHが3.5程度のものが多く、魚のたたき、刺身、洗い、魚のしゃぶしゃぶ、水たき、ちり鍋のつけ醤油として使われる。
❸梅肉醤油　梅干しの果肉を磨り潰した梅肉に、淡口醤油、だし汁加えて味を調整したもの。ハモの湯引き、キス、コチ、生ダコなどにつけて食べる。
❹レモン醤油　淡口醤油にレモン汁を混ぜ、だし汁でのばしたもの。生ダコ、カキ、刺身など全般に合う。
❺ウニ醤油　ウニと淡口醤油を混ぜてから濾す。マグロの刺身、昆布締めした白身魚に合う。
❻醤油ドレッシング　和風ドレッシングといわれるもの。食酢、サラダ油、香辛料、乳化剤、うま味調味料に醤油を混合したもの。野菜サラダに使わ

れる。

**❼醤油／オリーブ油** 醤油とオリーブ油が同じビンに入っているので、油と醤油の層に分かれている。よく振って両者がまざったら使用する。スパゲッティなどに向く。

# 味噌

## 味噌の科学

### 〈味噌のうま味はアミノ酸と食塩の相乗作用〉

　味噌を作る過程では、麹カビ、乳酸菌、酵母などの働きによって、味噌のうま味成分（糖の甘味、有機酸の酸味、アミノ酸のうま味）が生成され、これに同時に加えた食塩との相乗効果、あるいは混合効果が働いて、味噌のうま味が生み出される。

### 〈味噌づくりに使われる添加物〉

　昔は、味噌の保存は木の樽やカメに詰めて保存するのが常であった。近年は、包装材料や容器にプラスチック製品が普及すると流通には便利であるが、プラスチック製品に包装した場合には、「湧き」といわれる膨張が生じたり、味噌の中の成分間での反応による褐変（アミノカルボニル反応という）などの品質劣化がみられるようになる。湧きは、密閉包装内での嫌気性の微生物の発酵作用によるガスの生成によって起こる。味噌の保存は、加熱殺菌を行わないので、空気が入らないように密閉しても、空気の中の酸素がなくても生育する嫌気性の微生物（耐塩性の酵母や乳酸菌）は、生きて活動している。空気のない嫌気性微生物が生育する過程で、炭酸ガスが発生するので、湧き（膨張）の原因となるのである。とくに、食塩濃度の少ない甘味噌では、酵母の作用による膨張が起こる場合もある。味噌専門店で、味噌をカメに入れて蓋をし販売している場合は、蓋などの隙間から発生した炭酸ガスが大気中に飛び去っていくので、ガスの発生が味噌内に留まることはない。

　そこで、酵母の発育を抑えるために、食品添加物としての保存料（ソルビン酸）が添加が許可されている。ソルビン酸塩の使用目的は酵母の生育の抑制で、使用基準は味噌1kg当たり1g以下となっている。酵母の発育

を抑えるために、3％のアルコールの添加が認められている。味噌に対して3％のアルコールの使用量が認められているが、香味や硬さへの影響を考えて、2％までの使用量されている。信州味噌のように黄色味を特徴とする味噌には、ビタミン$B_1$が加えられている。この際のビタミン$B_1$は栄養補強の目的でなく、淡色系の変色を防止するためである。

漂白剤は、淡白系の味噌の場合、着色度が濃くならないように、大豆を洗うときに水に亜硫酸ナトリウムを加えて行う。うま味調味料の使用は、流通する製品の味が一定であるように、グルタミン酸ソーダを中心としたうま味調味料が加える場合がある。また、核酸系のうま味調味料も加える場合もある。

〈味噌漬けは食材のうま味を引き出す〉

味噌には食塩、糖分、アミノ酸、有機酸、アルコールなどの成分が含まれているため、防腐性が期待できるだけでなく、食材の味もよくなる。味噌にはグルタミン酸をはじめとする各種アミノ酸が含まれているので、魚介類を味噌漬けにした場合、味噌のうま味成分と食塩が食材の中に浸透し、食材の中のうま味成分とも合わさって美味しさが増す。味噌の中の食塩は、食材の水分も適度に除き、魚肉の中のたんぱく質を凝固する働きがあるので、身肉に適度な弾力性が出現するので、食感もよくなる。

味噌漬けをしばらくの時間を行うと、食べやすい食感となる。味噌のコロイド性は、食品の中の臭みを吸着し、食材の臭みを緩和する。肉や魚を味噌に漬けることにより特有の生臭さが味噌に吸着するので、生臭さは緩和される。野菜の味噌漬けでは、味噌により野菜の青臭さが消え、さらに味噌のうま味や香味が野菜に吸着されて、新鮮な野菜とは違ったうま味と保存性のある漬物となる。

野菜の味噌漬けには長期熟成型の赤色系の辛味噌がよく使われ、魚介類や肉類の味噌漬けには短期熟成型の淡色系甘味噌が使われる。赤色辛味噌は塩分濃度が高く、熟成期間が長いので乳酸などの有機酸の成分が多く、アルコールも含まれているので保存性を要する味噌漬けに適している。淡色系甘味噌は塩分濃度が低く、麹や糖分などが多いので、保存性を求める味噌漬けには適さないが、食材の味をよくする効果、味噌のコロイド性による臭みを包み込み臭みを緩和する効果が期待される。魚介類の味噌漬けには西京味噌が使われることが多い。西京味噌は、品の良い白味噌で塩分

の含有量は少なく、甘味があるので、クセのないマナガツオ、アマダイなどの白身魚やイカの味噌漬けに利用される。赤色系の味噌は赤身魚やクセのある魚に利用されている。

味噌漬けのつくり方は、魚の切り身に直接に味噌を塗りつけるのでなく、あらかじめ漬け床を用意する。すなわち、漬け床は酒、みりんで味噌を軟らかくし、さらに甘さや塩辛さを適宜調整しておく。魚介類の切り身はガーゼで包み、この漬け床に漬けるのが一般的である。

## 食塩

### 食塩の科学

食塩は食品や料理に塩辛さをつけるための調味料であるが、それだけでなく食塩の性質を利用した調理法や食品の保存方法に利用されている。

❶食品の保存効果　食品に多量の塩を加えると、食塩が微生物の原形質分離が起こり、脱水作用で細胞内の水分が細胞外に溶出していくために微生物が生育できなくなるからである。濃厚な食塩水では溶存酸素が少なくなり、好気性細菌の発育が抑えられる。塩素イオンが直接防腐効果もある。一般細菌は、食塩濃度が5％程度で生育が抑えられ、15～20％で繁殖できなくなる。

❷酵素作用の抑制　食塩はたんぱく質の凝固を促進する働きがあるため、たんぱく質が本体である酵素の作用を抑える。リンゴの皮を剥いた後に食塩水に浸すか、食塩を塗りつけるのは、食塩がリンゴの褐変に関与するポリフェノールオキシダーゼという酵素（酵素の本体はたんぱく質）の働きを抑えるためである。食塩を加えてさらに加熱すれば、凝固はより速く促進する。

❸たんぱく質の可溶化　魚肉に食塩を加えると、たんぱく質が糊状になることを応用したのが、すり身であり、それを加熱すれば練り製品となる。

❹グルテンの形成　小麦たんぱく質であるグリアジンとグルテニンは、水を加えてこねると、粘弾性のあるグルテンを形成する。この際、食塩を加えると粘弾性は強められる。うどんを作る場合に食塩を加えるのは粘弾性を強くするためである

❺脱水作用　細胞膜を通して細胞内の水分が移動する。細胞の水分が減少するので細菌の生育が抑えられると同時に、食塩が細胞内に浸透するので、塩味がつく。
❻たんぱく質の凝固促進　食塩にはたんぱく質の熱凝固を早める働きがある。これは、可溶性たんぱく質分子内のマイナス電荷が中和され、分子がコロイドの凝集性が高めるためである。

〈食塩の調理性〉
❶立て塩　食品の保存の場合、10～30％の食塩水に食品を漬け込む方法である。主に、シラス干し、開き干しのように、塩水に漬けた後、乾燥するものに利用される。
❷撒き塩　塩蔵品を作る場合、塩水を使う「立て塩」に対して、「撒き塩」は、塩を食品に振り撒きながら塩漬けする方法。野菜の漬物や魚介類の塩蔵品に利用される。例えば、新潟県の村上の塩引きは、三面川に遡上するサケの腹部を開き、内臓を除いてから、その中に塩を塗りつけるように塩を振り、低温で乾燥するものがある。
❸振り塩　一般に、塩を振ること。塩蔵品を作る場合にも、調理直前の処理にも使う。
❹塩出し（塩抜き）　塩分の濃い塩蔵品の場合、調理する前に塩出しを行う。この時、水の中に少量の食塩を入れておく。これを呼び塩という。
❺べた塩　しめ鯖など比較的大きな魚や肉の塊に塩をまぶす方法。塩味をつけると同時に、素材から水分を抜き、生臭みなどを除く効果が期待されている。
❻化粧塩　魚を焼くとき、焼く直前に魚体やヒレなどに塩を振り塩味をつけると同時に、ヒレなどが焦げないようにし、見栄えを良くする。

〈塩の種類により性質はやや違い〉
　濃度の薄い塩を魚介類や食肉に振りしばらく置くと、酵素が働いてアミノ酸などのうま味成分が生成される。自然塩の種類によっては、苦汁の成分やマグネシウムやカルシウムなどの含有量が異なり、アミノ酸の生成量も違う。図1は市販食塩の種類によってうま味成分の指標としてのグルタミン酸の生成量の違いを示したものである（資料提供：㈱美味と健康）。

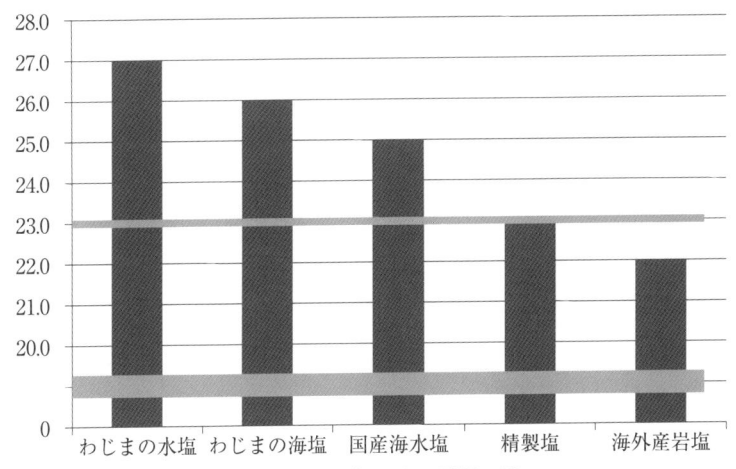

図1　塩によるグルタミン酸量の違い

対象：地鶏の胸肉に塩を振って降って30分置き、冷凍したもの
　　　遊離グルタミン酸の量（100g中　単位 mg）
検査：財団法人日本食品分析センター

# 食酢

## 食酢の特性

　食酢の主成分はいずれの酢も酢酸である。原料に由来するアルコールに酢酸菌が作用して酢酸が生ずる。

❶酸度　JASによって穀物酢の酸度は4.2％以上、果実酢の酸度は4.5％以上と定められている。

❷香りと風味　風味は、酢酸のほか乳酸、コハク酸、リンゴ酸などの有機酸、グリセロール、エステル類、アルコール類、アミノ酸などが関与している。淡い褐色は、アミノカルボニル反応によって生成されたものである。

❸調味料として　酸味をつけるために用いられる。とくに、他の調味料と合わせて使われる。醤油、砂糖、食塩などと組み合わせることが多い。

❹防腐効果　酢には強い殺菌力がある。酢を含む食品では、酢を含まない

食品に比べて細菌の増殖は遅い。
❺殺菌効果　魚調理における「酢洗い」「酢締め」は、魚の表面に付着している細菌を殺菌効果がある。
❻さといもなどの酢洗い　サトイモなど表面にある多糖類の粘性物質は、酢で洗うことにより粘性物質は除かれる。
❼酸化防止　ビタミンCは酸性で安定なので、大根おろしなどのビタミンCの酸化を遅らせるには、酢を加えて酸性にしておくのがよい。

## 清酒・みりん

### 清酒とみりんの特性

〈清酒とみりんの調理効果の比較〉
　みりんは糖分が多く、その甘い香りは、食材そのものによい香りがある場合には、みりんの効果は期待できない。清酒にはエステルを中心とする香気成分は食材のいやな臭みを包み込んで食品本来の香りを引き立てる作用がある。みりん中のエステル成分含有量は少なく、食材へのエステル類の影響は少ない。みりんは糖分の含有量が多いので、加熱中に食材のアミノ酸とみりんの糖がアミノカルボニル反応を起こし、この際に生成されたメラノイジンの香りが料理の風味となることが多い。

〈清酒とみりんの調理上の共通する特徴〉
　清酒と本みりんの調味料としての共通する働きは、両者ともに含むアルコールの作用である。魚の照り焼きを作る場合、焼く前に醤油、みりん（または清酒と砂糖）の混合液に魚を浸しておくと、みりんや清酒に含むアルコールは、他の調味物質が魚肉の中に浸透しやすくなり、焼いた後の香り付けの役目も果たしている。すなわち、清酒やみりんに含まれるアルコールは加熱調理中に蒸発するときに、同時に魚の臭みの物質であるトリメチルアミンも蒸発すると考えられている。みりんの代わりに砂糖を使うと、砂糖は浸透圧が強いから、素材中の水分を外へ出すので、使い方によっては食材が硬くなるという欠点がある。

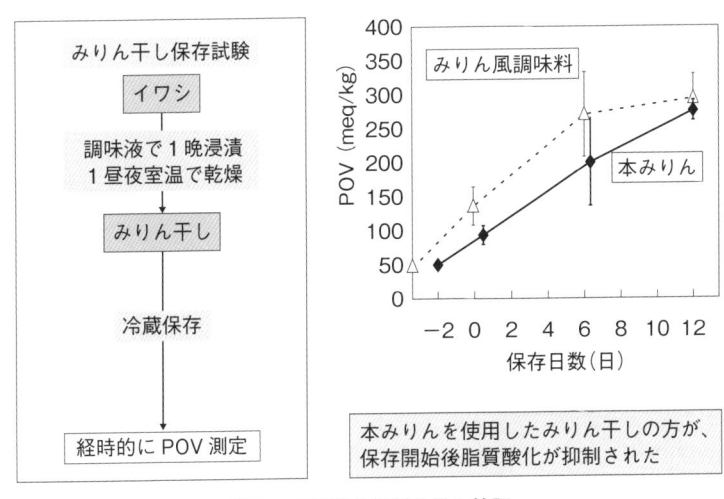

図2　脂質酸化抑制効果の検証
〈いわしみりん干しモデル（非加熱調理）〉

（図中テキスト）
みりん干し保存試験
イワシ
↓
調味液で1晩浸漬
1昼夜室温で乾燥
↓
みりん干し
↓
冷蔵保存
↓
経時的にPOV測定

本みりんを使用したみりん干しの方が、保存開始後脂質酸化が抑制された

## 砂糖

日本の古代から使われていた甘味料は、深山に自生した甘葛であった。これはツタの一種で、蔓液に濃厚な甘味物質があり、砂糖が日本に持ち込まれる前、とくに平安時代にはアマズラを使っていたようである。日本へ砂糖が入ってきたのは奈良時代の頃で、天平勝宝6（754）年に中国から日本に渡来した鑑真和上が砂糖をもってきたという説がある。平安時代になると砂糖は貴重品で、宮中でもあまり知られなかったといわれている。室町時代になって中国との貿易が盛んになると砂糖が日本に入るようになった。江戸時代になっても砂糖の消費はそれほど多くなく、貴重なものであった。日本の砂糖は、インドからヨーロッパ、中国を経て入ってきている。穀類からつくられる液体の飴を甘味料としていた古代の人にとっては、奇跡的な調味料であった。

## 砂糖の特性

〈成分の特性〉

砂糖の成分はほとんどがショ糖である。体内に吸収されるとエネルギーとして利用される。体内に入った砂糖は、構成成分のブドウ糖と果糖に分解されて吸収される。

〈砂糖の調理性〉

砂糖は甘味料として用いられるだけでなく、粘性の付与、水分の保持、コロイド形成、老化防止、発酵促進、テクスチャー保持、カラメル化などの特性があげられる。材料への浸透は食塩より遅いので、煮物の場合は砂糖は食塩の先に加えるのがよいとされている。少量の塩の存在で、対比効果により甘味が強調される。逆に、少量の砂糖を隠し味として加えると、他の味を引き立てることもある。

〈砂糖の溶解度〉

砂糖は温度が高いほど溶解度は高まる。20℃の水100mlに溶けるショ糖は203.9 g、100℃の水100mlには487.2gが溶ける。砂糖の濃度50％以下の溶液の沸点は100℃前後を保っているが、それより濃度が高くなると急激に沸点が上がり90％ショ糖溶液では120℃に達する。それ以上の濃度では砂糖自体の温度が上がり、溶液とはいえない粘度の高い状態になる。

砂糖の保水性の例として、ビーフシチューをつくる時に、筋の多い肉に砂糖を加え煮ると、肉が軟らかくなるのは、砂糖を加えることにより保水性が高まることを利用した調理法である。煮豆をつくるときに、砂糖を少しずつ加えて煮るのも、砂糖の浸透圧により、砂糖を少しずつ煮豆に砂糖を浸透させ、煮豆の中の砂糖の保水性の効果により軟らかい煮豆が出来上がるのである。

# 油脂

## 油脂の特性

植物油のように液体の油脂の構成脂肪酸は、不飽和脂肪酸が多いので酸化されやすいが、植物油の構成脂肪酸には魚油のようにEPAやDHAの

ような多価不飽和脂肪酸を含まず、オレイン酸やリノール酸のように不飽和度の小さい脂肪酸なので著しい酸化は起こらない。

〈うまさを引き出す〉

精製した油脂は、ごま油を除いて、ほとんどが無味無臭に近い。この油は高温（170～180℃）に加熱されることによって素材を損なわれることなく調理できる。

〈均一に加熱〉

油脂は加熱すると急速に温度が上がる。揚げ油の場合、わずか数分で150～190℃まで達することができる。液体なので、対流により全体の温度が均一になる。

〈鉄板への付着防止〉

肉や魚を鉄板の上で焼くと、筋肉たんぱく質が鉄板に付着しやすい。鉄板に油を塗っておくことにより、油の膜ができ、素材のたんぱく質が鉄板に付着するのを抑えてくれる。

〈水の防壁として〉

サンドイッチをつくるとき、パンにバターを塗るのは、パンが挟む材料の水分吸収するのを防御してくれる。

〈滑らかさの付与〉

マヨネーズで明らかなように、油を乳化させることにより滑らかになる。

# だしとうま味調味料

## だしとうま味成分とうま味調味料の特性

日本料理だけでなく、中華料理、フランス料理でも料理の味の基本となるものがある。日本料理では「だし」、中華料理では「湯」（タン）、フランス料理では「フォン」といわれるものである。日本料理でのだしはカツオ節、昆布などの「だし」専門の材料がある。日本料理でも料理の素材からでるうま味を利用する場合もある。とくに、素材を野菜に使う場合は、その素材から溶出するうま味を利用する場合がある。中華料理の「湯」（タン）、「做湯」（ツウオタン）、フランス料理の「フォン」「スープストック」は、何種類かの素材を煮熟して調製する。

これら、日本料理で使う「だし」に含まれるうま味成分とうま味調味料について解説する。

### 〈カツオ節のうま味成分〉

　カツオ節のうま味成分は、カツオが水揚げされ、解体され、煮熟、焙乾、かびつけなどの工程中に、生きているカツオに存在しているATP（活動するためのエネルギーであるアデノシン・3・リン酸）が、イノシン酸に変化し、薄く削り、煮熟すことにより、煮汁の中にカツオ節のうま味成分として溶出する。カツオ節の呈味成分は、イノシン酸のほかに、遊離アミノ酸、有機酸があげられているが、カツオ節の品質を左右する因子として香気成分がある。カツオ節製造の焙乾、かびつけの過程で生まれる香気成分には100種類以上の成分が明らかになっている。とくに、たんぱく質由来のカルボニル化合物が関与しているのではないかと考えられている。

### 〈その他の魚介類の節類や煮干しのうま味成分〉

　マグロ、マルソウダ、イワシ、サバ、トビウオ（アゴ）、マアジ、ムロアジなどを原料とした節類のうま味成分の主体はイノシン酸である。ホタテやハマグリなどの貝類のうま味成分の主体はコハク酸や甘味を示すアミノ酸（ベタインやグリシン）であり、イカやタコ、カニ、エビなどのうま味成分もベタインやグリシンが多い。

### 〈昆布のうま味成分〉

　日本料理の一番だしには昆布を使う。だし昆布のうま味成分の主体はグルタミン酸であり、その他にアラニン、アスパラギン酸などのアミノ酸も関与している。利用する昆布の種類は、地域により違いがある。東京ではマコンブを利用する料理店が多く、京都ではリシリコンブを使う店が多い。なお、だしは水によっても違うといわれている。軟水を使う場合は、煮熟する時間は短く、硬水を使う場合は煮熟する時間はやや長めにするとよいともいわれている。

### 〈シイタケのうま味成分〉

　だしを調製するのに使う乾燥シイタケのうま味成分は、グアニル酸である。グアニル酸はシイタケの細胞の中のヌクレオチドに核酸分解酵素が作用して得られる。酵素の働きを促進させるためには、生シイタケを乾燥させることが必要である。乾燥の過程で核酸分解酵素が働いて、グアニル酸が生成されるからである。

〈うま味調味料と風味調味料〉
　うま味調味料はグルタミン酸ナトリウムを主成分とする調味料である。風味調味料は、一般に「だしの素」といわれているもので、カツオ節や肉エキスなど天然の素材からの抽出物に、食塩、砂糖、うま味調味料などを添加して製品となっているものである。液状のもの、粉末のもの、固形のものがある。さらには料理の種類に適した調味料も開発されている。例えば、めんつゆ用、スープ用、鍋料理用などがある。

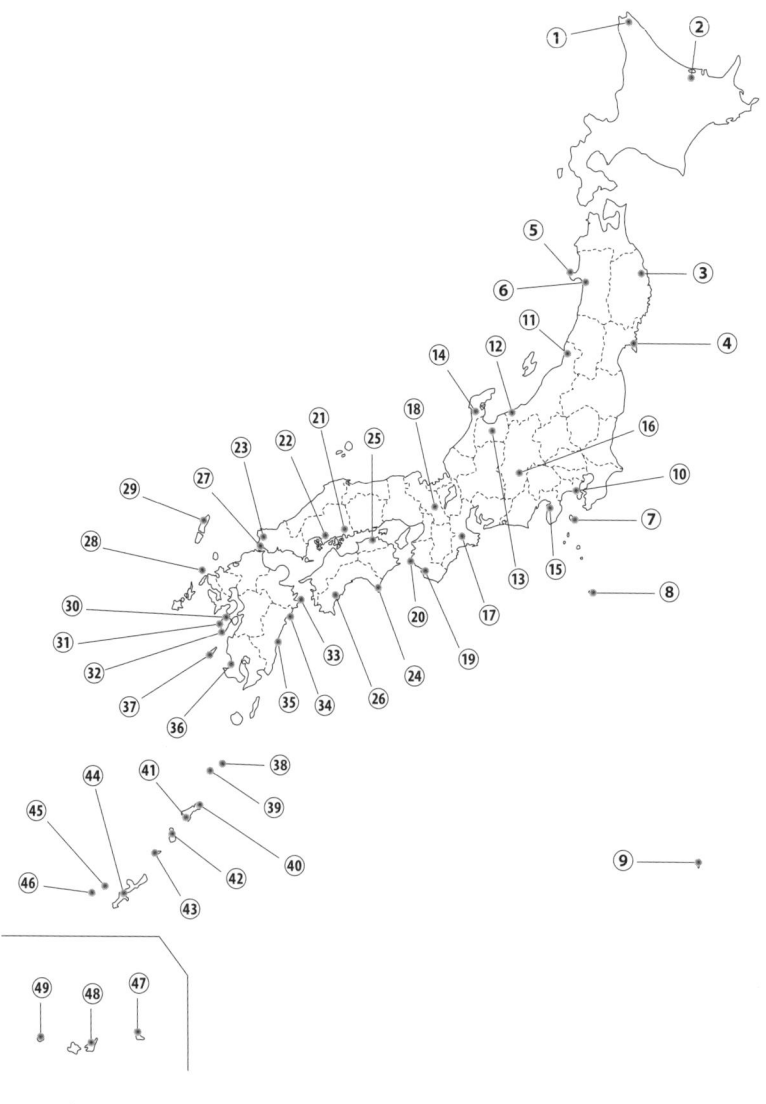

## 付録 3
# 日本の塩分布図

314

①**北海道**
宗谷の塩
②**北海道**
オホーツクの自然塩焼塩
オホーツクの自然塩こんぶ焼塩
③**岩手県**
のだ塩ベコの道
④**宮城県**
伊達の旨塩
⑤**秋田県**
なまはげの塩
⑥**秋田県**
幸炎窯の塩
⑦**伊豆大島**
海の精
海の晶
海の精 やきしお
深層海塩ハマネ
しほ・海の馨
⑧**青ヶ島**
ひんぎゃの塩
⑨**父島**
小笠原の塩
ピュアボニンソルト
ムーンソルト粒小
⑩**神奈川県**
鎌倉山のシェフの塩
鎌倉の塩
⑪**新潟県**
日本海笹川流れの塩
日本海笹川流れの塩（一番塩）
藻塩
海の塩
元祖花塩
海の磯塩
玉藻塩
越の塩
白いダイヤ
⑫**新潟県**
糸魚川の旨塩
⑬**富山県**
ブルーソルト
⑭**石川県**
能登のはま塩
大谷塩
奥能登揚げ浜塩
珠洲の海
のと珠洲塩
⑮**静岡県**
西伊豆戸田塩 天然塩
太陽と風の塩
西伊豆の塩
⑯**長野県**
鹿塩塩泉 山塩
⑰**三重県**
岩戸の塩
真珠の塩
⑱**京都府**
翁乃塩
⑲**和歌山県**
くろしお食塩
⑳**和歌山県**
逢母の天塩
㉑**仙酔島**
仙酔島 感謝の塩
㉒**上蒲刈島**
海人の藻塩
抹茶塩
ハーブ塩
㉓**山口県**
最進の塩
㉔**高知県**
龍宮のしほ
マリンゴールドの塩
㉕**香川県**
宇多津万葉の塩
うまい
瀬讃の塩
㉖**高知県**
土佐の完全天日塩 美味海
土佐の山塩小僧
完全天日塩 土佐の塩丸
自然塩 黒潮伝説
㉗**福岡県**
関門の塩１２００
㉘**五島列島（中通島）**
とっぺん塩最極上
塩焚き爺の天塩
潮のかおり
ごとう
自然海塩ハーブソルト
自然海塩塩こしょう
㉙**対馬**
玄海の塩
㉚**通貝島**
天日古代塩
天日古代塩（釜焚き）
ハーブソルト
㉛**天草**
小さな海（天日塩）
小さな海（煎ごう塩）
はやさき 極上
はやさき
㉜**天附島（牛深）**
ハイヤの塩—冬越
ハイヤの塩 吟造
ハイヤの塩 塩の華
㉝**大分県**
つるみの磯塩
㉞**宮崎県**
北浦の自然塩
㉟**宮崎県**
満潮の塩
㊱**鹿児島県**
渚のあま塩
㊲**下甑島**
還元力のある こしきの塩
㊳**小宝島**
子宝の温泉塩
㊴**宝島**
宝の塩
ハーブ宝の塩
宝島の塩
㊵**奄美大島**
とうとがなし
㊶**加計呂麻島**
加計呂麻の塩
㊷**徳之島**
徳の塩
㊸**与論島**
ヨロン島の塩じねん
㊹**沖縄本島**
沖縄の海水塩
あじまーす（青い海）
粗びき塩胡椒
ぬちマース
㊺**粟国島**
粟国の塩
㊻**久米島**
球美の塩
㊼**宮古島**
雪塩
㊽**石垣島**
石垣島の自然海塩
石垣の塩胡椒
㊾**与那国島**
黒潮源流塩
黒潮源流花塩
黒潮源流濃縮水塩
アダンの夢

●参考文献●

日本伝統食品研究会編『日本の伝統食品事典』朝倉書店（2007）
『だしの基本と日本料理』柴田書店（2006）
『だしたれ調味料と基礎日本料理』（別冊『専門料理』36）柴田書店（1995）
乙坂ひで編著『東北・北海道の郷土料理』ナカニシヤ出版（1994）
笹井良隆著『大阪食文化大全』西日本出版社（2010）
岡田　哲編『日本の味探求事典』東京堂出版（1996）
藤中義治監修『OCOLOGY　Ⅲ』オタフクソース㈱（2008）
成瀬宇平著『47都道府県　伝統食品百科』丸善出版（2009）
成瀬宇平監修『食材図典　Ⅲ（地産地消）』小学館（2008）
橘田　歩著『全国ごちそう調味料』幻冬舎（2010）
成瀬宇平・野崎洋光共著『調味料選ぶポイントと使うコツ』草思社（1992）
『ニッポン全国ブランド食材図鑑』プレジデント社（2011）
『日本の塩100選』旭屋出版（2002）

# 索　引

## あ 行

相白味噌……………………157
会津味噌……………………91
青唐辛子醤油………………103
青トウガラシ味噌…………126
赤蕪漬け……………………282
赤酒…………………………56
赤だし／赤だし味噌… 16, 163
赤糖…………………………29
秋サバ・マイワシの糠味噌漬‥244
秋田味噌……………… 14, 84
あぐーあんだんすー………276
あご入り力ふりかけ………209
アゴだし製品………………208
アサリ………………………294
味蔵出し……………………245
あじつゆ……………………128
アジのみりん干し…………295
アジ開き干し………………287
芦屋醸造白味噌……………188
小豆雑煮……………………209
アダンの夢…………………276
あつめしたれ………………263
あぶまた江戸甘味噌………116
天草の海水塩………………259
甘口味噌……………… 14, 250
アマダイ塩干し品…………287
海人の藻塩…………………216
甘味噌………………… 13, 245
アミの塩辛…………………291
アミの佃煮…………………294
アユの飴煮…………………294
アユ味噌……………… 93, 296
アユ料理……………………259

淡口醤油……………… 6, 301
淡路島の伝統醤油…………188
阿波の味噌焼………………225
アワビの塩辛………………291
アンコウ料理と味噌………96
いかあられ飴煮……………295
伊賀越漬け…………………284
いかすみ汁…………………279
イカ素麺……………………67
いかなご醤油………… 10, 231
イカナゴの釘煮……………294
イカナゴの酢のもの………213
イカの沖漬け…………67, 291
イカの郷土料理……………67
いかの黒づくり……………133
イカの塩辛…………………291
イカのみりん干し…………295
イカ丸干し…………………287
イクラ………………………292
いくらしょうゆ漬け………66
石垣島の自然海塩…………276
石黒やきそば………………72
いしる………………… 10, 137
伊豆節………………………158
伊勢うどん…………………169
伊勢うどん用うどんつゆ…170
伊勢醤油……………… 166, 168
一冬越………………………259
イノシシ鍋…………………108
いもフライ…………………99
伊予ボジョ醤油……………234
炒り酒………………………118
いろり（煮取り）…… 32, 269
岩泉みそ……………………77
いわきの塩…………………92

| | | | |
|---|---|---|---|
| いわし魚醤油 | 137 | オイスターソース | 217 |
| いわし醤油 | 10 | 大亀醤油 | 202 |
| イワシのさんが | 113 | 大阪ソース | 182 |
| イワシのみりん干し | 295 | 大葉みそ | 126 |
| イワシ丸干し品 | 288 | 小笠原の塩 | 117 |
| 岩戸の塩 | 169 | おかず味噌 | 225, 240 |
| 印籠漬け | 283 | 男鹿半島の漁師料理 | 85 |
| ウイキョウ系香料植物 | 50 | 沖汁 | 128 |
| 魚醤油 | 9, 64 | 翁乃塩 | 178 |
| うこぎのパスタソース | 88 | 沖縄黒糖蜜 | 279 |
| うず潮兜鍋 | 227 | 沖縄サンゴ海深塩 | 277 |
| うす塩醤油 | 8 | 沖縄ソバ | 279 |
| うすみそ | 262 | 沖縄の海水塩 | 276, 277 |
| 内子の塩辛 | 291 | 御九日煮込み | 251 |
| 打ち込み汁 | 231 | お好み焼き | 183 |
| うどんすき | 184 | オジカソース | 179 |
| うどん豆腐 | 201 | 鬼うますだち胡椒 | 226 |
| うなぎのせいろ蒸し | 247 | オホーツクの自然塩 | 65 |
| 雲丹醤油 | 141 | オリーブ油 | 44, 231 |
| ウニの塩辛 | 293 | オリバーソース | 183 |
| うま酢醤油 | 230 | 尾張赤だし | 163 |
| うま味調味料 | 311, 313 | 尾張のたまり | 162 |
| 海の磯塩 | 127 | | |
| 海の精あらしお | 117 | **か 行** | |
| 梅酢 | 26 | 海藤花 | 292 |
| 梅びしお | 263 | 海洋深層水 | 241 |
| 梅干し | 123, 198, 281 | カカオ脂 | 45 |
| うらら香 | 183 | 加賀味噌 | 14 |
| うんしゅうみかん | 52 | カキ醤油(広島県) | 216 |
| エイのみりん干し | 295 | カキ醤油(宮城県) | 79 |
| 永平寺御用達味噌 | 141 | 柿酢 | 25, 193 |
| 永平寺のだし | 142 | 柿ドレッシング | 198 |
| 液体調味料 | 112 | 柿なます | 194 |
| 液糖 | 29 | カキの佃煮 | 294 |
| えごま油 | 221 | カキの土手鍋 | 80 |
| 越後味噌 | 14, 126 | カキ味噌 | 296 |
| 越前そば | 141 | カクキュー | 165 |
| 越中高岡コロッケソース | 133 | カケロマの塩 | 271 |
| 江戸甘味噌 | 13 | 加工酢 | 26 |
| エビの塩辛 | 291 | 加工糖 | 29 |

| | |
|---|---|
| 加工味噌 | 16 |
| 果実酢 | 25 |
| 果汁酢 | 25 |
| 黄鶏料理 | 165 |
| 粕酢 | 25 |
| 数の子 | 292 |
| カツオエキス | 246 |
| カツオの叩き | 242 |
| カツオ節 | 33, 312 |
| カツ丼とソース | 148 |
| 鰹魚煎汁 | 269 |
| かつめし | 189 |
| 角長醤油 | 197 |
| かにうに | 293 |
| カニ醤油 | 262 |
| カネイワ醤油本店 | 197 |
| かねじょう江戸味噌 | 116 |
| かぼす | 263 |
| かぼす醤油 | 262 |
| カボス酢 | 26 |
| 鎌倉山のシェフの塩 | 122 |
| カマスの塩干し品 | 288 |
| 蒲鉾と塩 | 123 |
| 華味ラーメンスープ缶詰 | 68 |
| 花様 | 174 |
| カラカサバナ科香辛料 | 50 |
| 辛子明太子 | 292 |
| 芥子レンコン | 257 |
| からすみ | 292 |
| かりかり梅 | 281 |
| カレイ塩干し品 | 288 |
| カレイのみりん干し | 295 |
| カワハギのみりん干し | 295 |
| かんずり | 128 |
| 乾燥味噌 | 17 |
| 寒漬け | 222, 285 |
| がん漬け | 291 |
| 関東炊き（関東煮） | 184 |
| 関東の麺つゆ | 112 |
| 含蜜糖 | 27, 29 |
| 関門の塩1200 | 246 |
| 甘露 | 245 |
| 甘露醤油 | 220, 302 |
| キクの花漬け | 281 |
| 北浦の自然塩 | 266 |
| 喜多方ラーメンと味噌 | 92 |
| キッコーゴ丸大豆醤油 | 116 |
| 吉四六漬け | 286 |
| キッチンソルト | 21 |
| 絹子のケチャップ | 103 |
| 岐阜味噌 | 152 |
| キャベツソース | 194 |
| キャベツのうまたれ | 246 |
| 牛脂 | 46 |
| 九州の醤油 | 266 |
| 牛肉の味噌漬け | 296 |
| 京雑煮 | 179 |
| 京都・大原の味噌庵 | 177 |
| 京風白味噌 | 13 |
| 魚介類塩蔵品 | 290 |
| 魚油 | 46 |
| 魚卵の塩漬け | 292 |
| きりたんぽ料理 | 85 |
| 金婚漬け | 77, 285 |
| 金山寺 | 16 |
| 金山寺味噌（静岡県） | 157 |
| 金山寺味噌（和歌山県） | 197 |
| 吟味米味噌 | 245 |
| キンメダイの開き干し | 289 |
| 金紋江戸みそ | 116 |
| くさやの干物 | 289 |
| 串かつ用ウスターソース | 183 |
| 郡上の地味噌 | 153 |
| クジラのたれ | 113 |
| クッキングソルト | 21 |
| 球美の塩 | 276 |
| クミン | 50 |
| グラニュー糖 | 28 |
| グルテンの形成 | 305 |
| 車糖 | 28 |

| | |
|---|---|
| 黒砂糖 | 29 |
| 黒潮源流塩 | 276 |
| 黒酢 | 24, 271 |
| 黒酢米 | 127 |
| 黒豚みそ | 270 |
| 鶏醤 | 63 |
| 化粧塩 | 306 |
| 結晶糖 | 28 |
| 減塩醤油 | 8, 230 |
| 玄海の塩 | 254 |
| 健康酢 | 207 |
| 巻繊汁 | 267 |
| 玄米酢 | 24 |
| 濃口醤油 | 5, 188, 301 |
| 濃口醤油（愛媛県） | 235 |
| 濃口醤油（香川県） | 230 |
| 濃口たまりしょうゆ | 173 |
| 幸炎窯の塩 | 84 |
| 高座豚の味噌漬け | 296 |
| 麹系調味料 | 52 |
| 糀しょうゆ | 245 |
| 糀南蛮 | 71 |
| 糀味噌 | 193 |
| 甲州みそ | 145 |
| 耕地白糖 | 28 |
| コウナゴ料理 | 170 |
| 紅葉汁 | 93 |
| 小エビの佃煮 | 294 |
| 極上・七味唐がらし | 183 |
| 黒糖 | 271, 278 |
| 黒糖酢 | 279 |
| 穀物酢 | 24 |
| 小魚の佃煮 | 293 |
| こしき塩 | 270 |
| コショウ | 49 |
| 御膳味噌 | 14, 225 |
| 子宝の温泉塩 | 270 |
| こだわり熟成醤油 | 201 |
| 五島灘の塩 | 255 |
| 小ナスからし漬け | 286 |

| | |
|---|---|
| ごま | 51 |
| ごま油のラー油 | 113 |
| ごまだし | 263 |
| ゴマ味噌 | 17 |
| 米こうじ追仕込み | 245 |
| 米酢 | 24 |
| 米糠油 | 45 |
| 米味噌 | 13, 132 |
| コリアンダー | 50 |
| ゴリの飴煮 | 295 |
| 混合醤油 | 132 |
| 昆布 | 35, 312 |
| 昆布ダシ醤油 | 182 |
| 昆布の種類 | 36 |
| 昆布の佃煮 | 293 |

### さ 行

| | |
|---|---|
| 再仕込み醤油 | 7 |
| 最進の塩 | 221 |
| さかいで塩祭り | 231 |
| 栄醤油醸造 | 157 |
| 砂丘らっきょうと甘酢 | 209 |
| 桜の花漬け | 282 |
| さくら味噌 | 16 |
| 鮭醤油 | 64 |
| サケの酒びたし | 129 |
| サケの腎臓の塩辛 | 291 |
| サケの干物 | 288 |
| 三五八漬け | 88, 286 |
| さしみ | 245 |
| 刺身醤油 | 8 |
| 佐世保バーガー | 255 |
| さつま汁 | 237 |
| サトイモのゴマ味噌煮 | 97 |
| 砂糖 | 309 |
| さとうきび酢 | 277 |
| 砂糖の種類 | 27 |
| 砂糖の由来と歴史 | 26 |
| 佐渡味噌 | 15, 126 |
| 讃岐味噌 | 13 |

| | |
|---|---|
| 佐野ニンニクソース | 100 |
| 佐野ラーメン | 99 |
| さば汁 | 198 |
| サバのみりん干し | 295 |
| サメのみりん干し | 296 |
| サヨリの塩干し品 | 288 |
| 皿うどん | 255 |
| サラダ油 | 44 |
| ざらめ糖 | 28 |
| サワラの味噌漬け | 189 |
| 三温糖 | 29 |
| 山海漬け | 286 |
| 山菜の漬物 | 287 |
| 三州三河みりん | 164 |
| 三州味噌 | 15 |
| サンショウ | 49 |
| 三升漬け | 68 |
| さんま醤油 | 168 |
| サンマの塩干し品 | 288 |
| シークヮーサー | 278 |
| シークヮーサーこしょう | 279 |
| シークヮーサーしょうゆ | 276 |
| シークヮーサースパイス | 278 |
| シークヮーサーポン酢 | 277 |
| シイタケ | 159, 312 |
| 椎茸の八杯汁 | 267 |
| しいたけ味噌 | 266 |
| 塩アゴ | 289 |
| 塩イカ | 290 |
| 塩イワシ | 291 |
| しお・海の馨 | 117 |
| 塩辛類 | 291 |
| 塩クラゲ | 291 |
| 塩麹 | 128 |
| 塩麹ドレッシング | 53 |
| 塩麹の作り方 | 53 |
| 塩ザケ | 290 |
| 塩サバ | 290 |
| 塩サンマ | 290 |
| 塩焚き爺の天塩 | 255 |

| | |
|---|---|
| 塩出し | 306 |
| 塩だら | 290 |
| 塩漬け | 280 |
| 塩と信仰 | 20 |
| 塩とば | 289 |
| 塩ニシン | 290 |
| 潮のかおり | 254 |
| 塩の種類 | 306 |
| 塩吹き昆布 | 293 |
| 塩ブリ | 291 |
| 塩ブリのかぶらずし | 134 |
| 塩干しコマイ | 289 |
| 塩干し製品 | 287 |
| 塩干しダイ | 289 |
| 塩ホッケ | 290 |
| 塩マス | 290 |
| 塩屋商店 | 212 |
| 時雨あさり | 295 |
| 時雨はまぐり | 295 |
| シジミの佃煮 | 294 |
| シシャモ塩干し品 | 289 |
| しそ | 51 |
| 七穀味噌 | 225 |
| しば漬け | 179, 282 |
| じぶ煮 | 138 |
| しぼりたて生ポン酢 | 230 |
| 島こーれーぐすー | 277 |
| 島のらー油 | 277 |
| 島原みそ | 254 |
| 島豚ごろごろ | 279 |
| 島らっきょう | 276 |
| JASの規定（醤油） | 5 |
| しゃぶしゃぶのたれ | 41 |
| 熟成タマネギ酢 | 250 |
| 酒精酢 | 26 |
| 酒盗 | 241 |
| じゅねん味噌 | 92 |
| 純だし | 128 |
| ショウガ漬け | 285 |
| 上州焼餅 | 102 |

| | |
|---|---|
| 精進だし | 38, 39 |
| 精進料理 | 142 |
| 正田醬油 | 102 |
| 焼酎 | 56 |
| 上白糖 | 29 |
| 醬油味の秘密 | 298 |
| 醬油／オリーブ油 | 303 |
| 醬油麹 | 128 |
| 醬油漬け | 282 |
| 醬油ドレッシング | 302 |
| 醬油のアミノ酸 | 299 |
| 醬油の香り | 300 |
| 醬油の科学 | 298 |
| 醬油の由来 | 3 |
| 醬油豆 | 280 |
| 食塩の科学 | 305 |
| 食塩の起源 | 18 |
| 食塩の種類 | 21 |
| 食塩の食文化的役割 | 19 |
| 食酢 | 307 |
| 食酢の由来 | 22 |
| 食卓塩 | 21 |
| 食用つばき油 | 119 |
| しょっつる | 9, 83 |
| 白絞油 | 44 |
| シラスの煮干し | 239 |
| 白荒味噌 | 173 |
| 白いダイヤ | 127 |
| 白壁土蔵群の中での醬油 | 206 |
| 白下糖 | 29 |
| 白醬油 | 7, 162, 302 |
| 白味噌（香川県） | 231 |
| 白味噌（広島県） | 216 |
| 白みりん | 111 |
| しわきゅうり | 77 |
| 成吉思汗たれ | 68 |
| ジンギスカン料理 | 68 |
| ジンジャーソース | 221 |
| 信州そば | 149 |
| 信州の醬油 | 148 |
| 信州味噌 | 14, 148, 149 |
| 真珠の塩 | 169 |
| 水郷・松江のこだわり醬油 | 201 |
| すき焼きのたれ | 41, 173 |
| スガガラス | 291 |
| 酸茎漬け | 282 |
| 酢昆布 | 293 |
| すじこ | 292 |
| 酢橘酢 | 226 |
| 酢橘の天然調味料 | 226 |
| スタミナ源たれ | 71 |
| 酢漬け | 284 |
| 酢の嗜好と地域性 | 23 |
| 澄まし汁用 | 301 |
| 炭入り食塩 | 84 |
| 駿河節 | 155 |
| するめの佃煮 | 294 |
| 清酒 | 308 |
| 精製塩 | 21 |
| 精製糖 | 28 |
| 瀬戸のほんじお | 212 |
| セリ科香辛料 | 50 |
| 善光寺七味唐辛子 | 149 |
| 仙酔島 | 216 |
| 仙台長ナス漬け | 81 |
| 仙台味噌 | 14, 80 |
| 船場汁 | 181 |
| 千枚漬け | 284 |
| 宗田節 | 241 |
| 宗谷の塩 | 65 |
| ソースカツ丼 | 103 |
| ソース・たれ | 122 |
| ソース類 | 58 |
| 即席赤だし | 165 |
| 粗糖 | 27, 28 |
| そば | 76 |

**た 行**

| | |
|---|---|
| 大源味噌 | 182 |
| 大黒印塩麹 | 72 |

| | | | |
|---|---|---|---|
| 太古楽 | 138 | タラの開き干し | 289 |
| ダイコン | 51 | たれ | 41, 68 |
| タイの浜焼き | 217 | 小さな海 | 259 |
| タイのわたの塩辛 | 291 | ちしゃの酢味噌和え | 222 |
| タイ味噌 | 16, 296 | 千鳥酢 | 178 |
| 太陽と風の塩 | 157 | ちゃんぽん | 255 |
| 宝島の塩 | 271 | 中ざら糖 | 28 |
| 高菜漬け | 281 | 中白糖 | 29 |
| 高山味噌 | 153 | 長期熟成本造り | 245 |
| 宝の塩 | 271 | 調合味噌 | 15 |
| 鷹輪ソース | 183 | 丁子 | 49 |
| タケノコの漬物 | 287 | 調味味噌 | 174 |
| だご汁 | 247 | 調理用酒類 | 55 |
| 田子節 | 155 | 津軽三年味噌 | 71 |
| だし | 89, 97, 278, 311 | 津軽味噌 | 15, 71 |
| だし入り味噌 | 17 | つくあげ | 272 |
| だし醤油 | 8 | 佃煮 | 119, 293 |
| だし醤油（青森県） | 70 | つくし飯 | 192 |
| だし醤油（東京都） | 116 | つけてみそ／かけてみそ | 163 |
| だし醤油（広島県） | 216 | 漬物塩 | 21 |
| だし醤油（北海道） | 64 | つぼ漬け | 284 |
| だしの原料 | 30 | つゆ | 40 |
| だしの素 | 133 | つゆの醤 | 245 |
| 龍野の里の淡口しょうゆ | 187 | つるみの磯塩 | 262 |
| たで | 51 | 低食塩味噌 | 17 |
| 立て塩 | 306 | 鉄火味噌 | 16 |
| 伊達の旨塩 | 80 | 手作りつゆ | 71 |
| 館林うどん | 104 | 鉄砲漬け | 283 |
| 食べる醤油 | 9 | 照り焼き | 301 |
| 食べる調味料 | 57 | 甜菜糖 | 65 |
| たまごかけご飯のたれ | 107 | 天然醸造醤油 | 250 |
| 卵かけ醤油 | 8 | 天然ミネラル塩 | 259 |
| 卵の味噌漬け | 296 | 天日古代塩 | 259 |
| 玉那覇味噌醤油 | 275 | てんぷら油 | 44 |
| タマネギ | 51 | トウガラシ | 49 |
| たまねぎ和風ソース | 250 | 唐辛子味噌 | 148 |
| たまり醤油 | 6, 302 | 凍結乾燥みそ | 216 |
| たまり醤油（愛知県） | 162 | とうとがなし | 271 |
| たまり醤油（岐阜県） | 152 | 豆腐チーズ | 258 |
| たらこ | 292 | 動物性油脂 | 45 |

| | |
|---|---|
| 豆腐の味噌漬け | 297 |
| トウモロコシ油 | 45 |
| 徳の塩 | 271 |
| 土佐切り | 32 |
| 土佐醤油 | 302 |
| 土佐節 | 239 |
| ドジョウの蒲焼き | 138 |
| としろう | 291 |
| 栃木納豆と調味料 | 100 |
| 特級精製塩 | 21 |
| とっぺん塩 | 255 |
| トビウオのつゆ | 88 |
| とびこ | 292 |
| トマト醤油 | 8 |
| トマトソース | 194 |
| トモエ味噌 | 64 |
| トリイソース | 158 |
| 鶏肉刺身 | 272 |
| とりやさいみそ | 174 |
| 豚カツ用濃厚ソース | 183 |
| どんこ汁 | 76 |
| とんこつ料理 | 272 |
| とんてきのたれ | 170 |
| tonton汁 | 103 |
| 豚豚みそ | 77 |

### な 行

| | |
|---|---|
| 長門ゆずきち | 221 |
| 渚のあま塩 | 270 |
| 名古屋味噌 | 15 |
| なすのかんぽ煮 | 76 |
| 菜種油 | 45 |
| 菜々の油 | 84 |
| 七星ソース | 189 |
| 菜の花漬け | 282 |
| 生麹専門店の味噌 | 177 |
| ナマコの塩辛 | 291 |
| 生醤油 | 8 |
| 生ソース | 118 |
| なまはげの塩 | 84 |

| | |
|---|---|
| なまり節 | 159 |
| 並塩 | 21 |
| なめこの醤油煮 | 231 |
| 奈良のっぺい | 194 |
| 南蛮麹漬け | 92 |
| 南蛮つけのたれ | 80 |
| 南蛮味噌 | 71 |
| 南蛮焼き | 198 |
| 南部地方の玉味噌 | 70 |
| 煮貝 | 145 |
| 肉みそ | 279 |
| 西伊豆戸田塩 | 157 |
| 肉桂 | 50 |
| 日光たまり漬け | 283 |
| 日光巻き | 284 |
| 二分半味噌 | 15 |
| 煮干し | 37 |
| 日本酒 | 56 |
| 煮物しょうゆ | 251 |
| ニンニク隠し味醤油 | 262 |
| にんべん | 118 |
| ネギ | 51 |
| 根昆布しょうゆ | 65 |
| 練り唐辛子 | 279 |
| 農家の嫁の温だし | 247 |
| 野沢菜漬け | 280 |
| 能登の塩 | 138 |

### は 行

| | |
|---|---|
| パーム核油 | 45 |
| 梅肉醤油 | 302 |
| ハイヤの塩 | 259 |
| 博多雑煮 | 247 |
| 伯方の塩 | 236 |
| 博多ラーメン | 247 |
| 麦芽酢 | 24 |
| 白桃白だし | 212 |
| ハスの魚田 | 172 |
| ハゼのだし | 80 |
| バター | 46 |

| | | | |
|---|---|---|---|
| ハタハタの一夜干し | 288 | 福来純三年熟成本みりん | 153 |
| 八戸せんべい汁 | 73 | 富士こいくちしょうゆ | 77 |
| はちみつみそ | 251 | 富士山麓の湧水で仕込む醤油 | 156 |
| 発酵性調味料 | 56 | 富士酢プレミアム | 178 |
| 初しぼり生しょうゆ | 230 | 豚丼のたれ | 68 |
| 八丁味噌 | 15, 160 | 豚肉の味噌漬け | 296 |
| はっと汁 | 100 | 豚味噌 | 276 |
| 八峰白神の塩 | 84 | 府中味噌 | 13, 215 |
| ハトムギ酢 | 25 | ぶっかけだし酢 | 241 |
| 花かつお | 294 | ぶどう酒とぶどう酢 | 145 |
| バニラ | 50 | フナの甘露煮 | 103, 294 |
| ハマグリの佃煮 | 294 | フナのスズメ焼きの佃煮 | 294 |
| はやさき極上 | 259 | フナ味噌 | 296 |
| ばらずし | 213 | フナ味噌（岐阜県） | 151, 154 |
| 万能調味料 | 53 | フナ味噌（滋賀県） | 174 |
| ビートグラニュー糖 | 66 | フリーズドライ味噌 | 216 |
| ひしお | 112 | 振り塩 | 306 |
| 醤味噌 | 16 | ふりだし | 128 |
| 日高昆布しょうゆ | 63 | ブリの塩干し品 | 288 |
| 飛騨味噌 | 152 | 振り分けたまり | 283 |
| ピチ辛きび酢 | 271 | ブルーソルト | 132 |
| ピッ辛醤油 | 76 | フルーツを使ったソースやドレッシング | 212 |
| ひつまぶし | 161 | フンドーキンのドレッシング | 263 |
| 比内地鶏の稲庭うどん | 85 | 粉末醤油 | 8 |
| 緋の蕪漬け | 236 | 分蜜糖 | 27 |
| 火の国ポン酢 | 259 | へしこ漬け | 142 |
| 日野菜漬け | 282 | べた塩 | 306 |
| ひまわり油 | 189 | べったら漬け | 286 |
| 冷汁 | 267 | 紅蕪漬け | 172 |
| ピュアポニンソルト | 117 | 芳香落花生油 | 113 |
| 平取とまとしょうゆ | 63 | ほうとう | 145 |
| 蒜山鍋 | 211 | 朴葉味噌 | 151, 152 |
| 広島菜 | 281 | 干しあわび | 37 |
| 広島菜漬け | 217 | 干しサクラエビ | 37 |
| 広島焼き用ソース | 217 | 干ししいたけ | 108 |
| 風味調味料 | 313 | ホタテガイの佃煮 | 294 |
| ふき味噌 | 220 | ホタテ干し貝柱 | 37 |
| 福神漬け | 283 | 牡丹鍋 | 108 |
| フグのみりん干し | 295 | 北海道てんさいオリゴ | 66 |
| フグの卵巣のぬか漬け | 293 | | |

北海道味噌 ・・・・・・・・・・・・・・・・・・ 14, 64
ほっけ醤油 ・・・・・・・・・・・・・・・・・・・・ 64
ホッケの開き干し ・・・・・・・・・・・・・・ 289
ホヤの塩辛 ・・・・・・・・・・・・・・・・・・・ 291
ポン酢 ・・・・・・・・・・・・・・・・・・・ 25, 263
ポン酢（高知県） ・・・・・・・・・・・・・・ 241
ポン酢（静岡県） ・・・・・・・・・・・・・・ 158
ポン酢醤油 ・・・・・・・・・・・・・・・ 8, 302
ポン酢（徳島県） ・・・・・・・・・・・・・・ 226

**ま 行**

撒き塩 ・・・・・・・・・・・・・・・・・・・・・・・ 306
マグロ・カツオの角煮 ・・・・・・・・・・ 294
真黒酢 ・・・・・・・・・・・・・・・・・・・・・・・ 118
マグロ節 ・・・・・・・・・・・・・・・・・・・・・・ 34
益子焼 ・・・・・・・・・・・・・・・・・・・・・・・・ 99
マダイのピリ辛がゆ ・・・・・・・・・・・・ 227
松浦漬け ・・・・・・・・・・・・・・・・・・・・・ 251
豆味噌 ・・・・・・・・・・・・・・・・・・・ 15, 162
豆味噌とみそ汁 ・・・・・・・・・・・・・・・ 168
丸大豆醤油（岩手県） ・・・・・・・・・・・ 75
丸大豆醤油（福岡県） ・・・・・・・・・・ 245
マルタニ醤油 ・・・・・・・・・・・・・・・・・ 266
まるみ麹本店 ・・・・・・・・・・・・・・・・・ 212
満潮の塩 ・・・・・・・・・・・・・・・・・・・・・ 266
みかん酢 ・・・・・・・・・・・・・・・・・・・・・ 236
水沢うどん ・・・・・・・・・・・・・・・・・・・ 104
ミスタージンギスカン ・・・・・・・・・・・ 68
味噌カツ ・・・・・・・・・・・・・・・・・・・・・ 168
みそゴマドレッシング ・・・・・・・・・・ 231
みそだれ（愛知県） ・・・・・・・・・・・・ 165
みそだれ（青森県） ・・・・・・・・・・・・・ 72
みそだれ（埼玉県） ・・・・・・・・・・・・ 107
みそチーズケーキ ・・・・・・・・・・・・・・ 75
みそチャップ ・・・・・・・・・・・・・・・・・・ 72
味噌漬け ・・・・・・・・・・・・・・・・・ 285, 304
味噌漬け豆腐 ・・・・・・・・・・・・・・ 257, 259
味噌煮込みうどん（愛知県） ・・・・・ 165
味噌煮込みうどん（滋賀県） ・・・・・ 174
味噌のうま味 ・・・・・・・・・・・・・・・・・ 303

味噌の科学 ・・・・・・・・・・・・・・・・・・・ 303
味噌の起源 ・・・・・・・・・・・・・・・・・・・・ 10
味噌の種類 ・・・・・・・・・・・・・・・・・・・・ 13
味噌の地域性 ・・・・・・・・・・・・・・・・・・ 11
みそパンデロウ ・・・・・・・・・・・・・・・・ 75
みつば ・・・・・・・・・・・・・・・・・・・・・・・・ 52
水戸納豆と醤油 ・・・・・・・・・・・・・・・・ 96
美濃田楽 ・・・・・・・・・・・・・・・・・・・・・ 154
ミョウガ ・・・・・・・・・・・・・・・・・・・・・・ 52
みりん ・・・・・・・・・・・・・・ 55, 111, 158, 308
みりん醸造 ・・・・・・・・・・・・・・・・・・・ 164
みりん風調味料 ・・・・・・・・・・・・・・・・ 55
みりん干し ・・・・・・・・・・・・・・・ 169, 295
民田なす漬け ・・・・・・・・・・・・・・・・・・ 89
無塩醤油 ・・・・・・・・・・・・・・・・・・・・・・・ 8
麦味噌 ・・・・・・・・・・・・・・・・・・・ 15, 254
むつかり ・・・・・・・・・・・・・・・・・・・・・ 100
むらげの醤 ・・・・・・・・・・・・・・・・・・・ 202
目川田楽 ・・・・・・・・・・・・・・・・・ 172, 174
めひかり塩チョコ ・・・・・・・・・・・・・・ 92
綿実油 ・・・・・・・・・・・・・・・・・・・ 45, 236
麺つゆ ・・・・・・・・・・・・・・・・・・・・・・・・ 40
麺つゆ（新潟県） ・・・・・・・・・・・・・・ 127
麺つゆ（福岡県） ・・・・・・・・・・・・・・ 245
めんみ ・・・・・・・・・・・・・・・・・・・・・・・・ 68
燃えめし ・・・・・・・・・・・・・・・・・・・・・ 128
藻塩 ・・・・・・・・・・・・・・・・・・・・・・・・・ 127
もつ煮込みそ ・・・・・・・・・・・・・・・・・ 132
もとだれ ・・・・・・・・・・・・・・・・・・・・・・ 65
盛岡じゃじゃ麺 ・・・・・・・・・・・・・・・・ 77
守口漬け ・・・・・・・・・・・・・・・・・・・・・ 161
もろみ醤油（香川県） ・・・・・・・・・・ 230
もろみ醤油（群馬県） ・・・・・・・・・・ 102
もろみ醤油（福岡県） ・・・・・・・・・・ 245
もろみ漬け ・・・・・・・・・・・・・・・ 229, 286

**や 行**

焼津節 ・・・・・・・・・・・・・・・・・・・ 155, 158
屋我地島の塩 ・・・・・・・・・・・・・・・・・ 276
焼きアゴ入り鰹だし ・・・・・・・・・・・・ 208

焼きアゴのだし ・・・・・・・・・・・・・・・・・208
焼きソバスープ ・・・・・・・・・・・・・・・・ 68
焼き鳥のたれ（青森県）・・・・・・・・・・ 72
焼き鳥のたれ（埼玉県）・・・・・・・・・107
焼肉のたれ ・・・・・・・・・・・・・・・・・・・・ 41
焼き干し ・・・・・・・・・・・・・・・・・・・・・・ 38
薬膳ソース ・・・・・・・・・・・・・・・・・・・122
野菜の粕漬け ・・・・・・・・・・・・・・・・・・ 89
野洲川の伏流水 ・・・・・・・・・・・・・・・173
家多良漬け ・・・・・・・・・・・・・・・・・・・・ 89
矢場とん ・・・・・・・・・・・・・・・・・・・・・165
山川漬け ・・・・・・・・・・・・・・・・・・・・・284
ヤマキ金印しょうゆ ・・・・・・・・・・・173
山ゴボウ味噌漬け ・・・・・・・・・・・・・285
山わさび醬油漬け ・・・・・・・・・・・・・ 68
ヤンキーシェフ ・・・・・・・・・・・・・・・198
湯浅醬油 ・・・・・・・・・・・・・・・・・・・・・196
雪塩 ・・・・・・・・・・・・・・・・・・・・・・・・・276
雪太鼓 ・・・・・・・・・・・・・・・・・・・・・・・126
油脂 ・・・・・・・・・・・・・・・・・・・・・・・・・310
柚子 ・・・・・・・・・・・・・・・・・・・52, 226
柚子こしょう（熊本県）・・・・・・・・・259
柚子こしょう（埼玉県）・・・・・・・・・108
ユズ醬油酢 ・・・・・・・・・・・・・・・・・・・103
柚子酢 ・・・・・・・・・・・・・・・・・・・・・・・241
ゆずすこ ・・・・・・・・・・・・・・・・・・・・・246
柚子たれ ・・・・・・・・・・・・・・・・・・・・・198
ゆずの里 ・・・・・・・・・・・・・・・・・・・・・246
ゆずぽん酢 ・・・・・・・・・・・・・・・・・・・250
ユズ味噌 ・・・・・・・・・・・・・・・・・・・・・ 17
柚子や酢橘を入れた醬油 ・・・・・・・224
養肝漬け ・・・・・・・・・・・・・・・・・・・・・284

洋風だし醬油 ・・・・・・・・・・・・・・・・・231
ヨコイのソース ・・・・・・・・・・・・・・・165
横浜醬油 ・・・・・・・・・・・・・・・・・・・・・121
四日市の古い製造場 ・・・・・・・・・・・169
よっちゃん生ラー油 ・・・・・・・・・・・ 80
ヨロン島の塩 ・・・・・・・・・・・・・・・・・271

### ら 行

ラーメンスープ ・・・・・・・・・・・・・・・ 65
らー油類 ・・・・・・・・・・・・・・・・・・・・・279
ラウシップ ・・・・・・・・・・・・・・・・・・・ 65
ラッキョウ漬け ・・・・・・・・・・・・・・・284
ラッキョウのたまり漬け ・・・・・・・100
琉球醬油 ・・・・・・・・・・・・・・・・・・・・・275
琉球味噌 ・・・・・・・・・・・・・・・・・・・・・275
緑果 ・・・・・・・・・・・・・・・・・・・・・・・・・231
緑茶油 ・・・・・・・・・・・・・・・・・・・・・・・159
りんご酢 ・・・・・・・・・・・・・・・・・・・・・ 71
ルナロッサトマトソース ・・・・・・・226
レモン醬油 ・・・・・・・・・・・・・・・・・・・302
レモン汁 ・・・・・・・・・・・・・・・・・・・・・ 26
レモン酢 ・・・・・・・・・・・・・・・・・・・・・ 25
六甲みそ ・・・・・・・・・・・・・・・・・・・・・188

### わ 行

ワインビネガー ・・・・・・・・・・・・・・・ 25
若狭カレイ ・・・・・・・・・・・・・・・・・・・288
ワカサギの佃煮 ・・・・・・・・・・・・・・・293
わさび ・・・・・・・・・・・・・・・・・・・・・・・ 51
わさび漬け ・・・・・・・・・・・・・159, 286
和三盆 ・・・・・・・・・・・・・・・・・・・・・・・ 29
わじまの海塩 ・・・・・・・・・・・・・・・・・138

47都道府県・伝統調味料百科

平成25年7月31日　発　行

著作者　　成　瀬　宇　平

発行者　　池　田　和　博

発行所　　丸善出版株式会社
〒101-0051 東京都千代田区神田神保町二丁目17番
編　集：電話 (03) 3512-3264／FAX (03) 3512-3272
営　業：電話 (03) 3512-3256／FAX (03) 3512-3270
http://pub.maruzen.co.jp/

© Uhei Naruse, 2013

組版印刷・富士美術印刷株式会社／製本・株式会社 星共社

ISBN 978-4-621-08681-0 C 0577　　　　　Printed in Japan

**JCOPY**　〈(社)出版者著作権管理機構　委託出版物〉

本書の無断複写は著作権法上での例外を除き禁じられています。複写される場合は、そのつど事前に、(社)出版者著作権管理機構(電話 03-3513-6969, FAX 03-3513-6979, e-mail：info@jcopy.or.jp)の許諾を得てください。

## 【好評関連書】

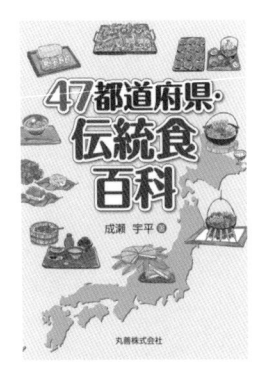

ISBN 978-4-621-08065-8
定価（本体3,800円＋税）

ISBN 978-4-621-08204-1
定価（本体3,800円＋税）

ISBN 978-4-621-08406-9
定価（本体3,800円＋税）

ISBN 978-4-621-08543-1
定価（本体3,800円＋税）

ISBN 978-4-621-08553-0
定価（本体3,800円＋税）